"三段项目式"教学模式

探索与实践

杜春晓　张金明　高 妍 / 主编

中国海洋大学出版社

·青岛·

图书在版编目（CIP）数据

"三段项目式"教学模式探索与实践 / 杜春晓, 张
金明, 高妍主编. —青岛 : 中国海洋大学出版社,
2022.9

    ISBN 978-7-5670-3254-5

    Ⅰ.①三… Ⅱ.①杜… ②张… ③高… Ⅲ.①计算机
课—教学研究—中小学 Ⅳ.①G633.672

    中国版本图书馆CIP数据核字（2022）第159969号

出版发行	中国海洋大学出版社			
社　　址	青岛市香港东路23号		邮政编码	266071
出 版 人	刘文菁			
网　　址	http://pub.ouc.edu.cn			
电子信箱	813241042@qq.com			
订购电话	0532-82032573（传真）			
责任编辑	郭周荣		电　　话	0532-85902495
印　　制	日照报业印刷有限公司			
版　　次	2022年9月第1版			
印　　次	2022年9月第1次印刷			
成品尺寸	170 mm × 230 mm			
印　　张	22			
字　　数	450千			
印　　数	1~1000			
定　　价	68.00元			

发现印装质量问题，请致电0633-8221365，由印刷厂负责调换。

编委会

主　编：杜春晓　张金明　高　妍

副主编：刘　欣　张辅轮　杨　芳　刘晓琳

　　　　宋志峰　石　健

编　者：（按姓氏笔画为序排列）

丁维宁　马晓东　王　云　王凤欣　王　征

王　俊　王　梅　王琮琮　王　雷　王　鹏

田锦锦　朱　扬　朱　强　庄辛鑫　刘立居

刘洁荣　孙永美　孙庆来　杜三全　李刚元

李　秀　李春瑜　李俊超　李洪敏　李　娜

杨瑾瑜　张少霞　张　伟　张建华　张海春

张　琳　陈　宁　尚靖茜　郗广毅　郑灵茜

郑宝俊　孟　丽　赵东方　赵　娜　赵雅静

胡英淳　姜　莹　党　霜　晁　宁　徐晓梅

韩　强　韩瑞东　董　尧　管　镇　潘　晓

前　言

近年来，项目式学习在我国中小学中逐渐得到普及，并展现出了强大的生命力。它是一种以学生为中心的教学方法，学生在教师的指导下，根据生活实际确定项目主题，在教师提供的一些学习及探究素材所构建的环境中，由学生自行组建团队，通过解决该项目中的一系列问题来进行学习。

济南市市中区中小学信息技术学科开展项目式学习源于2015年开始的创客教育。2015年下半年，济南市市中区成立了区县级中小学创客教育联盟，在省内外处于比较领先的地位，辖区内中小学全面开展了以3D创意设计为带动的基于信息技术学科的STEM项目式学习，经过几年的不断探索，逐渐梳理出一套适合本区域学校的教学模式，并确定模式名称为"三段项目式"教学模式。自2015年至今，市中区成功举办了六届中小学生创客节（嘉年华）活动；有近百件创意作品在全国中小学电脑制作活动（现改名为"中小学生信息素养提升实践活动"）中获得国家级奖励；在每年一次的全国中小学信息技术创新与实践大赛（NOC）活动及其他教育部规定的科技项目活动中也屡创佳绩，这些成绩的获得正是市中区积极开展STEM项目式学习和基于信息技术学科的创新教育活动的良好体现。

本书主要包括两部分。第一部分首先说明了项目式学习理论的基本内容，然后在项目式学习的基础上，较详细地阐释了"三段项目式"教学模式的理论与实践。第二部分汇总了与当前信息技术学科教学内容相关的"三段项目式"教学案例，以期通过实际课例体现学科教学的探索过程。

本书同样符合《义务教育信息科技课程标准（2022年版）》的要求。

"三段项目式"教学模式尚处于探索阶段，有很多不足之处，恳请教师们批评指正。

编者

2022年4月

目 录

第一部分
项目式学习概述

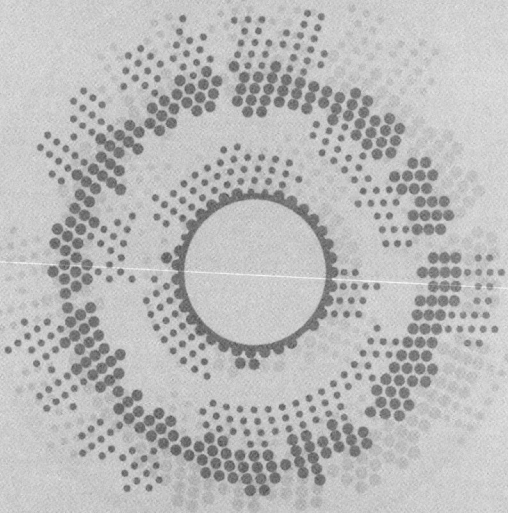

■ 第一章
什么是项目式学习

项目式学习已经在全世界中小学教育教学中得到了广泛应用，对学校教育产生了深远的影响。

截至目前，项目式学习（Project-based Learning，简称"PBL"）还没有一个明确的定义，一般认为，项目式学习就是"在教师的指导下，将一个相对独立的项目交由学生自己处理，信息的收集、方案的设计、项目的实施及最终评价，都由学生自己负责，学生通过该项目的进行，了解并把握整个过程及每一个环节中的基本要求"。

项目式学习最显著的特点是"以项目为主线、教师为引导、学生为主体"，具体表现在目标指向的多重性；培训周期短，见效快；可控性好；注重理论与实践相结合。项目教学法是通过实施一个完整的项目而进行的教学活动，是师生共同完成项目、共同取得进步的教学方法。

第一节
项目式学习的发展

一、项目式学习的发展历程

15世纪晚期，意大利建筑学教育和工程学教育运动之中，产生了"项目"这一专门的教育方法，其大约经历了以下五个阶段。

1. 萌芽阶段

教育领域中的"项目"，首先出现在意大利罗马的建筑师学院。当时"项目"的含义是指学院中为了培养优秀的建筑师而开展的建筑设计竞赛。

1671年，法国巴黎的建筑师们改变了建筑设计竞赛的规则，使得人们开始关注通过"项目"开展学习活动。学生们要参加过一定数量的竞赛，获得奖牌或认证，才能获得专业建筑师的资格，这标志着"项目"成为一种公认的学校教育和教学方法。

在思想层面，自然主义教育者普遍主张教育要回归自然、发展天性，以儿童自然生长的需要为中心组织教学，让儿童自由地参与以适应生活为目的的探究性活动。教育不仅包含向学生传授读、写、算及其他学科知识，而且还应该设置生活教育课程，教育的过程应当是儿童的生活过程，教育活动应当以儿童的经验和现实为基础，通过儿童的自我决策和独立行动，使儿童认识客观世界和"自我"，这些思想为后续的项目式学习的发展奠定了坚实的基础。

2. 发展阶段

18世纪末，欧洲各国及美国都纷纷设立了工业学校和职业学校。于是，"项目方法"从欧洲传播到了美国，从建筑学沿用至工程学，这一发展对"项目方法"的发展有重要的影响。美国华盛顿大学把"项目"当作一种"综合练习"，教学不仅仅是原则性知识的系统介绍，而且与实践应用相联系，"教学"成为"产品制造"的过程。伍德沃德（美国心理学家）在他设立的手工训练学校中实践着他的这些理念，他的"综合练习""项目"在19世纪90年代被广泛应用于中小学教育中。

在此期间，经验主义的课程理论体系建立起来，这为项目课程的形成奠定了理论基础。杜威（美国教育家、心理学家）在1915年所著的《明日之学校》一书中描述了他对项目教学的各种尝试，如在教学中采用了丰富多样的形式，在教学中纳入了技术、实践、社会和艺术等多方面的内容。

3. 成熟阶段

美国哥伦比亚大学教师学院教授、教育哲学家克伯屈于1918年9月发表的论文赋予了"项目"新的定义，这一论文对于项目化教学来说具有里程碑的意义。20世纪二三十年代，项目教学法在美国的初中里得到了广泛的应用。

4. 停滞阶段

从20世纪30年代开始，学科主义课程成为热点，而包括项目课程在内的以学生为中心的活动课程遭到猛烈抨击，在"学科结构化""回归基础"的口号下，学科专家成了学校课程开发和设计的主力军。美国国会于1958年通过了《国防教育法》，大幅度改革中小学的数学和科学课程，史称"新数学运动"，但这一活动最终归于失败。

5. 复苏阶段

20世纪60至70年代的欧美国家普遍要求进行教育改革。"项目"成了中小学教学中被广泛采用的一种教学模式，教师们根据课程标准设计了各种紧扣学科的"项目"。"项目方法"作为一种课程理念具有丰富的内涵，融合了许多教育理念，在教育改革中具有重要的地位和影响。

1971年，项目课程作为一门"新型"课程被列入了德国某些学校的课表中，这使得项目教学几乎已成为当时德国教育界讨论最热烈、研究最多的课题。

二、项目式学习在我国的发展

早在1919年新文化运动时期，"项目"教学研究就开始传入我国。当时，中国知识界对于西方现代文化和科学、民主思想如饥似渴，教育界批判封建传统教育的呼声异常强烈。因此，杜威的理论无疑为中国知识界和教育界提供了强有力的理论武器。

当时的一些在教育界有影响的人物，如陶行知、张伯苓、蒋梦麟、郭秉文等都是杜威的学生，他们的学术思想和教育实践都不同程度地受到杜威的影响，并为其在中国的传播和实践做出了巨大贡献。

1927年，美国教育家克伯屈应邀来华讲学，掀起了有关项目教学法（设计教学法）实验的又一次高潮，项目教学法也成为当时师范学校学生必学的内容。张伯苓在南开小学试行项目教学法，陶行知也在晓庄学校实施着项目教学。

从2003年开始，项目式学习在我国如火如荼地开展起来。随着教育信息化进程的不断推进，项目式学习逐渐在普教阶段推广开来，并进入了相应的课程标准。

近年来，随着STEM教学理念的不断升温，项目式学习逐渐进入了一个新阶段，主要体现在以下几个方面。

（1）新模式、新探索不断深入。

（2）新课程标准的支持。

（3）从"小"学科进入到主流学科。

第二节
项目式学习的实施

　　项目式学习并非随机安排的动手操作课，而是在符合国家课程标准的前提下，精心设计的学习和教学方式，学生在做中学，学习运用不同学科的知识解决生活实际问题，兼顾知识掌握（如数学、语文、科学等）和能力培养（如领导力、演讲能力、合作交流能力等）。

一、项目式学习的"黄金标准"

　　美国巴克教育研究院一直致力于推广项目式学习，经过多年研究，出版了《PBL项目学习黄金标准》一书，书中提出了一套项目式学习的"黄金标准"，指出项目式学习应该包括关键知识与核心技能两个部分。其中，关键知识是指与学科和学术研究相关的信息、概念及理解应用，而核心技能则是指包括审辩思维、合作能力、自我管理和解决问题的能力等在内的技能，其中最核心的就是确定学习目标。

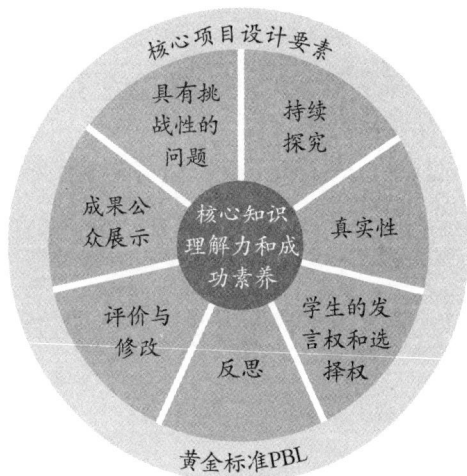

图1-1 项目式学习七要素

1.项目式学习七要素

　　（1）具有挑战性的问题。

　　项目式学习的核心是解决一个有意义的问题。这个核心是对现实问题的探究和回答，应该具有一定的挑战性，能促使学生积极思考、主动学习、激发兴趣。一个引人思考的问题会使学生的学习更有意义，学习不再只是为了记住知识，而是因为他们对知识有需求。

（2）持续探究。

在项目式学习的过程中，学生针对提出的问题进行信息的查找、整合和利用，因此，探究是需要一定时间的，这是一个递进的过程。学生需要收集信息、进行调查，进而做出解决回答问题的假设，然后提出更深层次的问题；再次收集信息、进行调查、提出新的假设进行验证。反复循环以上过程，直到做出满意的解决方案。

（3）真实性。

真实性增强了学生的学习动机。项目式学习的真实性是指学习的内容与现实世界相关。

（4）学生的发言权和选择权。

项目实施过程中，学生应对项目有自己的发言权与选择权，包括做什么和怎么做。这样会使他们产生主人翁意识，更关心项目进程，学习也会更努力。

（5）反思。

在整个项目的过程中，学生应该持续地反思他们学习的内容、学习的方式及学习的目的。反思能够让学生将所掌握的知识和技能内化，巩固所学知识，找出不足，为后面的学习或下一个项目的实施提供借鉴。

（6）评价与修改。

评价与修改是项目式学习中过程性评价的一部分。评价可以由教师来进行，也可以在同学之间进行，或者由校外的专家进行，学生接受意见和建议，然后改进项目流程或设计。

（7）成果公开展示。

通过作品的公开展示，让学生对所学知识和技能进行分享和探讨，这可大大增加学生学习的动力。当学生要向课堂以外的观众展示自己的作品时，他们对自己的要求就会自然而然地提高，从而产出高质量的作品。同时也能让家长和社会了解学生是如何通过项目式学习来获取知识与技能，如何增强素质、提升合作和创新能力的。

2.项目式学习实践七条法则

在实践层面，巴克教育研究院也制定了七条法则，如图1-2所示。

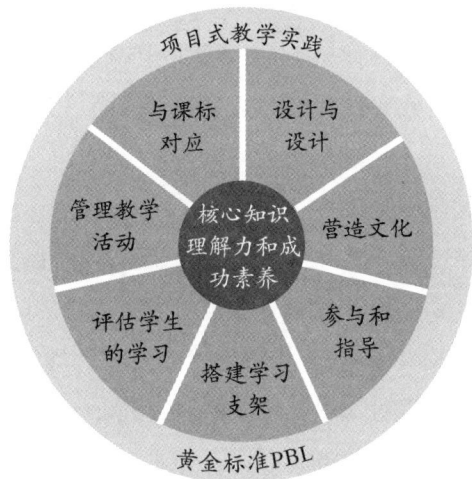

图1-2 项目式学习实践七条法则

（1）营造项目文化。

文化和学习是密不可分的，项目式学习的项目文化包括四个方面：信念和价值观、项目公约、学习环境、规程和管理。良好的项目文化能够培养学生的独立性、探索精神、自主学习能力及团队协作能力。营造包容和公平的氛围，传递人文关怀，鼓励"成长型思维"，让学生拥有发言权和选择权；教师的指导"点到为止"，尽可能地让学生在团队合作中完成项目。

（2）设计与计划。

项目式学习中带着目标去设计学习体验尤为重要，一个高质量的项目学习计划是项目式学习的核心要素。要为项目规划一幅蓝图，其中也包括了形成性评估和总结性评估的计划。设计的项目应充分调动参与者的兴趣，将项目和学生的实际生活联系起来，可以使学生更好地理解学习的目的。

（3）与课标对应。

通过将项目与课程标准对应起来，可以确保学术的严谨性。教师和学生在项目构思阶段，应该认真查看课程标准。项目不应该只满足于实现低层次的学习目标，还应该与有一定难度和要求的标准相对应。

（4）管理教学活动。

教师需要有很好的项目管理能力，同时还应该引导学生进行自我管理，好的管理方式能让学习效率得到极大的提升，从而培养学生协作互助及自我管理的能力。

（5）评估学生的学习情况。

项目式学习的评价应该是综合性的，既要有过程性评价，也要有总结性评价，过程性评价主要评价学生在学习过程中所表现出的素养水平，主要包括学生的学习态度、学习参与程度、能力的发展等方面。总结性评价主要评价项目的达成度与学生对知识和技能的掌握程度。评价应该由项目团队伙伴、教师、家长、专家共同参与。

（6）搭建学习支架。

在项目式学习中搭建学习支架可以帮助学生更好地完成项目任务，掌握学习目标所要求的知识和技能。学习支架包括设置真实的情境、知识储备的支持、活动策略的支持等。

（7）参与和指导。

在项目式学习中强调学生的主体地位，并不是说教师就没有作用了。教师在项目式学习中，由原来的主导者变成了指导者和参与者，在学习过程中指导学生进行探究和协作。学生遇到困难时适当点拨，出现偏差时及时纠正，帮助他们实现学习目标。

二、项目设计的几个问题

项目式学习中，"项目"是关键，在设计中一般要考虑以下几个方面。

1. 激发兴趣

精心设计的项目式学习课程首先要能激发学生的兴趣，可以说有吸引力的项目就已经成功了一半。

2. 难度适宜

在进行项目设计的时候要难度适宜，让学生努努力就能够得着，从而激发学生的创造性思维和斗志，太容易获取的成功往往会失去过程中的乐趣。学习本身是一件快乐的事情，如果项目的设计让学生感到些许为难，但只需要认真查阅资料就能解决的话，那么项目的设计就已经成功了一半。

3. 建立广泛的协作，鼓励学生沟通讨论

项目式学习的最终目的并不是让每个学生都能成功完成项目，而是培养学生的合作能力和探究能力，教会学生如何学习。分享本身就是学习的过程，无论是对分享者还是接收者来说，都会有相应的收获。如果是一个学生独自就能顺利完成的项目，那么它一定不是个合格的项目。

4. 实时反馈评价，合理引导

教师要尽可能地参与到项目的过程中，及时给予学生持续的反馈。可以在一个项目过程中设定一些小节，在完成相关小节时给予相应的指导。

三、项目式学习的基本过程

项目式学习如何实施，其具体操作流程是什么样的，我们可以参考科学家的科研工作和工程师的施工过程，项目式学习的基本过程与这两者有着相似之处。

研究现象、提出问题和假设、进行实验、得出规律并验证，这就是科学家的工作思路；而工程师是解决问题的人，即提出问题、界定问题、制订解决方案、落实方案、落实过程中发现的新问题，再次界定问题、制订新的解决方案，直到问题彻底解决。这是一个多次循环的过程，也叫作工程设计循环。

项目式学习也是这样一个迭代循环的过程，它由四个基本要素构成：内容、活动、情境、结果。有四个关键的环节：提出问题，规划方案，解决问

题，评价与反思。基本学习过程如下。

1. 确定项目任务

确认项目任务的过程即提出问题，学生根据兴趣自主选择项目，教师作为指导者，要考虑到学生能力、学科融合、项目时长、最终检测等方面。选择、确定项目的过程中，不断提高学生观察世界、关联思考、提出问题的能力。

2. 制订项目规划方案

要考虑详细的学习流程、活动设计方案、人员分工、资料收集方向等。制定项目规划方案的过程是学生获取知识、掌握技能、锻炼技巧的过程。在设计、修订方案的过程中，提高学生跨学科思考、整体设计、选择方法、形成思路和解决问题的能力。

3. 活动探究

项目式学习不是让学生简单地走流程，而是要让学生在每个具体的活动中持续地探究，不断地讨论、反思，从而获得对知识更深刻的认识，能够从科学的角度解释世界，培养学科思维，提高解决问题的能力。

4. 项目实施、作品制作

实施过程同样也是解决项目任务中提出问题的过程，要考虑人员分工、完成时间、展现方式、所需技能等。在完成项目的过程中，提高学生动手实践、设计作品、制作作品的能力。

5. 活动评价

要综合运用教师的评价、团队成员评价、自我评价、定量与定性综合性评价。在反思、改进的过程中，提高学生接受反馈、与同伴对话、深入分析、反思改进的能力。

6. 成果交流

在交流、展示的过程中，提高学生总结提炼、学术表达、有效沟通的能力，使学生全程体验、感受成功带来的愉悦。

■第二章
"三段项目式"教学模式

自项目式学习广泛实施以来，其在中小学阶段得到了广泛应用，"以学生为中心"的理念正是现在新课程改革所倡导的。随着研究及实践的不断推进，关于项目式学习的理论不断完善，针对单一学科、跨学科学习的教学设计案例层出不穷、各具体色。

"三段项目式"教学模式正是在长期开展项目式学习的基础上，结合区域特点而创设的一种教学模式，它具有"小""快""灵"的特点，适合在中小学推广使用。

第一节
"三段项目式"教学模式的概念及特点

"三段项目式"教学模式是从项目式学习理论中衍生出来的，其具体可以描述为"以建构主义理论为指导、以项目式学习为基础，按照项目方案、项目实施和项目评价三个阶段而设立的一种教学活动的程序和框架"，是符合现代学校课堂教学方式下的一种新型教学模式。

一、"三段项目式"教学模式的组成

相对于传统项目式学习模式来说，"三段项目式"教学模式具有"小""快""灵"的特点，在结构上对传统项目式学习的结构进行了适当的精炼和简化，如图 2-1 所示。

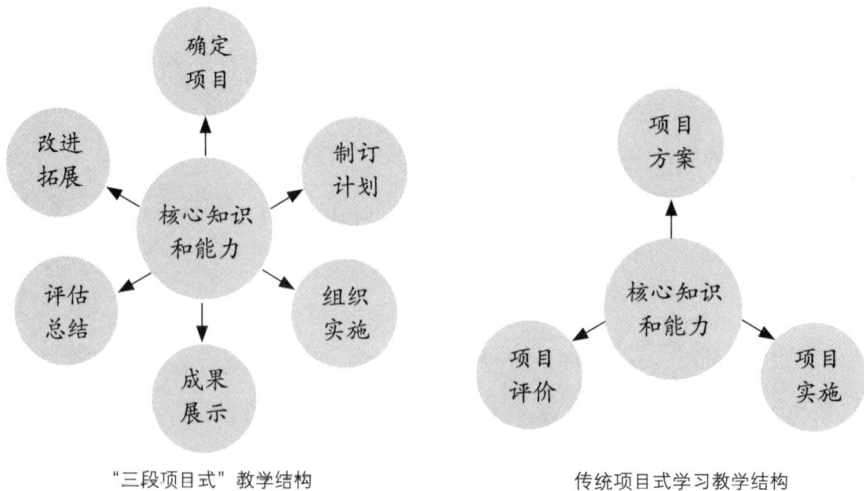

"三段项目式"教学结构　　　　　　传统项目式学习教学结构

图2-1 传统项目式学习和"三段项目式"教学结构对比

由"三段项目式"教学模式的定义可以知道，该教学模式从步骤和环节上来说由三部分组成，每一个部分在执行过程中还渗透了阶段性评价。比如，项目确定阶段要让学生（或小组）相互之间点评，指出优缺点，然后进行项目方案的修正。

1. 项目方案

项目方案的确定部分是整个项目执行的前提，由教师指导学生在真实、实际的情境下来进行。项目情境与所学的知识点和技能相关联，比如针对"资源管理"这个核心概念，教师可以导入如下情境。

> 小明同学很喜欢听歌曲，从同学那里借了一个保存了很多歌曲的优盘，优盘上保存了多个歌手演唱的上千首歌曲，歌曲文件有MP3、WAV等多种格式，他想把这些歌曲保存到自己的计算机中。为了便于保存和查找，他应该如何规划自己的文件夹结构呢？

该项目旨在研究落实"分类存储"这个概念，以上情境取自于生活，学生兴趣度高。项目可能会有多种解决方案，每种方案都有一定的道理，学生在形成方案时要对自己的方案原理进行阐述。这样，学生既掌握了文件夹及文件的相关操作，又具备了"分类存储"的意识和能力。

2. 项目实施

在项目方案确定之后，接着进入到项目实施阶段。本阶段主要以个人或小组合作的方式进行，教师需要提供一定的学习工具的支撑，必要时对新授知识和技能进行讲解和演示。

根据需要，可以提供的学习工具和资源包括以下内容。

（1）项目功能分解表格，比如"智能台灯"有哪些功能。

（2）项目实施所需要的材料、器件表。

（3）方案草图设计表格（或程序流程图设计表格）。

（4）微视频或其他类型的学习资料。

（5）各种实用的评价表。

3. 项目评价

项目评价包含项目展示和综合评价两部分，由于项目"小"，所以展示和评价环节比较简单。

该环节需要解决的是如何展示和如何评价的问题。展示的内容可以是研究结论或具体的作品，展示的形式也可以多种多样，比如PPT展示、作品演示等。评价也可以是多样的，要设计好评价量规及相应的工具。

二、"三段项目式"教学模式的特点

如前所述，"三段项目式"教学模式具有"小""快""灵"的特点，具体如下。

1. 项目取材"小"，便于组织实施

对于传统项目式学习的教学设计来说，其项目的设立往往比较"大"，学生参与的难度比较高，需要的时间比较长。从教师层面来说，教学组织比较麻烦，项目研究期间，指导、规划及教学各个环节交织在一起，工作量较大；从学生层面来说，他们在项目研究中难以保持较高的学习热情，学习的体验感也比较差。因此，对于很多学校来说，刚开展项目式学习时普遍热情高涨，但随着时间的推移，积极性和成就感逐渐降低，慢慢失去了动力，最终也就不了了之。

另外，项目式学习都具有"跨学科"的特点，而"三段项目式"教学模式虽然也提倡跨学科实施，但是学科范围都比较小。就算是针对单一学科的项目式学习，也大都基于单元、主题研究的方式，不便于大规模实施。

针对以上问题，"三段项目式"教学模式第一个特点就是"小"，主要体现在以下两个方面。

首先，项目本身小。从教师和学生实际出发，有针对性地确定项目，降低难度的同时又能使学生有足够的兴趣，实施价值高。

其次，学科范围小。"三段项目式"教学模式主要针对信息技术学科本

身，它是由信息技术"任务驱动"教学法结合项目式学习发展而来的，跨学科的范围小，会降低教与学的难度。

2. 项目研究"快"，便于目标达成

由于项目确定了"小"的特点，因此执行起来就有了"快"的优势。通常在该教学模式下，完成一个项目需要3~5个课时，每个学期可以完成3个项目的研究，效率较高。

根据该教学模式的说明，整个项目执行下来的课时安排如表2-1所示。

表2-1 "三段项目式"教学模式课时安排

阶段序号	阶段名称	课时数	说明
1	项目方案确定	1课时	项目要求不同，课时可能有变化
2	项目实施	1~3课时	项目难度不同，课时可能有变化
3	项目评价	1课时	

3. 项目实施"灵"，方便课程开展

众所周知，传统信息技术课程一般要在微机室里进行，微机室授课有集中、高效、方便等诸多优点，但也有不可避免的缺陷。

（1）微机室的电脑硬盘都处于保护状态，不利于学生进行项目文件的保存。

（2）现在微机室都是分班使用，后续班级的学生很容易对前面班级学生保存的文件造成破坏。

（3）现在创新类课程（3D打印、人工智能等）都需要比较大的空间，微机室不能满足需要。

（4）微机室中，计算机设备的摆放方式不利于开展项目式学习。

因此，微机室的这些缺陷不利于传统项目式学习的开展，但相对于"三段项目式"教学模式的"小"和"快"的特点来说，这些"缺陷"就变得不是那么明显了。另外，由于项目本身较"小"，教师和学生调整的余地也就比较大。

第二节
"三段项目式"教学模式实践

实行项目式学习都需要一个比较固定的"模式",这个模式包含具体的项目内容描述和项目设计工具,是一个完整的系统。从项目内容描述上来看,其主要包括"项目基本信息""项目实施过程"及"成功与评价"几部分,每一个部分又分为几个具体的小内容;从设计工具来说,我们专门设计了一个项目教学设计工具表格,来系统呈现项目的内容。

一、"三段项目式"教学模式的内容描述

1. 项目基本信息描述

项目基本信息主要用于说明项目名称、执教者信息、课时及教材版本等,就像是一个教学设计的"身份证"。

除此之外,还有两项重要的内容,那就是"项目描述"和"项目流程图",这是确定项目设计的核心内容。

"项目描述"包含了"项目目标"和"项目背景及实施策略"两部分,具体内容如下。

(1)项目目标。

顾名思义,项目目标即实施该项目要达到的目标,这是整个项目的核心。项目目标可以参照当前中小学信息技术课程的教学目标来确定。目前,确定教学目标的方式有两种体系:一种是按照美国心理学家、教育家杰罗姆·布鲁纳提出的三维目标体系,即"知识与技能""过程与方法"和"情感、态度与价值观";另一种是根据《普通高中信息技术课程标准》(2017年版,2020年修订)提出的四个核心素养进行描述,即"信息意识""计算思维""数字化学习与创新"和"信息社会责任"。

我们一般用三维目标体系来描述项目目标，其内容如图2-2所示。

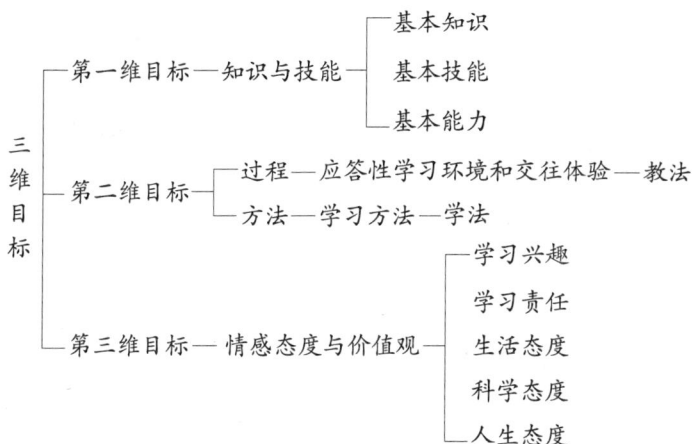

图2-2 三维目标体系

（2）项目背景及实施策略。

项目背景主要指设立该项目的原因，明确该项目的实施意义。实施策略则需要简要说明该项目在实施过程中主要的教与学的方法、过程等。下面以"神奇的画笔"的项目目标设计为例进行说明。

项目目标（核心问题）

· 引入Python扩展库的方法。

· 掌握画笔扩展库基本使用方法。

· 通过绘制简单的几何图形，使学生明确规则图形的绘制流程，掌握它的程序结构。

· 通过项目式学习，使学生能将源于生活的创意利用数字化方式加以描述。

· 通过探究学习，由学生自主实现旧知识的迁移，学习与他人合作。

· 能够通过具体现象发现事物（规则图形的变换）的本质。扩展思维，学习将生活中的问题通过创新思维进行解决。

下面以3D设计教学《分类垃圾桶》的项目背景和实施策略设计为例进行说明。

> 自2019年以来,国家针对垃圾分类回收提出了明确的要求。垃圾分类是对垃圾进行处置的重要环节。通过分类投放、分类收集,把有用的物资从垃圾中分离出来重新回收、利用,变废为宝,既提高了垃圾资源的利用水平,又可减少垃圾处置量,是对垃圾进行有效处置的一种科学管理方法。本项目是利用3D设计软件,让学生设计一组既实用又具有个性化的垃圾桶,是将信息技术与生活相结合的理想案例。
>
> 学生已掌握3D软件的基本操作,能制作一些比较简单的模型,但还没有与实际生活相结合。本项目基于探究学习的方式展开实践,教师通过项目情境设立、学习材料支持及适当的新授内容讲解,引导学生从现实问题出发,学习及运用技术,解决实际问题。

2. 项目流程图

项目流程图用来说明整个项目的执行过程及要落实的核心素养内容,在一定程度上,通过流程图即可了解整个项目的内容及实施过程,如图2-3所示。

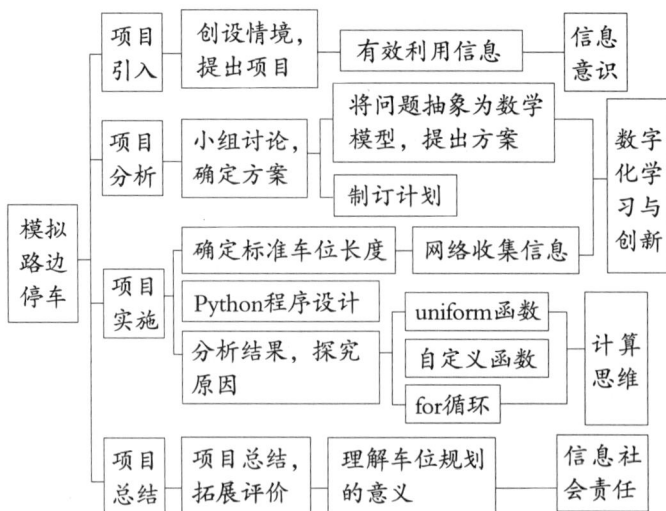

图2-3 "模拟路边停车"项目流程图

二、项目过程设计

项目过程设计是整个项目设计中最主要的部分，要说明整个项目的实施过程，需要注意以下几个方面。

1. 项目执行过程要顺畅，逻辑性要强

项目的展开要严格按照项目确定、项目实施和项目评价三个阶段，每个阶段可以划分为几个小环节，但必须保证环节内部及环节之间的顺畅。从逻辑上来说，每一个阶段、每一个环节都要遵循由易到难、层层递进的关系，层次清晰不跳跃。

传统的信息技术课程广泛采取"任务驱动"教学方式，教师在备课中经常用"任务一""任务二"等作为教学环节，这样的设计不适合项目式设计的原则。首先，任务往往都是教师们设定的，学生只是被动接受；其次，用这种方式组织教学会无形中破坏了学习思维的连续性，人为造成了"知识信息孤岛"现象。

2. 要注意教学设计和课时备课之间的区别

教学设计是根据课程标准的要求和教学对象的特点，将教学诸要素进行有序安排，确定合适的教学方案的设想和计划，重点体现在"设想"和"计划"，更多的是关于思路的展现。备课是教师根据学科课程标准的要求和本门课程的特点，结合学生的具体情况，选择合适的表达方法和顺序，以保证学生进行有效地学习，重点在"表达"。因此，在教学设计中不要过多采用师生对话的方式，而要着重说明课程的设计思路。

课时备课强调每一个课时都需要有一个独立的"情境导入"，这个情境是为这一个课时的重难点服务的，而项目式学习需要的是一个总的项目情境，所有教与学的环节都是围绕这一个情境展开的。另外，每一个课时重难点都有一定的局限性，而项目式学习的重难点是站在项目整体的高度设置的，更具有教育意义。

3. 要体现出学生探究学习的过程

建构主义学习理论强调以学生为中心，要求学生从外部刺激的被动接受

者和知识的灌输对象转变为信息加工的主体、知识意义的主动建构者。因此，在项目实施的过程中，要求教师由知识的传输者、灌输者转变为帮助学生主动建构的引导者、促进者，教师应在教学过程中采用全新的教育思想与教学结构、全新的教学方法和全新的教学设计，体现学生自主探究的特征。

基于建构理论的教学设计，要避免"伪建构"的现象，知识建构不是简单的小组活动，也不是一般性的动手制作，一定要在明确的目标指引下进行活动。关键就是看在这个活动中，学生是否真正动脑参与了（有创新性信息产出），而不是简单地验证。

4.要体现出促进学生学习支撑性资源和工具设计的目的，落实"做中学"的目标

项目实施过程中，教师要给学生提供足够的支撑性资源和材料，比如重难点知识学习的微视频资料、学生在线学习需要的线上资源、学生设计过程中需要的各种表格（设计表、评价表、数据记录表）等，使学生学有所依，充分体现"做中学"的教育目标。

本书所指的"做中学"是指"探究式科学教育"，它是将脑科学、神经教育学的研究成果应用到教学实践中得出的一个概念，它强调让学生在既动脑又动手的过程中学习，强调学习中的主动性。"做中学"是探究式的，让学生带着特定任务进行学习，而不是盲目地进行操作。需要强调的是，"做中学"是一种培养学生学习方法的方式，它不以特定知识的掌握为主要目标。因此，在项目设计中教师要给学生提供提升学习方法的形式和途径。

三、成果与评价

成果与评价部分是"三段项目式"教学模式中的重要内容。"成果"是项目式学习目标最终的呈现方式，这个成果可以是物化的，比如制作一个具体的作品；也可以是非物化的作品形式，比如制作一个研究报告等。

项目评价是"三段项目式"教学模式的最后一环，体现的是研究成果的价值性描述。根据教学评价的定义，项目式学习评价可以定义为"是依据项目目标对项目实施过程及结果进行价值判断的活动，是对项目实施现实的或潜在的价值做出判断的过程"。

项目评价一般包括对项目实施过程中教师、学生、项目内容、教学方法手段、教学环境、教学管理诸因素的评价，但主要是对学生学习效果的评价。

项目式学习的评价是与成果的产生、成果汇报紧密相连的。项目式评价要采用多元的方式，使过程性评价和总结性评价相结合。

成果评价要聚焦以下几个方面：

（1）最终成果是否解决了项目情境的需求。

（2）最终成果中，学生是否对概念进行了深度理解，是否掌握了相关知识技能。

（3）学习实践的质量如何。

（4）在类似的情境中是否产生了技能迁移。

以上要点都在后面的案例中得到了体现。

第二部分
"三段项目式"教学模式实践案例

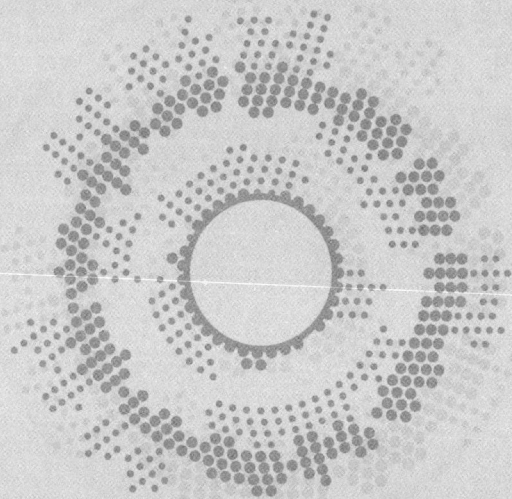

现代中小学信息技术课程的内容包含两大部分：一部分是所谓的传统信息技术内容，包括计算机系统组成、计算机画图、图文编辑、图像处理、程序设计等；另一部分是信息技术创新应用，包括3D创新设计、开源系统创新设计等内容。

　　本部分的实践案例涵盖了信息技术教学大部分内容模块，充分体现了"三段项目式"教学模式的实践应用。

■第三章
计算机基础应用案例

　　计算机基础部分是中小学信息技术教学的重要内容，根据学习目标要求，计算机基础部分主要包括以下内容。

　　（1）计算机基础，包含硬件系统、软件系统等。

　　（2）网络应用，包含浏览器使用、网络原理等。

　　（3）多媒体制作，包含音视频的简单编辑等。

案例1
"探秘网络世界"多媒体报告

一、项目基本信息

项目名称	"探秘网络世界"多媒体报告	执教教师	
项目学科	信息技术	适用年级	四、五年级
相关学科	信息技术		
项目时间		课时数	4
教材资源	山东教育出版社 小学《信息技术》第2册		
项目描述	1.项目目标（核心问题） （1）教师在创设的主题情境中，引导学生运用各种手段去收集、查找、选择、组合信息，让学生体验合作探究学习的快乐。 （2）培养学生对所研究的问题发表自己独特的见解，并乐于与人交流，学会客观地分析和辨证地思考。 （3）学生在学习了网络的基本功能之外，还能做到积极审视自己，提高网络安全意识，不沉迷于网络虚拟世界。 2.项目背景及实施策略 学生在学习了第1册内容的基础上，将在第2册中学习互联网基础知识。四、五年级的学生面对网络世界总是充满了好奇，想学习相关知识，也容易被不良内容所诱惑。如互联网是怎么形成的，在互联网上能做什么，它与我们的生活有哪些关系，小学生总是沉迷网络游戏怎么办，我们应该如何看待快手、抖音等短视频的流行，基于此类问题设计本项目。 项目实施采用多课时、小组合作探究方式，教师提供必要的材料及工具，如计算机、文具、汇总表、评价表等。			

		项目引入	创设情境，提出项目	根据情境选择或自定研究项目，形成研究小组
项目流程图	『探秘网络世界』多媒体报告	项目分析	小组讨论，确定方案	根据研究项目进行组内讨论，确定分工
				根据各自分工，学习课本相关知识，落实基本操作
		项目实施	活动1：小组成员上网查阅资料，然后进行资料的初步汇总	根据教师的建议，学习必要的收集资料技巧
				收集资料后进行初步汇总
			活动2：小组成员将初步汇总的资料进行分类筛选、整理	
			活动3：小组成员根据筛选资料制作PPT，准备展示汇报	
		项目总结	项目总结，拓展评价	交流分享会，汇报本组研究成果并进行互动答疑
				评价各组研究汇报成果，评选优秀小组

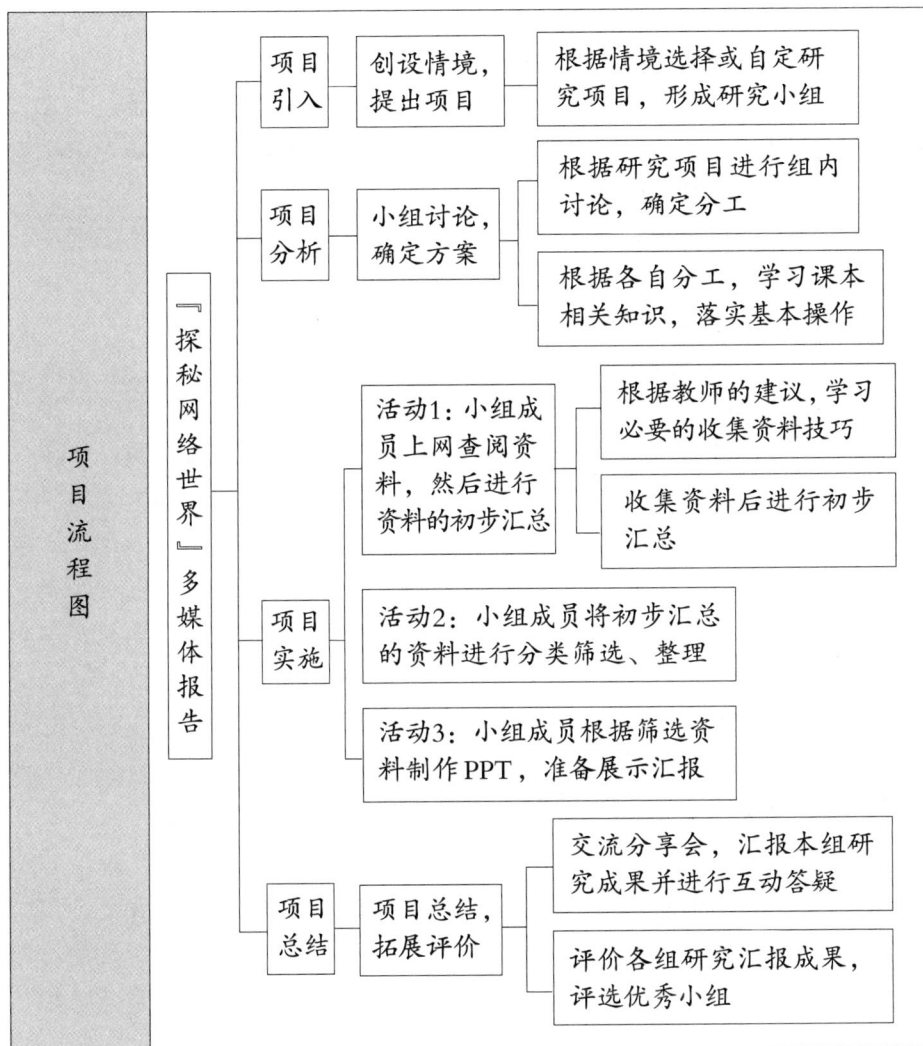

二、项目过程设计

项目实施	一、第一课时
	1.创设情境，提出项目
	同学们，大家在生活中一定都上过网，这个"网"的名字其实叫"因特网"，它是一个虚拟世界，里面包罗万象，给人们的生活

提供了很多便利；网上还有很多好玩的游戏、好看的视频，总之，它就像是一个大宝库，相信大家一定很想去其中探索一番。这里给出了几个探秘题，各小组可以根据自己的情况选择其中一个来研究，也可以自定相关项目。

（1）互联网的发展史，现在的互联网给我们的生活带来了哪些便利。

（2）火眼金睛看网络，网上信息真假大讨论。

（3）网络安全大家谈，网上交友需谨慎，网上支付安全，网络病毒相关话题。

（4）防沉迷小达人，网络游戏的利与弊，如何看待短视频的流行。

2. 小组讨论，确定分工

学生确定选题后，分组讨论，确定分工，填写研究小组分工表（见附表2）。小组成员根据各自分工学习课本相关知识，落实基本操作。教师提供相关支持。

3. 项目主题交流

各小组交流项目主题，进一步修订方案。

二、第二课时

1. 资料收集

小组成员根据分工，通过报刊、网络等途径收集、查阅资料，然后进行资料初步汇总（见附表1）。

火眼金睛组：如何辨别网上海量信息的真假，如何获取正确的网上信息。

网络安全守护组：网上交友需注意的事项，如何安全进行网上支付、网络病毒相关话题。

防沉迷达人组：网络游戏的分类、特点，调查周围人对网络游戏的态度，怎样做到合理适度游戏，如何看待短视频的流行。

自选项目组：……

项目实施

项目实施

2.教师提供相关支持

（1）每组一台联网的计算机。

（2）汇总资料记录表。

（3）教师结合各组的研究项目给予必要的建议，如网上收集资料过程中的技巧、不同搜索引擎的使用、搜索关键字的选择、如何对搜索结果链接进行安全选择等。

三、第三课时

1.各小组对上一课时的资料进行筛选、整理（细化、精选资料）

小组成员将初步汇总的资料进行筛选并填写"汇总筛选资料记录表"（见附表1）。

如"网络安全大家谈"选题可将资料进行如下分类筛选。

（1）网上交友利与弊、注意事项。

（2）网上支付方式及特点、网上支付应采取哪些安全防范措施。

（3）计算机病毒分类及中毒症状、计算机病毒预防措施。

2.各小组制作PPT进行汇报

格式以附表1为模板，可适当进行拓展。

3.教师提供相关支持。

（1）汇总筛选资料记录表（见附表1）。

（2）每组一台计算机用于制作PPT。

四、第四课时

（1）教师组织举行班级展示分享会，学生代表在规定时间内汇报本组的收获。

（2）生生互动。学生对进行展示的小组提出问题，由小组成员进行解答。

（3）学生以小组为单位对其他小组的汇报分享进行评价，评价内容包括汇报内容、汇报者表现、协作学习能力（见附表3）。

（4）评选优秀小组（最佳内容奖、最佳展示奖、最佳合作奖），进行项目总结和整体评价。

成果与评价	1.成果呈现方式 各小组制作的PPT。 2.评价方式（汇报评价表以附件形式呈现） 师生共同制作汇报评价表（评价指标、评价星级）。各小组展示汇报后，其他小组根据汇报评价表给出星级、总评。

附表1：

"探秘网络世界"多媒体报告研究小组汇总筛选资料记录表

组名		探秘选题	
资料收集方向			
资料汇总			
筛选后资料			

附表2：

"探秘网络世界"多媒体报告研究小组分工情况表

组名		探秘选题	
组长		分工	
成员1		分工	
成员2		分工	
成员3		分工	
成员4		分工	

附表3：

"探秘网络世界"多媒体报告研究小组汇报评价表

汇报小组		汇报选题	
评价指标		评价星级	
汇报内容 （观点明确；收集资料内容完整、条理清晰，无明显错误；PPT制作排版合理、界面美观）		☆ ☆ ☆ ☆ ☆	
汇报者表现 （表情自然，表达清晰，能在规定时间内完成）		☆ ☆ ☆ ☆ ☆	
协作学习能力 （组内成员能和谐相处，互动时成员间能发挥合作精神）		☆ ☆ ☆ ☆ ☆	
总评		☆ ☆ ☆ ☆ ☆	

案例2
智能导航

一、项目基本信息

项目名称	智能导航	执教教师	
项目学科	信息技术	适用年级	四年级
相关学科	数学、科学		
项目时间		课时数	4
教材资源	山东教育出版社 小学《信息技术》第2册第2、3课		
项目描述	1. 项目目标（核心问题） （1）学习使用百度地图进行目的地搜索和路线规划。 （2）合理制订出行计划，体验导航的实际应用，用信息技术解决生活问题。 （3）探索智能导航背后的科技，了解祖国航天事业的发展，增强民族自豪感和对科学探索的求知欲。 2. 项目背景及实施策略 该项目是在"探索网络世界"前置课的基础上进行的，学生已经能够运用浏览器，借助搜索引擎收集自己需要的信息。教师需要引导学生使用百度地图制订最优出行计划，并实地体验智能导航软件的应用。通过设问"导航如何实现实时定位？"带领学生探索智能导航背后的科技——卫星导航系统的相关知识。认识北斗卫星导航，了解祖国航天事业的发展，增强民族自豪感和对科学探索的求知欲。		

项目流程图

| 智能导航 | 项目引入 | 创设情境，提出项目 | "我来规划研学旅途" |

项目分析：小组讨论，确定方案
- 使用浏览器搜索相关资料
- 汇总展示文字、图片、视频信息

项目实施
- 活动1：使用百度地图制订出行计划
  - 目的地搜索
  - 路线规划
- 活动2：开启研学旅程，体验导航魅力
  - 实时路况
  - 实时定位
- 活动3：了解智能导航背后的科技
  - 探索北斗卫星定位系统

项目总结：项目总结拓展评价
- 分享旅程中使用百度地图的感受
- 探讨智能导航在生活中的其他应用

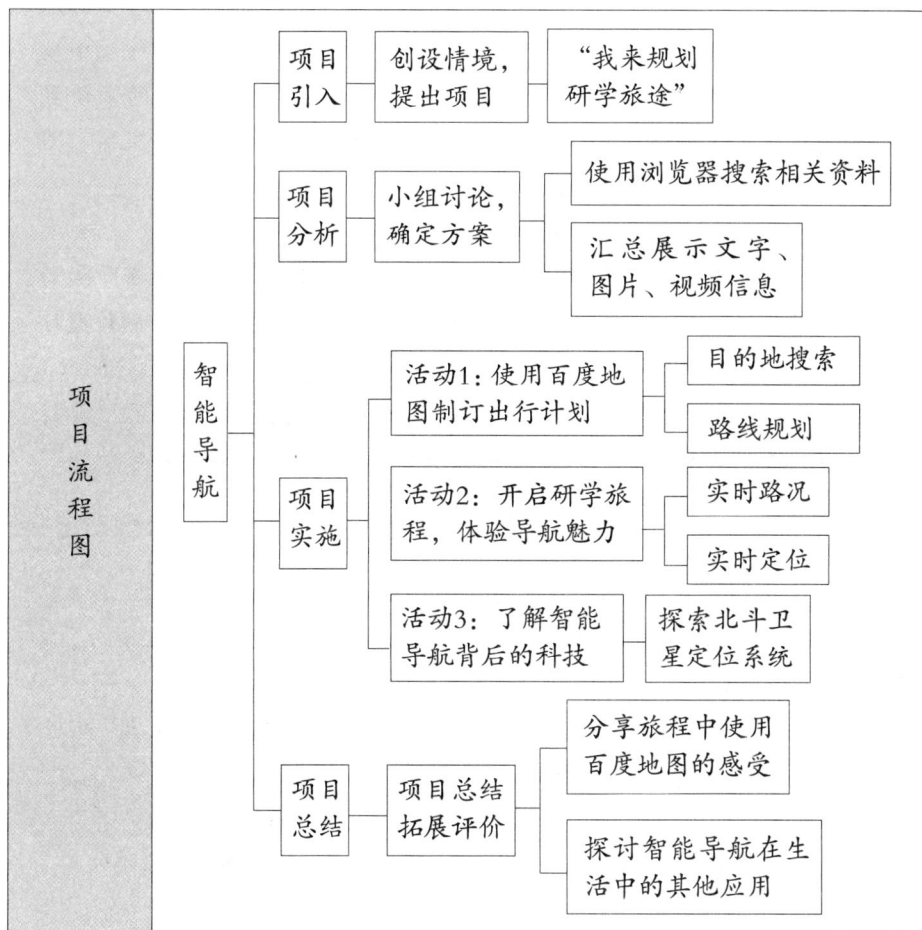

二、项目过程设计

项目实施

一、第一课时

1. 创设情境，提出项目

同学们，"泉娃走泉城"是我校长期开展的一项研学活动，之前我们已经去过了泉城的许多地方，比如大明湖、千佛山等风景名胜，又或者是去省博物馆、科技馆等参观展览，你们喜欢这样的研学活动吗？如果让同学们自己组织一次研学活动，你们最想去哪里呢？

（学生分享、交流想法）

同学们想法众多，每项提议都很有趣，不如我们举行一次小型宣讲，看看哪位同学的活动方案最吸引人。为了让我们的宣讲更有说服力，同学们可以借助工具查阅资料，汇总收集到的文字、图片、视频等信息，形成自己的活动方案。

2. 小组讨论，确定方案

根据学生兴趣进行分组。思考：你能制定一个详细的研学活动方案吗？方案需要包含哪些方面的内容？（学生小组讨论，制订项目计划）

互联网搜索是获取信息最便捷的方式，我们可以使用搜索引擎，查找需要的资料。小组成员分工协作，完成"我的研学计划"表格（见附表1），确定活动方案。

3. 小组展评，推选方案

学生讲解、展示，推选研学活动方案。

二、第二课时

活动1：使用百度地图制订出行计划

上节课，"植物的奥秘"——泉城公园之行获得了最高票，因此这一活动将作为我们本周的研学活动。

思考：小组成员制订的活动出行规划是否合理？这种交通方式适合全班同学出行吗？你们对出行规划有自己的看法和建议吗？

（学生讨论、交流想法）

本节课我们需要认识一个新工具——百度地图，它可以帮助我们合理规划出行路线，是大家的好帮手。请根据教师提供的学习指南，尝试借助百度地图，填写路线规划表格（见附表2），分析哪种出行方式更合适。

百度地图学习指南：

1. 目的地搜索

在百度地图的搜索框中输入目的地，单击搜索按钮，就可以看到搜索结果，如图3-1所示。

（左侧竖排）项目实施

图3-1 使用百度地图搜索目的地

百度地图使用不同颜色区分风景区、建筑物、道路等，我们可以看到带有数字标志①的，就是目的地泉城公园。风景区在百度地图中以浅绿色作为标识，不同的颜色让我们能够更清晰地了解其大致范围。

2.规划路线

在百度地图中单击"确认目的地"，并输入出发地点，就可以查看出行路线了。通常默认出行方式为"公交"，可以单击切换到"驾车""步行""骑行"，查看距离和用时，如图3-2所示。（小组展示、评价，教师引导学生掌握百度地图的使用方法。）

图3-2 使用百度地图查看出行方式

通过百度地图这一好帮手，我们对路程的距离、用时、花费有了更深入的了解，接下来请同学们继续完善研学活动的出行计划，确定活动方案。

项目实施

三、第三课时

活动2：开启研学旅程，体验导航魅力

百度地图不仅可以用于目的地搜索和路线规划，还能帮助我们分析路况、实时定位。本节课我们就体验一下吧！老师在泉城公园设置了四个定位打卡点，那里的植物与众不同，请同学们注意观察，并填写活动记录表（见附表3）。

1.组织活动

教师组织学生开展"植物的奥秘"——泉城公园之行研学活动。每个小组配备一部手机，安装好百度地图导航软件。

（1）实时路况。路况信息通常用深红色、红色、黄色、绿色来显示拥堵程度，路线为绿色，即为"畅通"。通过手机导航软件提示，确认道路通行情况，综合考虑选择出行方式。（学生查询实时路况，根据实际情况决定出行方式。）

（2）实时定位。到达目的地后，教师指导学生根据手机导航的提示，查看所在位置，步行前往泉城公园的入口。并根据地图导航，找到打卡点的位置，合理开展后续的研究学习活动。（学生实地体验，掌握导航软件的使用方法，填写活动记录。）

2.学生分组汇报研学成果

小组之间分享百度地图的使用感受，教师进行小结。

（1）通过百度地图综合考虑距离、用时、道路拥堵情况、费用等问题，你们才能在多个方案中选取一个最适合的。

（2）使用手机导航软件实时定位，可以帮助我们快速找到目的地所在位置。

四、第四课时

活动3：了解智能导航背后的科技

通过两节课的学习和实地体验，同学们对百度地图的使用有了更深的体会。

思考：智能导航为什么可以实时定位？它是如何判断路线是否拥堵的？除了百度地图，生活中还有哪些智能导航应用？（学生分享、交流想法。）

项目实施	智能导航是通过卫星定位系统确定方位的。在任意时刻，地球上任意一点都可以同时观测到4颗卫星，以实现导航、定位、授时等功能。卫星定位可以用来引导飞机、船舶、车辆及个人安全、准确地沿着选定的路线到达目的地。 同学们都知道哪些卫星定位系统呢？你们了解我国自主研发的北斗卫星定位系统吗？接下来，请同学们使用搜索引擎，搜索有关北斗卫星定位系统的文字、图片资料，加到PPT中进行成果展示。（学生搜索资料，了解北斗卫星定位系统。） 小组展示、讲解，教师进行小结。 本节课的最后，教师引导学生思考北斗卫星定位系统的意义，畅想未来的科技化生活。让学生充分感受信息技术进步给我们带来的变化，培养民族自豪感。 项目总结，整体评价。
成果与评价	1. 成果呈现方式 制作完成《泉娃走泉城》PPT作品。 2. 评价方式 项目采取过程性评价，根据学生在探究学习过程中的表现及活动记录表的完成情况进行评价。

附表1：

"智能导航"项目式研究研学计划表

我的研学计划	
目的地介绍（详细说明）	
研究学习内容	
活动参与人数	
时间安排	
交通方式	
需携带物品	

附表2：

"智能导航"项目式研究路线规划表

"植物的奥秘"——泉城公园之行研学活动路线规划				
	公交	打车	步行	骑行
方案个数				
最短距离（千米）				
预计最短用时（小时）				
预计花费（元）				
综合考虑	我选择的最优路线是 _____ 原因是_____			

附表3：

"智能导航"项目式研究小组活动记录表

"植物的奥秘"——泉城公园之行研学活动记录表				
小组成员任务分配	导航员	探路员	观察员	记录员
	植物名称		植物特点	
打卡点1				
打卡点2				
打卡点3				

（续表）

"植物的奥秘"——泉城公园之行研学活动记录表				
小组成员任务分配	导航员	探路员	观察员	记录员
	植物名称		植物特点	
打卡点4				
导航记录	相邻打卡点间平均距离是 ＿＿＿＿＿（米） 到达下一打卡点平均用时＿＿＿＿＿（分钟）			

案例3
世界任我游

一、项目基本信息

项目名称	世界任我游	执教教师	
项目学科	信息技术	适用年级	四年级
相关学科	数学、科学		
项目时间		课时数	4
教材资源	山东教育出版社 小学《信息技术》第2册第1、2、3课		
项目描述	1. 项目目标（核心问题） （1）培养学生利用互联网分析问题、解决问题的能力及利用网络共享实用信息的意识。 （2）培养学生用正确的方式在网上查找资料，并有目的地进行筛选、整理。 （3）灵活运用网络解决实际问题，培养学生的信息素养。 2. 项目背景及实施策略 网络的发展推动了社会的发展，海量的网络信息资源为我们的学习、生活带来极大的便利。该项目是以学生之前学习的网络知识为基础，引导他们掌握浏览器的使用，并利用中文搜索引擎查找相关资料，快速保存、下载网页中的图片、文字资料，引导学生从身边的实际问题入手，学会使用网络地图查找目的地，并合理规划路线。		

项目流程图	世界任我游	项目引入	创设情境，提出项目	根据情境，分享有效信息
		项目分析	小组讨论，确定方案	根据学科知识和课本内容进行网上学习，提出问题，制订项目计划，填写设计表
		项目实施		掌握不同类型资源的下载方式，并对它们进行分类保存、挑选、整理
				使用百度地图搜索目的地，综合考虑各种因素，规划出行路线
				运用PowerPoint制作"世界任我游"电子小报，小组汇报展示
		项目总结	展示总结本次项目设计	
			项目评价	

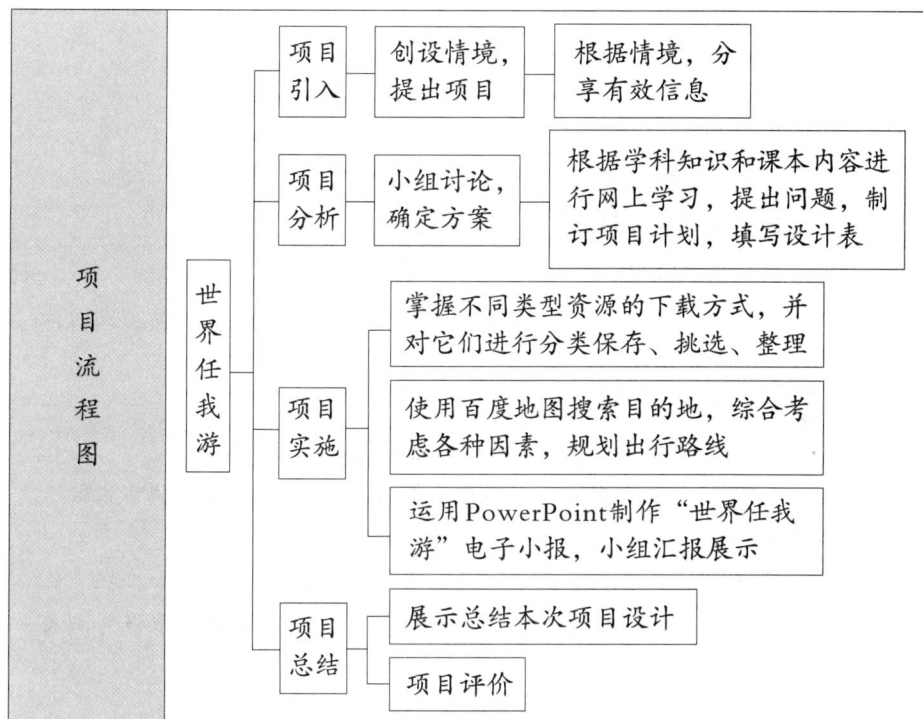

二、项目过程设计

一、第一课时

1. 创设情境，提出项目

同学们，请看大屏幕上的视频！

提问：你们看到了谁？小猪佩奇一家遇到了什么问题？怎么解决的？

回答：他们开车旅游时迷路了，使用卫星导航系统找到了目的地。

思考：在实际生活中，我们会不会遇到这样的问题？

同学们喜欢旅游吗？想不想自己设计出行方案？那就让我们来一场说走就走的旅行吧！

问题：（1）想去哪里旅游？

（2）如何制订出行规划？

（3）怎样了解目的地的风土人情？

小组带着问题进行讨论，填写"世界任我游"目的地研究表（见附表1）。

项目实施

2.小组讨论，确定出行方案

（1）确定人员分工，填写小组分工表（见附表2）。

（2）制订出行方案，填写出行方案设计表（见附表3）。

3.交流汇报，修改方案

根据交流后得到建议，对方案进行修改。

二、第二课时

上节课完成了小组的出行计划和方案，本节课根据所定主题来进行相关资料的收集、整理。

1.小组分工，收集资料

小组讨论如何从网上下载目的地的图片、文字资料。

小组汇报学习成果，并提出未解决的问题，教师帮助学生解决遇到的问题。

网络中还有许多音视频资源，有些还可以下载。比如，在"百度音乐"中，我们可以点击"下载"按钮，将下载的音乐保存到自己的计算机上。

2.资料筛选整合，形成本组资源库

为了方便管理资源、养成良好的使用资源的习惯，请同学们保存内容时进行分类管理。新建"世界任我游"文件夹，再把收集到的文字、图片、音频资料分别存放到"文字""图片""音频"子文件夹中，如图3-3所示。

图3-3 建立分类文件夹

分类保存后，我们还应该对各类资源进行挑选、整理。

（1）选择文字时，要精选重点内容，不要大面积地从网上复制文字保存。

（2）选择图片时，要考虑图片尺寸，还要考虑图片是否与文字相符。

项目实施	（3）选择音乐时，要选择最符合目的地风土人情的配乐。 3. 总结评价 　　同学们，大家通过自己的努力，掌握了如何迅速查到自己想要的信息，并能够独立地从网上下载各类资源。在组长的带领下，能够对自己保存的信息资源进行选择、整理。请小组长介绍自己的资源库，全体投票评选出"最佳资源库"奖。 **三、第三课时** 1. 规划路线 　　问题：在"百度地图"中查找去往"岱庙—泰山（天外村入口）"的路线。 　　探究：自主学习课本第12~13页的内容，上机操作完成"做一做"练习，并把遇到的问题与大家交流。 2. 综合规划路线 　　通过上面的学习，请大家根据小组确定的目的地，完善出行方案，填写出行方案设计表（见附表3）。 　　规划路线时，要综合考虑距离、实时路况、出行的时间段、出行目的、天气等方面的因素，合理选择驾车、步行、骑行、公交等出行方式，寻找最佳、最快捷的行驶路线。 **四、第四课时** 1. 小组展示 　　通过前面3个课时，"世界任我游"项目已经基本完成，小组汇报展示，评定星级。 2. 综合评价 　　请每个小组填写"世界任我游"过程性评价表（见附表4），并评选出"最佳资源库奖""最佳组织奖""最优出行方案奖""最佳展示奖"等多个奖项。
成果与评价	1. 成果呈现方式 　　《世界任我游》PPT作品。 　　2. 评价方式（单独评价表以附件形式呈现） 　　填写过程性评价表（见附表4）。

附表1:

"世界任我游"目的地研究表

我们的目的地	我们的出行方式

我们了解的目的地的风土人情:

附表2:

"世界任我游"小组分工表

项目名		组名	
组长		分工	
成员1		分工	
成员2		分工	
成员3		分工	

附表3：

"世界任我游"出行方案设计表

目的地		班级	
出行方式		组号	
出行路线规划			
出行路线完善			

附表4：

"世界任我游"过程性评价表

评价项目	评价内容	评价分值		
		8~10分	5~7分	1~4分
小组分工	1.分配任务合理			
	2.主动接受任务			
学习态度	1.积极参与			
	2.主动提出想法			
	3.积极克服困难			

（续表）

评价项目	评价内容	评价分值		
		8~10分	5~7分	1~4分
合作交流	1.主动与成员合作			
	2.善于倾听他人意见			
	3.对小组学习做出贡献			
学习能力	1.知识学习掌握程度高			
	2.学习方法得当			
数据记录	1.及时完成记录			
	2.数据分析完整，严谨			

案例4

WaveCN——美好声音记录者

一、项目基本信息

项目名称	WaveCN——美好声音记录者	执教教师	
项目学科	信息技术	适用年级	六年级
相关学科	信息技术		
项目时间		课时数	5
教材资源	山东教育出版社 小学《信息技术》第5册第一单元		
项目描述	1. 项目目标（核心问题） （1）运用Wave CN软件录制、编辑处理声音。 （2）通过记录美德之声，弘扬诚信精神，做美德宣传员。 （3）通过项目式学习培养学生自主学习、自主探究、解决问题的能力。 2. 项目背景及实施策略 随着科技的发展，人们记录历史的方式也在发生日新月异的变化。本设计通过项目式学习方式让学生深刻体会到现代信息技术在获取、加工、存储和交流信息的过程中发挥作用。 整个项目通过自主学习、团队协作、设计方案、设计项目进度安排等环节培养学生的社会责任、信息意识、数字化学习和综合创新能力。从解决问题出发，培养学生的综合实践能力，重视教学评价对学生成长的作用。		

项目流程图

WaveCN——美好声音记录者

项目引入	创设情境，提出项目	争做美德宣传员
项目分析	小组讨论，确定方案	讨论组内人员分工
		确定项目主题方案
项目实施	活动1：收集素材	根据所选主题，利用所学计算机基础知识进行素材收集
	活动2：录制音频	利用WaveCN软件将整理好的文字素材录制成音频
	活动3：编辑音频	利用WaveCN软件对录制好的音频文件进行编辑
项目总结	项目总结，拓展评价	分小组展示作品
		深化项目主题，弘扬美德

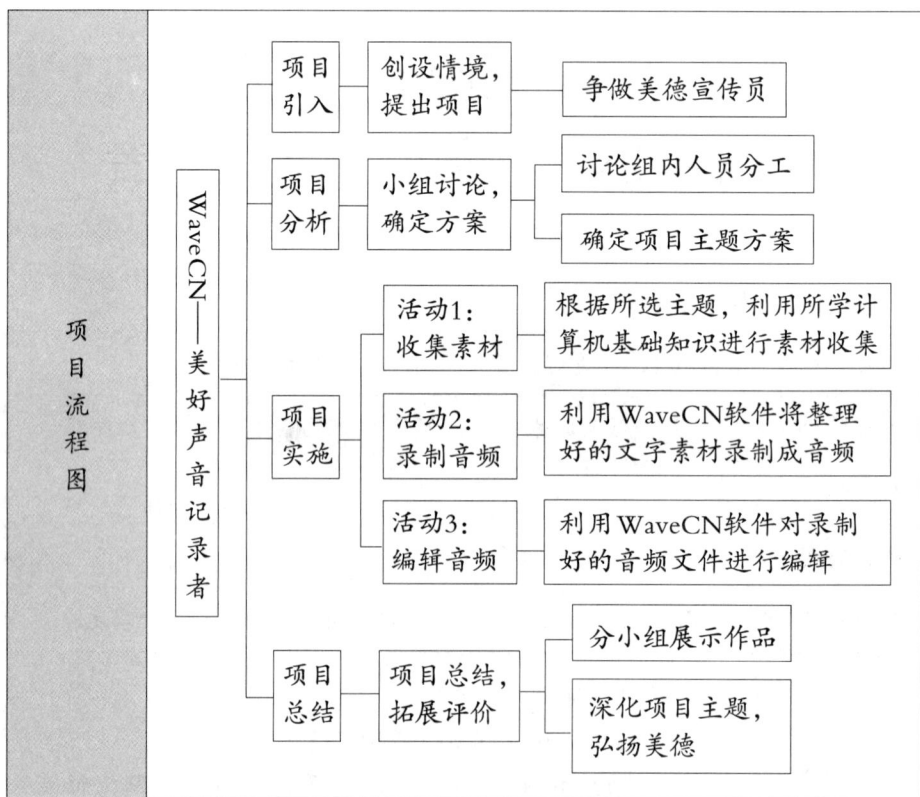

二、项目过程设计

项目实施

一、第一课时

1. 创设情境，提出项目

中华传统美德是中华文明的瑰宝之一，它们往往是通过口耳相传的方式流传下来的。信息时代，我们该如何利用现代技术将这些传统美德记录下来呢？

这节课，我们将运用录音软件来对美德故事进行记录。

2. 小组讨论，确定内容

本节课开始，学生分小组进行主题的选定，小组内人员进行任务分工。

（1）主题举例。我们常见的主题有程门立雪、孔融让梨、岳母刺字、尊老爱幼、见义勇为、助人为乐、礼貌谦让、公平公正、尊师重教、勤劳敬业、志向高远、诚实守信、刚正不阿、自强不息、重德贵义、律己修身、求真务实等。

（2）人员分工设置。可设置组长、美德故事朗诵者、录音剪辑员、录音修饰处理员、宣传员、记录员，并填写成员分工情况表（见附表1）。

（3）交流展示，调整主题方案。各小组对小组所选主题及人员分工情况进行汇报。各小组根据修改建议对选题及成员分工进行调整完善。

二、第二课时

活动1：收集素材

各小组成员在小组长的统筹安排下展开小组内讨论，根据所选主题确定所需素材类型，成员分工收集相关材料并进行汇总，为后期工作做好准备。

1. 文字素材编辑要求

"声音好听"是保证音频质量的首要条件，除此之外，听众也追求更高层次的享受。比如，音频中的句子要短，包含的信息要少，结构要简单，主旨要明确，这样才能使大多数听众都能理解他们听到的东西。因此，从百度百科、网络文库中搜索到需要的美德故事之后，最重要的工作就是对故事内容进行筛选、整合与编辑。

2. 背景音乐素材的选取及下载

音频需要有背景音乐的烘托，结合之前学习的计算机基础知识，学生可在网上下载一些免费的背景音乐。背景音乐是用来配合情感表达的，因此应尽量避免全篇配乐。

3. 音频素材提交

各小组将录音材料中的文字内容及配乐方案以组别命名，上传至教师机，并填写音频内容设计表（见附表2）。

项目实施

项目实施

4.课堂评价总结

充分肯定各小组学生收集材料、整合材料、自主分工、沟通协作、统筹项目的能力。对各小组在团队合作中的表现给予肯定及点评,并提出修改建议。

三、第三课时

活动2:录制音频

1.具体任务

(1)学习WaveCN软件的使用(借助课本自主学习)。各小组成员在小组长的带领下借助课本进行WaveCN软件使用方法、音频录制、朗读技巧的学习。

(2)录制声音并保存。请每个小组分工完成本组的录制任务并保存音频文件。教师从操作熟悉程度、朗读是否有感情、是否按要求保存等方面综合评分。

2.评价

包括录音过程软件使用熟练程度评价、录音过程评价。

四、第四课时

活动3:编辑音频

1.使用WaveCN软件编辑音频

要求:(1)添加背景音乐。

(2)去除无用的空白部分。

(3)美化整段音频,使其听起来自然优美。

2.音频格式转换

运用"格式工厂"软件将音频格式转换为WAV格式并保存发送至教师机。

五、第五课时

对项目进行投票,同时培养学生的审美、品评、鉴赏能力及课堂口头表达能力(见附表3、附表4)。

评比流程:

1.播放各小组的项目成果,学生自主评价

先由本小组的宣传员向全班同学对本组的项目及制作过程进行

项目实施	介绍，然后进行项目成果的播放。最后，全班同学在评分表中进行打分。 2. 教师评价 代表教师对各小组的项目成果进行评价。 3. 宣布综合结果 教师对本项目的整体执行过程及同学们的表现进行总结点评，并对优秀项目成果进行奖励。
成果与评价	1. 成果呈现方式 各小组合作完成的音频文件，附带相关文字说明及背景解说。 2. 评价方式（单独评价表以附件形式呈现） 以评价表中各项内容为基础进行组内自评、小组间互评和教师评价，让学生对自己的作品有全面的了解和认知。

附表1：

"WaveCN——美好声音记录者"项目式研究小组分工表

组名			
组长		分工	
成员1		分工	
成员2		分工	
成员3		分工	

附表2:

"WaveCN——美好声音记录者"项目式研究音频内容设计表

组名	
文字内容	
配乐方案	

附表3:

"WaveCN——美好声音记录者"项目式研究小组工作记录表

课时内容	完成结果
第1课时：确定主题，明确分工	
第2课时：收集素材，编辑内容	
第3课时：录制声音	
第4课时：编辑录音	
第5课时：评价	

附表4:

"WaveCN——美好声音记录者"过程性评价表

评价项目	评价内容	评价分值			
		6分	4~5分	3分	1~2分
小组分工	1.分配任务合理				
	2.主动接受任务				
学习态度	1.积极参与				
	2.主动提出想法				
	3.积极克服困难				
合作交流	1.主动与成员合作				
	2.善于倾听他人意见				
	3.对小组学习做出贡献				
学习能力	1.知识学习掌握程度高				
	2.学习方法得当				
数据记录	1.及时完成记录				
	2.数据分析完整、严谨				
录制过程评价	1.录音软件熟练程度				
	2.录制内容、声音情况				
课堂纪律	课堂纪律情况				

■第四章
图文编辑应用相关案例

　　按照中小学信息技术教材的内容，图文编辑相关部分大多使用Office办公软件和WPS办公软件套装，这两大软件的功能基本相同。图文编辑主要包含了两大类，一类是静态的编辑作品，比如"电子报刊"的设计，教学中常常采用设计门票、邮票、纪念章等为主题；另一类是动态的编辑作品，比如演示文稿、课件等。

案例5
好电影我推荐

一、项目基本信息

项目名称	好电影我推荐	执教教师	
项目学科	信息技术	适用年级	八年级
相关学科	信息技术		
项目时间		课时数	4
教材资源	山东教育出版社 初中《信息技术》第3册第二单元		
项目描述	1. 项目目标（核心问题） （1）掌握WPS演示文稿使用的一般步骤和方法。 （2）能根据主题制作相应的多媒体报告。 （3）举一反三，更加灵活地运用WPS演示文稿。 2. 项目背景及实施策略 　　该项目所针对的学生在小学阶段对演示文稿的使用有一定的了解。升入初中后，他们的思维更加活跃，但动手能力不强，在这种情况下单纯采用"教师教，学生听"、让"学"跟着"教"走的模式，容易让学生失去学习兴趣。教师要关注学生的兴趣点，培养学生自主学习的能力。学生能根据生活、学习相关主题，规划、设计演示文稿，通过不同的元素表现主题，阐述自己的观点，在探究过程中达到知行合一的目的，基于此设计本项目。 　　项目实施采用多课时、小组合作的探究方式，教师提供必要的材料及工具，如文具、评价表等。		

项目流程图

好电影我推荐

项目引入 — 创设情境，提出项目 — 好电影分享推荐 / 素材的提取：利用搜索引擎 / 工具的了解 — 信息意识

项目分析 — 小组讨论，确定方案 — 通过课本知识、上网学习及小组讨论学习基础操作 / 能力提升，技术交流 — 数字化学习与创新

项目实施 — 根据准备好的素材，制作"好电影、我推荐"演示文稿 — 图文并茂 / 层次分明 / 主题突出 / 有声有色 — 信息思维与格局

互评与自评 — 作品评价要素：素材的加工方式，是否突出主题，是否给人留下深刻印象等

项目总结 — 小组讨论 集思广益 深度思考 提升素养 — 深度挖掘 / 项目评价 — 信息素养能力提升

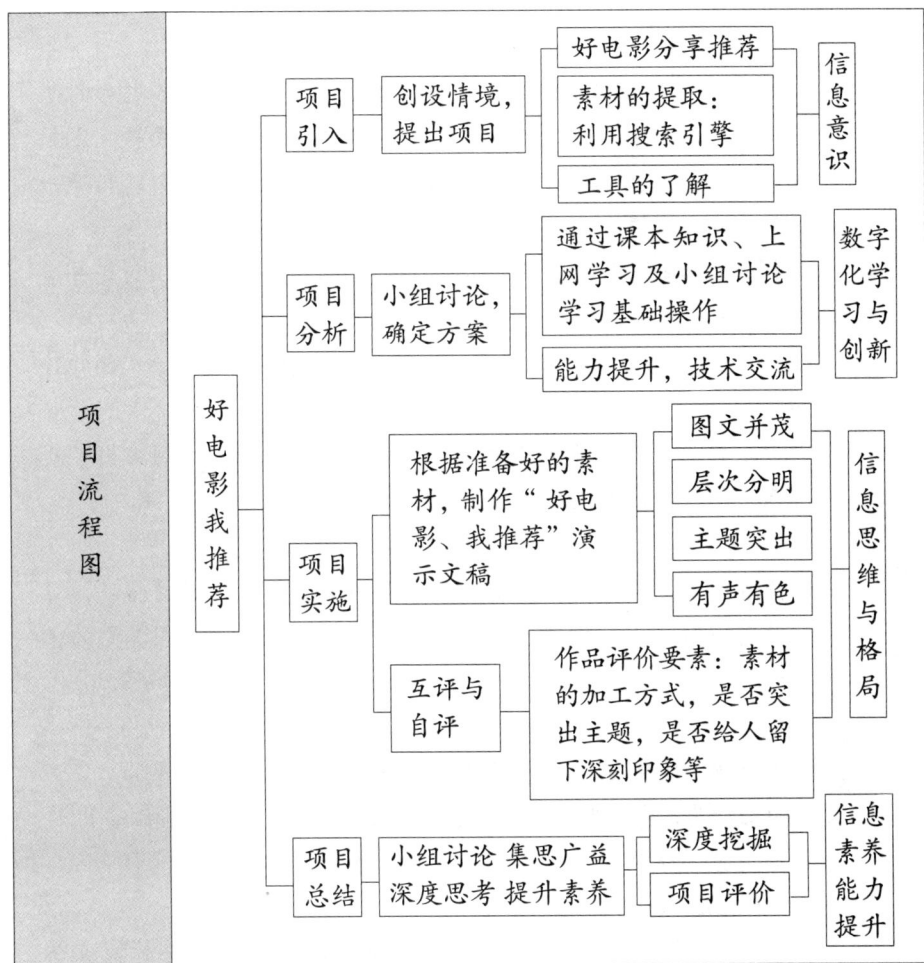

二、项目过程设计

项目实施

一、第一课时

1. 创设情境，提出项目

同学们都看过很多电影吗？哪部电影让你们念念不忘呢？有的电影让我们排解忧愁；有的电影令我们思考人生；还有的电影让我们回归本原，净化灵魂。如何选择一部电影呢？大家可能会根据媒体的介绍或亲戚朋友的推荐去欣赏电影，这节课我们尝试把自己认为优秀的或伟大的一部电影给大家介绍一下。

项目实施

2.小组讨论，确定方案

评价一部电影作品的优劣可以从多个维度入手，比如电影的选材和主题、演员的表演及台词、电影拍摄手法和取景方式等。主题是电影的思想与灵魂，演员的表演则是电影的骨架，电影的拍摄手法让整部电影变得有血有肉。

想好从哪些方面给大家推荐你们认为优秀的电影了吗？讨论并填写"好电影我推荐"计划表（见附表1）。

教师展示优秀的WPS演示文稿作品，引导学生体会演示文稿的作用和意义。

师生讨论，总结领会作品图文并茂、层次分明、主题突出、有声有色的特点，初步规划电影推荐活动的步骤。

3.素材收集

制作前素材的准备很重要，巧妇难为无米之炊。素材越多，可挑选的范围就越大。请大家根据所选择的电影，收集不同类型的素材，分文件夹存放好。

4.工具介绍

在介绍项目或演讲时，配合图文并茂、层次分明、主题突出、有声有色的幻灯片，会使观点更突出，更能吸引听众，提高报告的质量。

二、第二课时

（1）课前自测，发现问题。

（2）合作尝试，交流互助。配合教学视频，小组合作探究学习，根据各小组的情况突破难点。

在合作交流、探究的过程中，通过对比，总结出做好一个演示文稿的规律。例如：①整体版面颜色统一；②用艺术字来突主题；③文字富有感情；④图文并茂。

教师参与学生的探究过程，及时指导学生解决操作中遇到的问题。

（3）小组交流，评选各类"达人"。评选"素材达人""音乐达人""动画达人""图片达人""版式达人""文字达人""视频达人"等。

项目实施	**三、第三课时** 学生根据上面的学习，开始制作自己的电影推荐演示文稿。 （1）参阅学习资料，让自己的演示文稿更有表现力。（参考相关书籍与模板、网站等） （2）小组合作讨论。制作图文并茂、层次分明、主题突出、有声有色的多媒体报告，在制作的过程中，进一步理解图文并茂、层次分明、主题突出、有声有色的意义，以及实现以上要求的方式。 **四、第四课时** 1.小组内互评，选出小组最佳作品 每位同学先自荐自评，用演示文稿向大家介绍自己推荐的电影；小组内再互评，选出最佳作品（见附表3）。 2.班级评选，选出5名"最佳电影推荐人" 每个小组选出的候选人介绍推荐影片，由全体同学进行评价，选出5名"最佳电影推荐人"。在此过程中，让学生学会互相评价、欣赏他人。 通过四个课时的学习，学生带着兴趣完成了好电影的推荐，既满足了学生展示自我的愿望，又学到了知识。推荐好的电影只是一个例子，多媒体报告的功能远不止这些，通过此项目的延伸，学生可以举一反三，深层次地挖掘多媒体报告在各领域的用途。
成果与评价	1.成果呈现方式 多媒体报告演示。 2.评价方式（单独评价表以附件形式呈现） 学生在小组学习中能认清自己的长处和不足，还能提高自己的辨析评判能力，激发学生学习的内在动力。小组中互相评价和班级内的评价，让学生能够评价他人，欣赏他人，与教师的指导性评价相结合，实现完整的认知评价。

附表1：

"好电影我推荐"计划表

	内容	用什么方式表现
我要推荐的电影		
选材与立意		
主要人物		
经典台词		
精彩画面		
喜欢的理由		

附表2：

"好电影我推荐"自测表

内容	掌握程度
1.WPS演示文稿的新建、保存、打开	
2.WPS演示文稿的三种视图方式	
3.WPS演示文稿模板的作用、使用方法，如何使用多个模板	
4.幻灯片的移动、复制、删除	
5.演示文稿的背景设置	
6.幻灯片中图片的插入、大小调整、删除、裁切、去色等操作	
7.在演示文稿中插入音乐、视频	
8.在幻灯片中插入动画，自定义动画的方向、速度、声音、开始方式；更改和删除动画等操作	

（续表）

内容	掌握程度
9.幻灯片的切换效果	
10.幻灯片中的超级链接	

附表3：

"好电影我推荐"小组互评表

项目	评价			
结构清晰、主题明确	☆	☆	☆	☆
整体协调、风格统一	☆	☆	☆	☆
层次分明、重点突出	☆	☆	☆	☆
内容翔实、表达得当	☆	☆	☆	☆

附表4：

"好电影我推荐"过程性评价表

评价项目	评价内容	评价分值			
		6分	4~5分	3分	1~2分
小组分工	1.分配任务合理				
	2.主动接受任务				
学习态度	1.积极参与				
	2.主动提出想法				
	3.积极克服困难				

（续表）

评价项目	评价内容	评价分值			
		6分	4~5分	3分	1~2分
合作交流	1.主动与成员合作				
	2.善于倾听他人意见				
	3.对小组学习做出贡献				
学习能力	1.知识学习掌握程度高				
	2.学习方法得当				
数据记录	1.及时完成记录				
	2.数据分析完整、严谨				

案例6
我们的小组

一、项目基本信息

项目名称	我们的小组	执教教师	
项目学科	信息技术	适用年级	五年级
相关学科	信息技术		
项目时间		课时数	5
教材资源	山东教育出版社 小学《信息技术》第3册第9~16课		
项目描述	1.项目目标（核心问题） （1）了解制作PPT的步骤，建立对PPT的感性认识，激发学生学习、使用PPT的兴趣。 （2）了解利用数字化工具解决问题的一般过程，并能用结构图统筹规划PPT作品。 （3）合理利用文本框布局幻灯片的版面，修饰文字、艺术字和文本框，插入、调整图片以修饰幻灯片背景，插入音视频。 （4）设置图片、文字的动画效果及幻灯片切换方式，设置超链接和动作按钮。 （5）学会与他人合作，养成良好的计算机使用习惯。 2.项目背景及实施策略 "精彩漂亮PPT"是小学"信息技术"课程第3册第二单元的内容，教学时间为8课时，教学对象是五年级学生。本单元的教学目标是让学生通过学习掌握PowerPoint软件的基本功能，最终能制作出丰富多彩的多媒体作品。 项目实施采用多课时、小组合作探究方式，教师提供必要的学习资料，如微课、评价表等。		

项目流程图 | 我们的小组

项目引入 — 创设情境，提出项目
- 作品欣赏，了解PPT包含的元素及制作过程
- 认识PPT界面
- 提出项目目标

项目分析 — 小组讨论，明确分工
- 小组分工，填写分工表
- 小组合作制作结构框架

项目实施 — 小组合作，完成项目
- 按照封面、目录、内容页的顺序，确定好每一页幻灯片的内容
- 合作探究，逐步掌握插入图片、文本、图形、声音、视频等方法
- 修饰幻灯片，设置超链接等

项目总结 — 交流评价，改进完善
- 共同填写项目式学习评价表
- 展示作品，互评
- 修改完善

全程评价

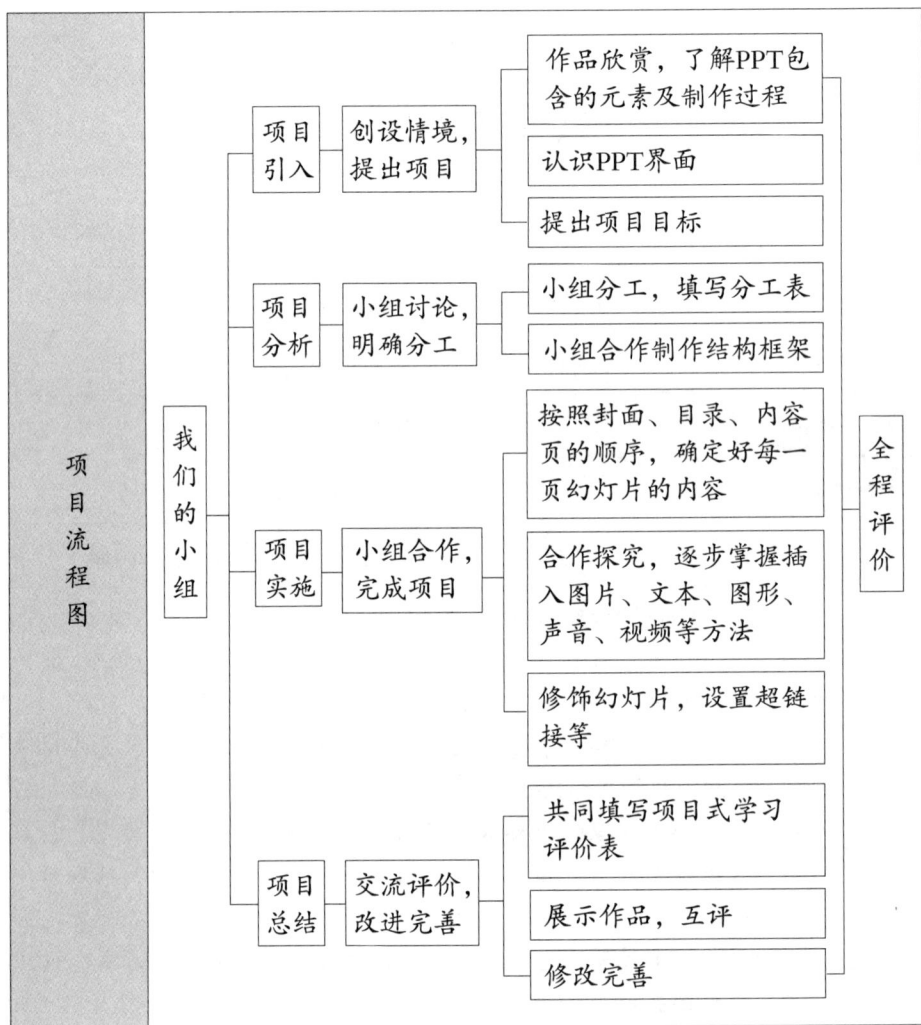

二、项目过程设计

项目实施

一、第一课时

1. 创设情境，提出项目

优秀作品欣赏，让学生感受到幻灯片的魅力，激发学习兴趣。

教师指导学生分析优秀作品包含了哪些元素？（包含图片、图形、文字、声音、视频、动画等），从而更深入地了解什么是多媒体作品。

了解PPT制作的流程，让学生自己浏览优秀作品，结合制作流程图分析作品，交流总结，进一步明确制作流程。

认识PPT的界面，掌握软件基本操作，比如文档的新建、打开、保存，插入幻灯片、删除幻灯片等。学生在上个单元学过Word软件的操作，二者界面相似，因此学生很容易掌握PPT的基本操作。

本单元项目学习目标为小组合作制作一份PPT，主题为"我们的小组"。全班学生根据各自的意愿和兴趣，在教师的引导下分成若干个小组。分组时综合考虑能力、性格、性别等因素。

2. 设计方案

各小组根据项目主题，运用思维导图构思PPT的框架结构。例如，要介绍小组哪些方面的内容？初步明确要收集的资料，建立资料文件夹，素材按类型分类存放，分别建立如"文字""图片""视频""音频"等文件夹。

小组成员根据各自的特长进行分工合作，比如确定"我们的小组名称""我们的小组成员""我们的小组宣言""我们的小组风采"等栏目。同学们可以利用课余时间收集同学合影、参加活动的照片和视频、撰写的小组成员间情谊的作文等资料，填写小组分工情况记录表（见附表1）。

二、第二~四课时

教师组织学生以小组为单位，借助教材、教师提供的微课和学案等资源开展学习活动。

1. 制作PPT

各小组成员根据项目主题分工合作，制作PPT，按照封面、目录、内容的顺序，结合思维导图，先确定每一页的具体内容，然后开始制作。

在插入幻灯片时，根据内容选择幻灯片的版式，如目录页选择"标题和内容"版式。让学生讨论各种幻灯片版式的特点，然后进行总结，为制作后面的页面打下基础。

当幻灯片的固定版式不能满足我们的要求时，可以借助文本框进行自由排版。页面版式相同时，可以通过复制幻灯片来实现快速制作。

在操作过程中逐步掌握插入文本、图片、声音、视频等操作，有困难可以自学课本内容或者向教师求助。

2.美化幻灯片

学生以小组合作的形式对幻灯片进行加工、美化，利用版面布局、文字、艺术字、图片、文本框等进行修饰，尽量做到作品风格统一。

美化是为了表现主题，使作品更加美观，没有固定的方式。教师要鼓励学生发挥想象力，同时提出几条原则，如：

（1）颜色搭配合理。

（2）色彩、字体搭配要简洁，不可色彩过多、过乱。

（3）艺术字在幻灯片中所占的比例要适中。

（4）根据幻灯片的主题去选择适当的图片，不可盲目堆砌图片。

3.让幻灯片动起来

为页面中的文字、图片等元素设置动画效果，设置幻灯片切换效果，设置整个作品的超链接，让幻灯片动起来。不同的动画设置能带来不同的表达效果，这部分内容能让学生初步领略信息技术的魅力。

动画的设置要符合内容的需要，并不是越多越好，要设置恰当的动画效果，同时注意顺序的合理性。

（注意"自定义动画"与"幻灯片切换方式"的区别。）

厘清目录页与内容页的关系，从而正确地设置超链接。制作"返回"按钮，让整个作品的超链接更完整。

三、第五课时

1.交流评价

本环节中，教师引导学生通过讨论，共同填写项目式学习评价表，评价表包括对小组内分工、合作的评价，作品美观、完整性的评价。各小组派代表上台演示讲解自己的作品，其他小组根据评价表打分，并给出评价及修改意见。

2.改进完善

各小组成员根据展示环节提出的意见，修改完善作品。

（项目实施）

成果与评价	1.成果呈现方式 《我们的小组》多媒体作品。 2.评价方式（单独评价表以附件形式呈现） 通过小组自评和互评的方式，取长补短，完善本小组的作品，填写评价表（见附表2）。

附表1：

"我们的小组"小组分工情况表

组名			
组长		分工	
成员1		分工	
成员2		分工	
成员3		分工	

附表2：

"我们的小组"项目评价表

评价项目	评价内容	评价分值			
		6分	4~5分	3分	1~2分
小组分工	1.分配任务合理				
	2.主动接受任务，积极参与				
内容	1.内容完整丰富				
	2.结构合理，逻辑严谨，每页幻灯片之间有层次性和连贯性				
	3.素材的选择符合主题				

（续表）

评价项目	评价内容	评价分值			
		6分	4~5分	3分	1~2分
视觉效果	1.整体界面美观，布局合理，层次分明，色彩搭配好，表现力和感染力强				
	2.字体恰当，风格吸引人				
技术运用	1.使用了超链接或动作按钮等				
	2.作品播放流畅，无故障				

案例7

"'小'时代"PPT制作

一、项目基本信息

项目名称	"'小'时代"PPT制作	执教教师	
项目学科	信息技术	适用年级	五年级
相关学科	信息技术		
项目时间		课时数	4
教材资源	山东教育出版社　小学《信息技术》第3册第二单元		
项目描述	1.项目目标（核心问题） （1）逐步建立学习、使用PowerPoint软件的兴趣和意识。 （2）建立对PowerPoint软件的感性认识，激发学生学习、使用PowerPoint的兴趣。 （3）了解利用数字化工具解决问题的一般过程，并能用结构图统筹规划PPT作品。 （4）在制作PPT作品时学会与他人合作，学会使用与年龄发展相符的多媒体资源进行学习。 （5）能在他人的帮助下安全使用信息技术，养成良好的计算机使用习惯。 2.项目背景及实施策略 PowerPoint是应用非常广泛的演示文稿制作软件。根据PowerPoint的教学目标和内容，教师以一段"小学生活的精彩瞬间"PPT引入课程，引发学生对小学美好生活的回忆，确定本次PowerPoint的主题——"'小'时代"（小学的美好生活）。		

项目描述	本次项目分为四个课时：①创设情境，提出项目；②创建静态电子报刊；③设置演示文稿的动画效果；④项目总结，拓展评价。
项目流程图	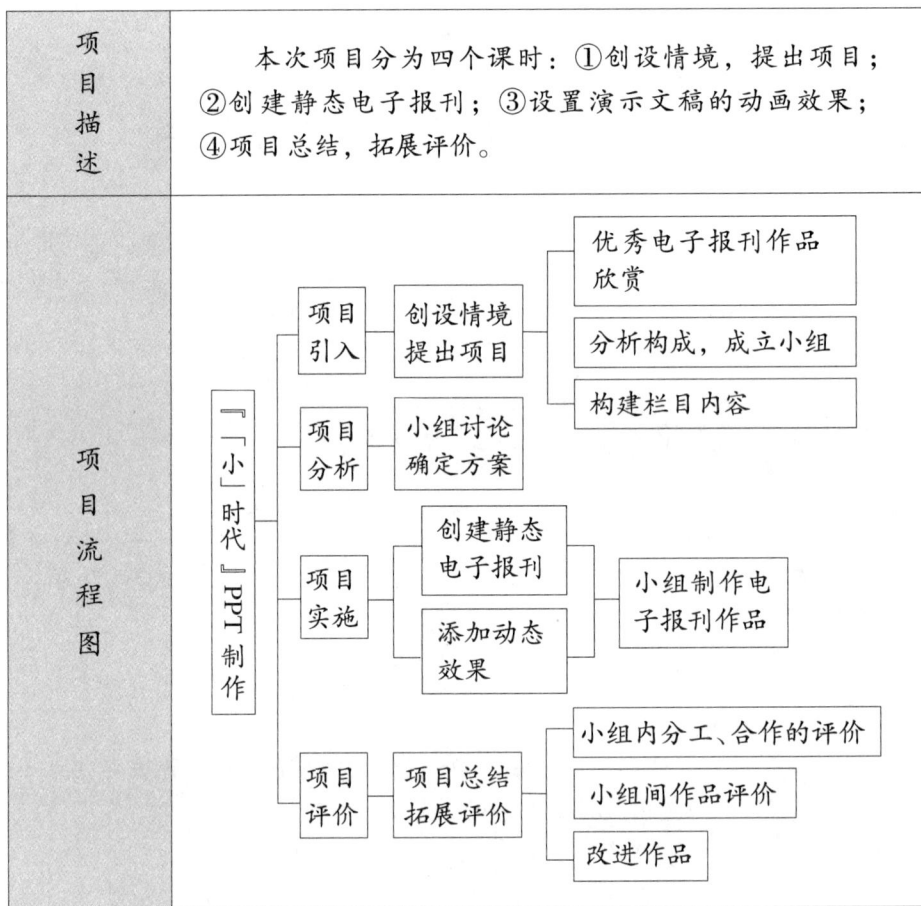

二、项目过程设计

项目实施	**一、第一课时** 1. 创设情境，提出项目 　　同学们，我们每个人都有属于自己的小学时光。在美好的小学时代一定有很多精彩瞬间。这节课我们分小组，用 PowerPoint 软件来记录这些美好回忆。PowerPoint 软件集图文编辑、动画制作于一身，使用它制作的作品具有结构清晰、视觉效果丰富的特点。 　　教师播放"小学时代的精彩瞬间"PPT 作品，如图4-1、图4-2所示。

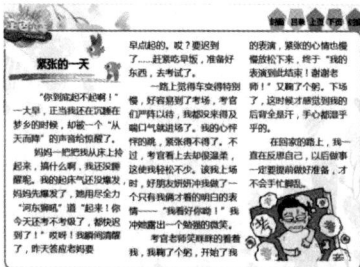

图4-1 紧张的一天

图4-2 PPT作品的目录

同学们，欣赏完上面的作品，和小伙伴交流一下感受吧！（PPT有风格统一、有动画效果、表现力强等特点。）

师生共同分析，一个PPT作品由哪些元素构成。

PPT作品包含封面页、目录页、内容页，图片、文字、声音、视频等。

2. 小组讨论，确定方案

制作PPT就像是一个"项目工程"，一般按照如下步骤进行，如图4-3所示。

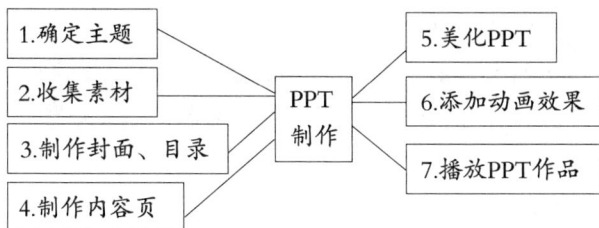

图4-3 PPT制作步骤

填写"'小'时代"项目式研究小组情况表（见附表1），完成小组分工。

3. 确定主题框架

以"多彩小学"项目为例，小组成员经过讨论，明确了以"校园中举办的活动"为主题，确定了"校园活动介绍""活动图片""活动视频""活动感受"栏目并建立了各栏目的文件夹。框架图如图4-4所示。

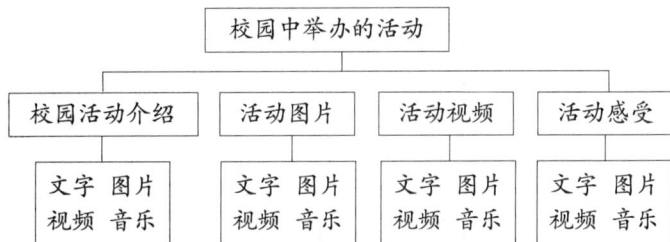

图 4-4 主体框架

二、第二、三课时

1. 制作静态PPT作品

借助教材、教师提供的微课和学案等资源开展学习活动。各小组成员根据项目主题，分工合作制作PPT，逐步掌握插入图片、文本、图形等操作，最后形成一份完整的静态PPT作品。

例如，"师生情谊"项目组在制作PPT时，利用课余时间从教师、家长那里收集了师生合影、师生活动的小视频，同学撰写的表现师生情谊的作文，歌颂教师的音乐等资料。按照前期的规划安排，分主题插入图片、文本等。

2. 制作动态PPT作品

以小组为单位，借助教材、教师提供的微课和学案等资源开展学习活动。各小组成员根据项目主题，分工合作制作PPT，逐步掌握插入声音或影片、设置动画等操作，合作对PPT进行加工、美化，最终完成一个PPT作品。

三、第四课时

1. 改进完善

请同学们填写"'小'时代"组内过程性评价表（见附表2），根据自己参与项目制作的表现给自己评分。

请按照小组顺序向全体同学展示PPT作品，并对作品亮点进行讲解。展示完毕后，填写"'小'时代"PPT作品评价表（见附表3）。

2. 项目改进阶段

请各小组成员对展示环节中其他小组和教师提出的意见进行反思，修改完善作品。如"美丽校园"项目组根据其他同学和教师的

项目实施	建议，对个别页面的图文进行了重新编排，对图片的"自定义动画"效果进行了修改。
成果与评价	1. 成果呈现方式 小组作品——《'小'时代》PPT。 2. 评价方式（单独评价表以附件形式呈现） 　　教师引导学生通过讨论，共同填写项目式学习评价表，评价表包括对小组内分工、合作的评价，作品美观、完整性的评价等。各小组进行作品展示，其他小组根据评价量表提出评价及修改意见。

附表1：

"'小'时代"PPT小组分工情况表

组名			
组长		分工	
成员1		分工	
成员2		分工	
成员3		分工	

附表2：

"'小'时代"PPT制作组内过程性评价表

评价项目	评价内容	评价分值			
		6分	4~5分	3分	1~2分
小组分工	1.分配任务合理				
	2.主动接受任务				

（续表）

评价项目	评价内容	评价分值			
		6分	4~5分	3分	1~2分
学习态度	1.积极参与				
	2.主动提出想法				
	3.积极克服困难				
合作交流	1.主动与成员合作				
	2.善于倾听他人意见				
	3.对小组学习做出贡献				
学习能力	1.知识学习掌握程度高				
	2.学习方法得当				
	3.数据分析完整，严谨				

附表3：

"'小'时代"PPT制作作品评价表

作品名称：　　　　　　　　　小组名称：　　　　　　　　时间：

评价要素	评价要素细则要求	评分	得分评定
格式	作品要有封面和封底，封面上要有题目、作者姓名和班级、作品制作日期	1~10分	
思想内容与创造性	主题鲜明突出，内容丰富健康有吸引力	1~10分	
	文稿中的素材（文章、图片、版式等）原创性成分高，内容构思独特且有创意	1~15分	

（续表）

评价要素	评价要素细则要求	评分	得分评定
版面设计的艺术性	版面设计和谐美观，布局合理生动、富有感染力，各张幻灯片内容紧扣主题且逻辑严谨（除封面和封底外，幻灯片数量不少于3张）	1~15分	
编辑技巧	有标题，版面文字清晰易读，图文并茂	1~10分	
	插入艺术字、图片、声音（音乐）和设置背景，各种素材处理恰当且能够合理地表现主题	1~15分	
	恰当地使用预设动画，增加幻灯片的趣味性和动态效果	1~5分	
	设置幻灯片的超链接，增强交互性。设置自定义动画效果，提高幻灯片演示的动态效果	1~10分	
知识性与科学性	作品不能带有病毒，没有错别字和繁体字，没有语法错误，没有科学性和知识性错误	1~10分	

案例8
制作标识牌

一、项目基本信息

项目名称	制作标识牌	执教教师	
项目学科	信息技术	适用年级	五年级
相关学科	科学、数学		
项目时间		课时数	3~4
教材资源	山东教育出版社小学《信息技术》第3册第4、5课		
项目描述	1. 项目目标（核心问题） （1）掌握"形状""文本框"的操作技巧，尝试借助图形的组合设计，表达自己的思想。初步掌握图文混合排版的设计技巧。 （2）通过项目学习，了解产品（标识牌）制作的一般思路和步骤，学会合理使用信息技术表达自己的思想，解决生活中的问题。 （3）通过探究学习，培养学生的合作能力。 2. 项目背景及实施策略 该项目是在学生学习了Word的基本操作后，针对形状部分的新授课（根据实际，也可作为综合实践活动进行）。情境设计上应与教材中出现的动植物相联系，使学生形成情感上的自然延伸。校园中的动植物为学生打开了一扇学习科学、观察动植物的窗口，借助设计标识牌的活动，可以让学生更好地了解动植物，保护动植物。同时，设计标识牌可以调动学生争当"小主人"的积极性，爱校园，守规范。		

项目描述	根据实际情况,可以拓展介绍形色识花(图像识别)这一应用,帮助学生识别不同的植物。还可以组织学生参观探访电子树牌设计及标识牌制作厂家,这有助于学生体验完整的作品制作过程。 项目实施采用多课时、小组合作探究方式,教师提供必要的材料及工具。
项目流程图	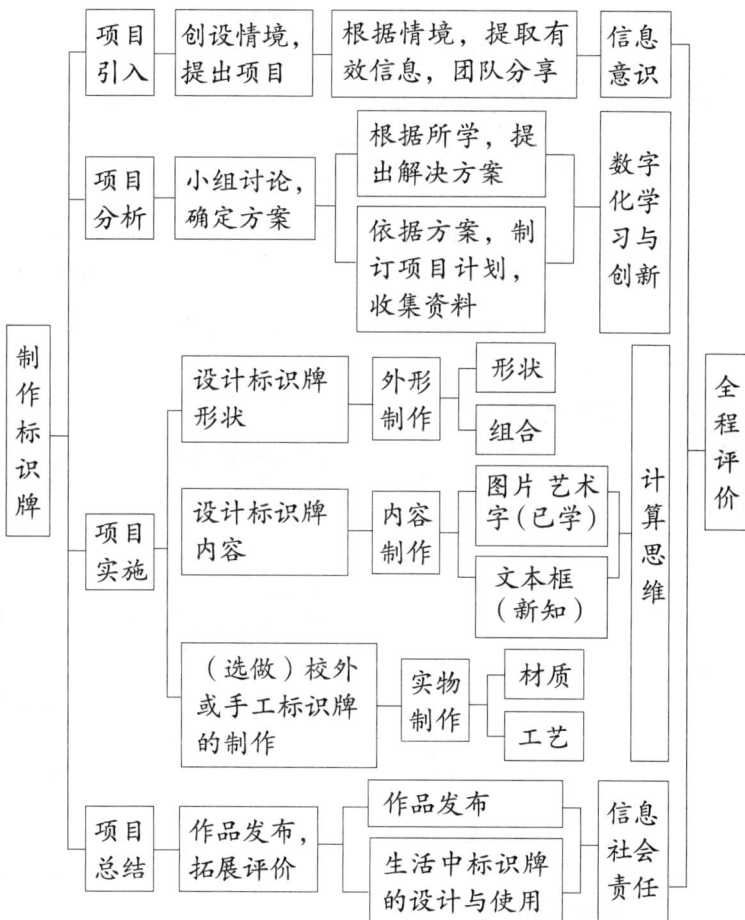

二、项目过程设计

项目实施

一、第一课时

1. 创设情境,提出项目

秋天是一个收获的季节。校园里好多水果都成熟了。柿子挂灯笼,石榴咧嘴笑,苹果红了脸……还有核桃、葫芦跟大家捉迷藏呢!你们在校园里还发现了哪些植物?猜猜看,它们叫什么?又有哪些特性呢?有什么办法能帮助同学们了解它们呢?公园里一般都是用什么方法呢?教师用以上问题和情境引出任务,制作植物标识牌。

2. 小组讨论,确定内容

观察身边的标志牌,并思考:

(1)标识牌是什么形状的?

(2)标识牌上有哪些信息?

(3)标识牌放在哪里?(环境、材质、如何固定……)

标识牌也叫指示牌、广告牌等,它的定义比较广泛,用来展示相对应的信息。

制作材料包括不锈钢、亚克力、木板、LED、泡沫板等。

表4-1 标识牌制作要素

标识牌制作要素	
外形	形状、尺寸、颜色等
内容	图片:植物图片、装饰图案;二维码(扫码了解相关介绍) 文字:名称、科属、特性、分布等;爱护植物的宣传语
环境	材质、固定方式

3. 组长组织全组同学,确定主题并分工

(1)借助"学案"中介绍的相关网站,查阅植物的相关信息,并及时整理保存。

(2)标识牌的外形及图文布局设计简图。

拓展:百度识图、形色识花等图像识别软件的使用。

学生借助微课了解各种软件的使用方法，并获取相关的植物信息。

二、第二课时

准备：设计草图。

任务：在Word中完成指示牌的外形制作。

Word提供了丰富的形状，可以轻松绘制出线条、基本形状、流程图、标注等，利用这些可以绘制出各种各样的图形。

1. 形状的插入与调整

根据小组设计方案，在Word中选择"形状"，尝试进行轮廓、填充等功能的操作。

学习支撑：教材、同学、微课（学习"形状"的插入和编辑）。

2. 形状的组合设计

对于"形状"中没有的形状组合，该怎样绘制呢？

尝试使用"拼"形状的方式进行设计绘制。注意图层顺序的调整及形状的组合。

学习支撑：教材、小组合作、微课（学习形状的组合方法）。

3. 利用形状组合，优化改进小组的作品设计

形状的设计要考虑主题、标识牌的材质，并符合周围的环境。

三、第三课时

准备：设计草图（图文布局）。

任务：用插入文字资料、图片、艺术字的 Word文件，制作完成植物标识牌的电子版文件。

1.问题交流

如何把图文资料"添加"到指示牌的形状轮廓上？

2. 为标识牌添加文字

小组内交流思考，哪些内容适合用艺术字？哪些内容适合用文本框来呈现？

学习支撑：教材、小组合作、微课（文本框的使用）。

小组合作完成标识牌电子版的制作。

总结提升：内容设计要突出主题，便于阅读。适当配以与主题相关的图片或形状，可以增强作品的表现力。

项目实施

<table>
<tr><td rowspan="1">项目实施</td><td>

四、第四课时

准备：根据实际情况安排小组或全班参观标识牌制作工厂（或视频展示），了解标识牌、广告牌的加工制作过程。

鼓励学生利用身边的废旧材料完成标识牌的制作。

任务：产品发布。讲解员推荐本组作品（形式不限），包括作品名称、宣传语、设计理念、创意亮点、收获体会等。

2. 相互点评，评选最佳作品

学生之间互相评价，并根据评价结果选出最佳作品。

3. 思维拓展

（1）电子指示牌。指示牌除了告诉我们植物的基本情况外，还具备哪些功能呢？（如语音介绍、播放音乐等功能）通过灯光闪烁、语音提示等提醒同学们爱护花草树木。

（2）找一找，教室、操场、走廊上都有哪些标识牌呢？标识牌是不是越多越好呢？

（3）有选择地将学生的设计作品制作并安装在合适的位置。
</td></tr>
<tr><td>成果与评价</td><td>

1. 成果呈现方式

标识牌作品。

2. 评价方式（单独评价表以附件形式呈现）

填写项目评价表（见附表2）。
</td></tr>
</table>

附表1：

"制作标识牌"小组分工情况

组名			
组长		分工	
成员1		分工	
成员2		分工	
成员3		分工	

附表2：

"制作标识牌"项目评价表

评价内容	评价标准			小组评价
	☆☆☆	☆☆☆☆	☆☆☆☆☆	
获取、整理信息工作	能收集信息供大家参考	能收集信息供大家参考。 能根据主题，筛选出相关的信息	能收集信息供大家参考。 能根据主题，筛选出相关的信息。 能进行信息分类、整理	☆☆☆☆☆
设计与制作工作	能设计出作品	作品基本要素齐全。 主题鲜明，构图合理，主次分明	内容准确，主题鲜明，基本要素齐全。 构图合理，色彩搭配和谐。 与环境相融合，实用性强	☆☆☆☆☆
表达与交流任务	介绍了作品的特点	介绍了作品的特点。 利用不同形式增强宣传效果	介绍作品的特点。 有感情地、有创造性地增强宣传效果	☆☆☆☆☆
合作与组织任务（综合活动全过程）	合作完成活动任务	明确分工，合作完成活动任务。 全组交流时相互尊重，既能表达自己的想法，也能倾听他人意见	明确分工，合作完成活动任务。 全组交流合作时相互尊重，既能表达自己的想法，也能倾听他人意见。 在组长的带领下，全组积极参与活动，喜欢并且投入	☆☆☆☆☆

（续表）

总评	☆ ☆ ☆ ☆ ☆
继续改进与创新	

附表3：

"制作标识牌"项目产品材质记录表

材质/工艺	成本	牢固程度	其他优点	其他缺点
我们小组的选择是哪一种？为什么？				

附表4：

"制作标识牌"项目总结与反思表

通过本项目，你还有什么想法和创意？
1.你喜欢本项目中的哪一个环节？为什么？
2.在本项目完成的过程中，你遇到的最大的困难是什么？
3.针对本项目，你觉得还可以增加哪些活动？
4.通过本项目的学习，你的收获是什么？

■第五章
Flash平面动画设计
相关案例

　　Flash平面动画设计是小学信息技术课程的重要内容，深受广大师生的喜爱。通过学习动画制作，学生不仅可以了解动画制作的原理，还可以建立正确的审美意识、小组合作意识，更重要的是可以让学生形成系统的工程思想，并能通过"关键帧"的操作对工程设计中"节点"这一重要概念形成初步的认识。

案例9
视觉的魔法

一、项目基本信息

项目名称	视觉的魔法	执教教师	
项目学科	信息技术	适用年级	六年级
相关学科	美术		
项目时间		课时数	4
教材资源	山东教育出版社　小学《信息技术》第5册Flash部分		
项目描述	1. 项目目标（核心问题） （1）使用Flash软件进行逐帧动画的制作与应用。 （2）了解动画及影片的原理。 （3）培养学生观察事物外在特征及运动规律的能力。 2. 项目背景及实施策略 　　逐帧动画包含动画制作及影片编辑操作，熟练掌握逐帧动画的制作对学生理解与使用Flash及其他动画制作软件有着重要作用。同时，在制作动画的过程中，培养学生建立逻辑思维与艺术审美素养。 　　项目实施采用多课时、小组合作探究方式，从基础的简单动画制作开始，学习制作较精细的逐帧动画，熟练掌握制作工具。		

项目流程图	视觉的魔法	项目引入	创设情境，提出项目	通过情境设计确定主题	信息意识	全程评价
		项目分析	小组讨论，确定方案	根据所学知识确定小组目标	数字化学习与创新	
		项目实施	项目实施，活动实践	递进完成设定的活动内容	计算思维	
		项目总结	项目总结，拓展评价	结合生活实际进行多元评价	信息社会责任	

二、项目过程设计

一、第一课时

1. 创设情境，提出项目

展示翻页动画，引申出动画、电影的原理。

翻页动画就是有多张连续动作漫画图片的小册子，因人类视觉暂留而感觉图像动了起来，也可说是一种动画手法，如图5-1所示。

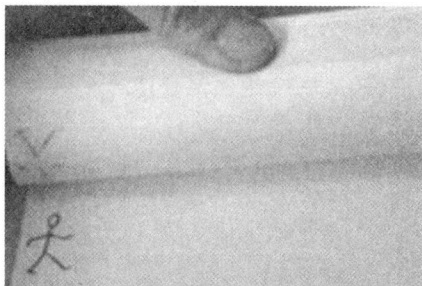

图5-1 翻页动画

动画是通过把人物的表情、动作、变化等分解后，画成许多动作瞬间的画幅，再用摄影机连续拍摄成一系列画面，给视觉造成连续变化感觉的图画。它的基本原理与电影、电视一样，都是视觉暂留原理。

逐帧动画也是同样的原理，其原理是在"连续的关键帧"中分解动画动作，也就是在时间轴的每帧上逐帧绘制不同的内容，使其连续播放而成动画。

提出项目，使用Flash软件制作一个人物行走的场景动画，内容包括行走的角色及动态场景。

项目实施

项目实施

2. 小组讨论，确定内容

分组讨论，分析动画制作的原理与动画影片的用途，确定制作方向与内容。

3. 设计整体内容

设计分为两个部分，一是角色即人物形象设计，二是场景设计。学生可以先在纸上进行设计，也可以用Flash软件进行简单绘画。

二、第二课时

设计动画角色并进行绘画，分解角色动作，制作逐帧动画。

教师展示微课视频，让学生系统了解与熟悉制作流程。

本节课通过使用Flash软件对动画角色进行绘制。在角色身体各部分完成之后，进行逐帧动作设置并制作行走或其他动作的逐帧动画。

首先，学生根据自己设计的角色形象在电脑上进行绘制，可以对现有的角色形象进行临摹或进行原创设计。

在绘制过程中，教师提示学生注意把角色身体的各部分进行分离，每一部分都新建为元件或组合，以方便在后面每一个关键帧上进行动作的调整与修改。

鼓励有绘画专长的学生进行高质量的角色设计，有能力的学生可以制作多个主要人物。

通过以上的学习实践，让学生掌握以下两个学习目标：

（1）逐帧动画的原理与使用。

（2）使用Flash软件进行矢量图绘画。

三、第三课时

本节课的主要任务是制作场景动画。

真正的动画其实是动静结合的，除了有动作的角色之外，也有静态的或动态的背景，各种人、物、景观要素构成了场景动画。

1. 学习使用场景制作工具

利用Flash软件制作场景中的动态元素，可以使用"洋葱皮"工具同时显示或编辑多个帧的内容。

项目实施	2.制作场景动画 动画场景类型丰富，例如下雪、落叶、闪烁的星星、漂浮的白云，或者为表现角色前进而向后移动的背景，如山峰、树木等。 **四、第四课时** 1.让动画更加完整 把主要角色与场景动画放在一起，最后加入合适的音效、背景音乐或其他动画效果。 2. 开展动画展播活动，评选优秀作品 对学生制作的作品予以总体评价，以个人和小组为单位，对学生的知识储备、能力水平及情感体现给出相应的分数。 通过学习逐帧动画的制作，体会使用信息技术创作的收获与乐趣，培养学生有目的地提高信息技术素养的意识与能力。
成果与评价	1. 成果呈现方式 以逐帧动画为主体的动画作品。 2. 评价方式 小组评价与个人评价相结合，过程评价与成果评价并重。

附表：

"视觉的魔法"项目式研究评价表

	评价要素	个人评价	小组评价
第一课时 设计动画	技术水平	☆ ☆ ☆ ☆ ☆	☆ ☆ ☆ ☆ ☆
	创意思维	☆ ☆ ☆ ☆ ☆	☆ ☆ ☆ ☆ ☆
	艺术体现	☆ ☆ ☆ ☆ ☆	☆ ☆ ☆ ☆ ☆
第二课时 创设角色	技术水平	☆ ☆ ☆ ☆ ☆	☆ ☆ ☆ ☆ ☆
	创意思维	☆ ☆ ☆ ☆ ☆	☆ ☆ ☆ ☆ ☆
	艺术体现	☆ ☆ ☆ ☆ ☆	☆ ☆ ☆ ☆ ☆

（续表）

	评价要素	个人评价	小组评价
第三课时 制作场景	技术水平	☆ ☆ ☆ ☆ ☆	☆ ☆ ☆ ☆ ☆
	创意思维	☆ ☆ ☆ ☆ ☆	☆ ☆ ☆ ☆ ☆
	艺术体现	☆ ☆ ☆ ☆ ☆	☆ ☆ ☆ ☆ ☆
第四课时 完成动画	技术水平	☆ ☆ ☆ ☆ ☆	☆ ☆ ☆ ☆ ☆
	创意思维	☆ ☆ ☆ ☆ ☆	☆ ☆ ☆ ☆ ☆
	艺术体现	☆ ☆ ☆ ☆ ☆	☆ ☆ ☆ ☆ ☆

案例10
我是泉城小导游

一、项目基本信息

项目名称	我是泉城小导游	执教教师	
项目学科	信息技术	适用年级	六年级
相关学科	语文		
项目时间		课时数	3
教材资源	山东教育出版社 小学《信息技术》第5册第10、11课		
项目描述	1.项目目标（核心问题） （1）学习逐帧动画、传统补间动画的制作，制作运动主体沿直线运动的动画。 （2）利用传统运动引导层动画制作运动主体沿非直线运动的动画。 （3）制作Flash动态行程示意动画，学会利用技术进行个人创意表达。 2.项目背景及实施策略 项目将设计旅行动态行程动画作为切入点，贴近学生生活实际。学生在项目实施前已经掌握了Flash软件的基本操作，但制作旅行动态行程示意动画，还需要利用传统补间动画制作物体沿直线运动的动画。在实际生活中，物体不全是沿直线的运动的，学生需要不断尝试，最终借助传统运动引导层绘制动画引导线，实现运动主体沿指定路线运动的效果，丰富学生的数字化表达手段。 项目分多课时实施，学生采用个人自主完成、小组合作的方式探究学习，教师为学生提供必要的学习支持。		

项目流程图

我是泉城小导游

| 项目引入 | 创设情境，提出项目 | 发现问题，分享信息 | 信息意识 |

| 项目分析 | 小组讨论，确定方案 | 头脑风暴，梳理思路 | 数字化学习与创新 |

| 项目实施 | 制作沿直线运动的动画 | 逐帧动画 / 传统补间动画 | 计算思维 |
| | 制作沿非直线运动的动画 | 添加特殊图层 / 绘制运动路径 / 创建传统补间动画 | 传统运动引导层动画 |

| 项目总结 | 殊途同归，拓展评价 | 迁移应用，服务生活 | 信息社会责任 |

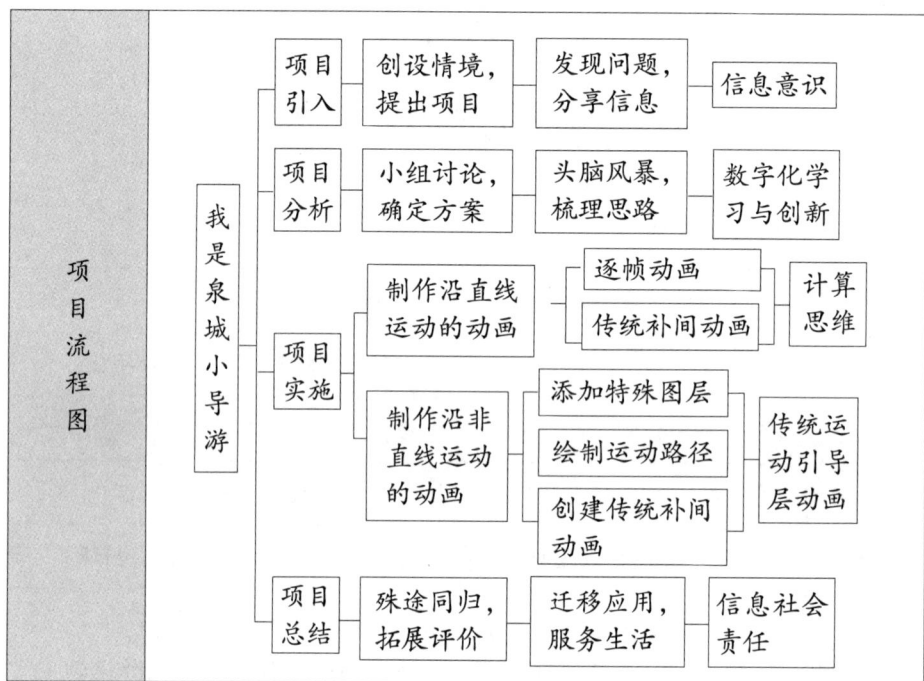

二、项目过程设计

项目实施

一、第一课时

1. 创设情境，提出项目

说到济南，大家都知道它的泉。这个有着天下第一泉的老城，承载了人们多少想念。现在越来越多的游客选择济南作为旅行目的地，同学们，作为地道的济南人，如果让你们担任泉城一日小导游，你们将如何为游客合理规划路线，如何做到在有限的时间内让游客尽可能多地领略济南的大好风光？

为了方便游客了解行程，我们可以利用文字描述行程路线，如趵突泉—泉城广场—黑虎泉—大明湖，这样的表述简单明了，可以清楚地了解行程的先后次序；还可以在地图上进行标注，这样更直观，可以清楚地了解各目的地的距离间隔。此外，我们还可以利用Flash软件制作动态行程示意动画，以便游客选择适合的出行方式。

2. 小组讨论，确定方案

我们挑选了趵突泉、泉城广场、黑虎泉、大明湖四个代表性景点，这些景点间有些距离较近，可以步行到达；有些距离稍远，我们可以选择乘坐大巴或者游船。请同学们前后四人一组，商讨并填写出行设计方案表，如表5-1所示，需要注意的是，行程需包含趵突泉、泉城广场、黑虎泉、大明湖四个景点，参观次序不限，出行方式不限。请同学们以小组为单位，合理设计行程方案，阐述方案优越性。

表5-1 出行设计方案表

小组名称					
小组成员					
出行方案	景点				
	出行方式				
方案优越性					

二、第二课时

上一课时我们通过小组讨论，初步确定了行程方案。为了让行程更为形象直观，请你们利用Flash软件制作一个动态行程示意动画吧。

图5-2中呈现了游客参观各个景点的行程路线，请同学们仔细观察，连通景点之间的路线形状有什么特点？通过观察发现，这些路线既有直线路径，也有非直线路径。那么如何制作游客沿各类路线运动的示意动画呢？

图5-2 景点间的行程路线

项目实施

项目实施

1. 制作沿直线运动的动画

游客游览完第一站趵突泉之后，可以从东门出发继续向东，沿直线前行到达泉城广场，如何利用之前学习的知识制作游客沿直线运动的动画呢？同学们可以打开Flash软件自己动手试一试。

（1）逐帧动画。在对应时间轴插入关键帧，一帧一帧改变物体的位置（制作工程量大，占用内存大）。

（2）传统补间动画。只需设置对象的初始状态和结束状态，由Flash软件自动将其余部分补充完整（操作简单，占用内存小）。

除了直线路径，现实生活中的道路多是弯弯曲曲的，如何才能制作运动主体沿非直线路径运动的动画，以此来模拟游客从黑虎泉到大明湖的运动过程呢？

具体的制作要求已经呈现在大屏幕上，同学们可以对照学习单尝试制作运动主体沿非直线路径运动的动画。

2. 制作沿非直线运动的动画

（1）逐帧动画。逐帧动画可以实现想要的动画效果，但是要插入数量较多的关键帧，需要花费大量的时间与精力。

除此之外，还会有其他更好的方法吗？

（2）直接绘制路径。你们发现了什么问题？通过这种方法，运动主体和绘制的路径会变成一个整体。

（3）新建一个普通图层。我们可以借助铅笔工具直接绘线，但是绘制的路线也不能起到引导线的作用。

（4）新建一个特殊图层。通过各种尝试，结合学习单上的提示，我们发现需要添加一个特殊图层，即传统运动引导层来完成动画制作。

请同学们对照学习单继续完善自己的作品。你们还发现了哪些问题？

问题一：选择铅笔工具画线时，线条并不平滑。

解决方案：修改时可以将铅笔设置为平滑模式。

问题二：借助铅笔工具绘制了弯曲的路径，同时设置了传统补间动画，但是播放动画时游客却一动不动。

解决方案：修改时需要将运动主体中心在动画第一帧和最后一帧中与绘制路径的起点和终点——对应，调整好位置之后，再创建传统补间动画。

同学们可以继续修改完善自己的作品。

3. 项目深化

通过刚才的学习，很多同学已经制作出游客沿指定路线行进的动画，如果不愿意步行的游客还可以体验泉城的特色——乘坐游船绕城环游。老师已经提前按照刚才学习的步骤制作了动画，可是在测试时游船却一动不动，同学们能帮老师找找问题，尝试让游船沿环形河道动起来么？你们发现了什么问题？

挪走游船，可以看出游船的起点和终点在同一位置。怎么能让游船的起点和终点分开呢？解决方法如下。

（1）找到工具栏中的橡皮擦工具，将路径擦出一个小缺口。

（2）将游船分别与路径的起点和终点——对应。

（3）设置传统补间动画。

请同学们测试下动画的最终效果吧。

4. 项目小结

通过制作运动主体沿两种路径运动的动画，我们可以总结出传统补间动画和传统运动引导层动画制作的步骤：

（1）传统补间动画。添加物体、确定起始位置、创建补间动画。

（2）传统运动引导层动画。添加特殊图层、绘制引导线、设置传统补间动画。

这节课我们主要学习了借助铅笔工具绘制引导线，同学们还可以试一试钢笔工具和多边形工具。

三、第三课时

为了让行程更加直观形象，同学们还可以手绘游客形象，然后利用之前学习的知识，制作参观动画。

通过上一课时的学习，我们已经制作出两个景点之间的动态行程示意动画，要想制作出全部景点的动态行程示意动画，我们还需

项目实施

项目实施	要将单独制作的动画按照参观的前后次序在时间轴中找到对应的位置连接起来。同样，不同出行方案的速度快慢也可以通过时间轴的长短加以区别。 请各小组合理分工，撰写导游文稿，制作游览动画，进行项目成果分享。最后，请同学们从出行方案规划合理性、文稿趣味性、动画形象性与科学性、讲解视频录制质量这四个方面对项目成果进行评价。 除了"天下第一泉"景区，济南还有其他特色景点，同学们还可以根据个人喜好，制作其他景区的游览推荐线路的行程示意动画。 最后请各个小组梳理项目成果，录制讲解视频，汇总各类纸质、电子资源。
成果与评价	1. 成果呈现方式 纸质材料：线路规划图。 电子资料：出行设计方案、动画作品。 2. 评价方式（单独评价表以附件形式呈现） 过程性评价：电子档案袋——记录学生学习的过程性材料。 总结性评价：录制讲解视频（讲解文稿+动画作品）。 评价方式：教师评价＋学生自评＋小组互评。

附表1：

"我是泉城小导游"学习单

图层我来建	请你在Flash软件中找一找，你用到的特殊图层叫什么名字？怎么创建这个新图层？
路径我来画	你可以借助工具栏中的 ✏ 工具绘制出与行进路线形状相同的线条作为运动主体运动的引导路径

（续表）

动画我来设	请你仔细观察图5-3中的两幅图片，说一说你发现了什么？ 图5-3 路径图对比 开始时，运动主体的中心要和路径的起/终点重合；结束时运动主体的中心要和路径的起/终点重合。设置好运动主体的初始状态和结束状态后，要想让运动主体动起来，中间的动画效果需要计算机自动生成，像这种运动主体不变、只有位置发生改变的动画，我们可以借助补间形状动画或传统补间动画来实现

附表2：

"我是泉城小导游"学习评价表

具体指标	学生自评	小组互评	教师评价
出行方案设计合理性			
讲解文稿趣味性			
动画作品形象性与科学性			
讲解视频录制质量			

注：评价以等级形式划分，等级从高到低，依次为A、B、C。

案例11
计算风圈的面积

一、项目基本信息

项目名称	计算风圈的面积	执教教师	
项目学科	信息技术	适用年级	六年级
相关学科	数学		
项目时间		课时数	4
教材资源	山东教育出版社 小学《信息技术》第5册第6~9课		
项目描述	1. 项目目标（核心问题） （1）理解输入文本的基本原理及实例名和变量名的区别。 （2）掌握Flash软件中按钮的调用及相关编辑操作。（公用库） （3）学会利用自定义函数编写按钮的脚本。 （4）从已有知识出发，通过教师讲授，学生进行探究、总结，进而掌握学习要点；能够对作品及其创作过程进行评价，培养学生的探究思维、创新意识和分析问题、解决问题的能力。 （5）培养学生积极思考及相互合作的意识，感受信息技术与现实生活的密切联系，提高学生的信息素养。 2. 项目背景及实施策略 项目的主题"计算风圈的面积"是和学生的实际生活密切相关的，从学生的认知特点和已有知识经验出发，学会分析问题和解决问题，引导学生探究Flash动画的制作过程，体验信息技术在实际生活中的魅力和作用。 本项目实施采用多课时、小组合作探究的方式，教师可提供必要的学习工具，比如微视频、评价表等。		

项目流程图	计算风圈的面积	项目引入	创设情境，提出项目
		项目分析	小组讨论，确认方案
		项目实施	活动1：设置文本 → 静态文本
			动态文本
			输入文本 → 实例名 / 变量名
			活动2：设置按钮 → 调用 / 编辑
			活动3：编写脚本 → 自定义函数 → 动作按钮
		项目总结	项目总结，拓展评价

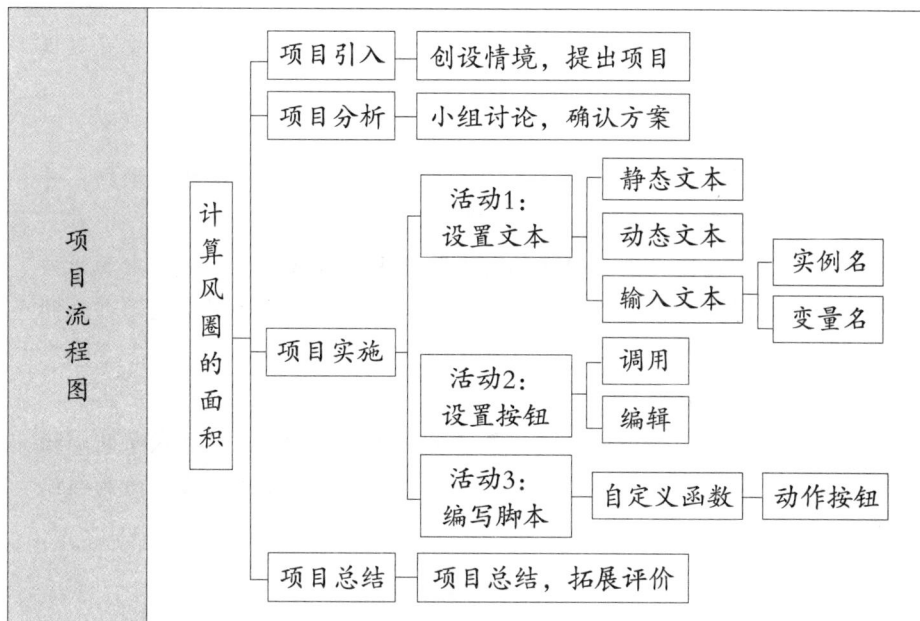

二、项目过程设计

一、第一课时

1. 创设情境，提出项目

同学们知道超强台风给人类社会造成的危害吗？（教师播放视频——台风的移动路径，引导学生讨论如何快速预测台风的影响范围。）

台风危害性大，台风预测显得格外重要，虽然台风的移动路线很复杂，但也有规律可循，只要确定台风的移动半径，就可以计算出台风的影响范围，从而快速做好防灾准备，减少人员伤亡和经济损失。

同学们如何利用Flash软件快速计算出台风风圈的影响范围呢？（教师进行动画演示，输入台风的移动半径后，软件可以自动计算风圈面积，点击重置后自动清除数据。）

2. 提出问题，学习探究自动计算的方法

（1）Flash软件中文本的分类和适用情形有哪些？

（2）调用和编辑按钮的方法是什么？

项目实施

（3）如何为按钮添加代码，实现自动计算风圈面积及重置数据的功能？带着问题探究相关功能，并进行小组交流。

3. 明确项目任务

教师引导学生利用Flash软件制作自动计算圆的面积的动画，并尝试举一反三，将其应用于生活中的其他情形。

由于该项目设计难度偏大，因此需要教师引领。教材中关于按钮和自定义函数的部分没有深入讲解，因此教师要说明这两部分的作用。

4. 小组讨论，制订项目计划

（1）确定人员分工，填写"计算风圈的面积"项目式研究小组分工情况表（见附表1）。组长负责整体设计方案和研究过程的组织工作，确定各个环节的分工。

（2）通过设计方案解决相关问题。

二、第二课时

引入探究活动。

活动1：设置静态文本和输入文本

请同学思考：①静态文本和输入文本的区别；②实例名和变量名的区别。

学生参照微视频了解制作文本的要点，并完成活动1。

图5-4 设置静态文本和输入文本

图5-5 在文本周围显示框

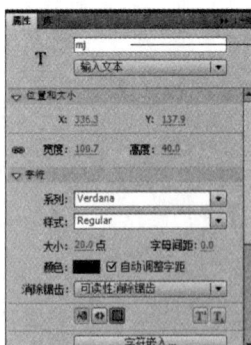

图5-6 输入实例名

教师点评常见问题，强调制作要点，请学生回答思考题。

引导学生总结以下要点：

（1）输入文本的特点：可以在文本框内输入文本。

（2）实例名是文本框的名称，也是文本框唯一的标识名；变量是文本框中显示的内容，是可变的。

三、第三课时

活动2：按钮的调用和编辑

结合图5-7，分析讲授按钮的调用和编辑。

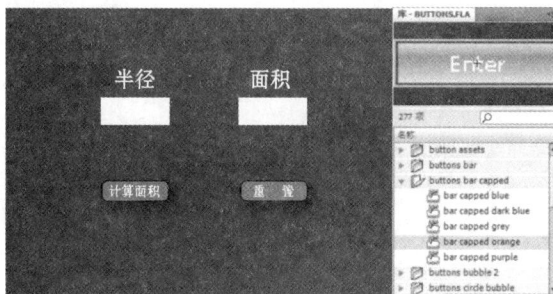

教师展示按钮的编辑方法，强调要点。

提问：添加按钮的步骤是什么？

学生讨论：先调用再选择，编辑效果有技巧。

学生参考微视频，完成"计算面积"和"重置"按钮的设置，如图5-8所示。

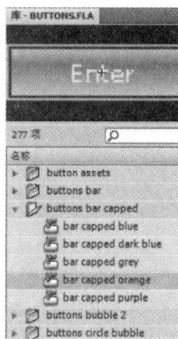

图5-7 按钮的调用和编辑

图5-8 设置按钮

小组作品展示，并请学生观察思考，还有没有需要改进的地方。

活动3：编写脚本——自定义函数

展示输入半径、自动计算面积的动画，引导学生分析实现方法。

教师展示如何为按钮添加代码，强调自定义函数的要点。

讲解自定义函数的格式：

function 自定义函数名（参数）{

　　　　　　　　执行的一系列语句

　　　　}

项目实施

学生参考微视频，分小组给"计算面积"按钮添加脚本。

引导学生思考：①数字中的 π 用什么表示？②如何输入圆的计算面积公式？③代码中的运行顺序是什么？

教师点评常见问题，强调要点，请学生回答思考题。

提问：用实例名给文本框赋值（半径）的方法及 return 的作用是什么？

学生讨论：通过实例名赋值：实例名.text=____。

学生尝试完成"重置"按钮脚本的编辑，如图5-9所示。

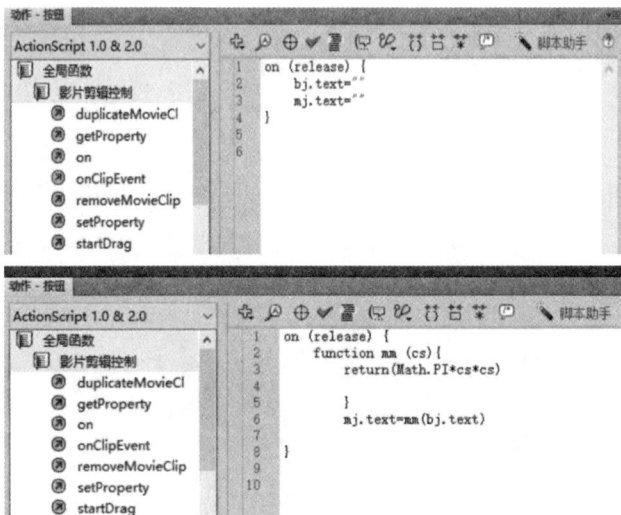

图5-9 代码编写示例

四、第四课时

（1）拓展提升：根据小组设计的作品，结合创意，完善动画作品。

（2）项目总结，整体评价。

环节一：项目总结展示

以小组汇报的形式，结合动画作品的设计创意和实现的效果，由小组长带领成员进行汇报。

环节二：作品评价

学生互评和教师评价相结合，评选出"最智慧小组"。

成果与评价	1. 成果呈现方式 自动计算风圈面积的动画作品。 2. 评价方式（单独评价表以附件形式呈现） 填写自评互评表（见附表2）。

附表1：

"计算风圈的面积"小组分工情况表

组名			
组长		分工	
成员1		分工	
成员2		分工	
成员3		分工	

附表2：

"计算风圈的面积"课堂自评互评表

		项目	自评（符合请打"√"）
活动过程	学习实践	通过自学、探究掌握方法	
		主动与他人合作	
	学习态度	积极主动参与活动	
		项目	互评（符合请打"√"）
活动成果	文本编辑		□恰当　□比较恰当　□不恰当
	按钮设置		□恰当　□比较恰当　□不恰当
	脚本编写		□恰当　□比较恰当　□不恰当

（续表）

	项目	互评（符合请打"√"）		
小组展示	分工明确，细化问题，人人发言	□优秀	□规范	□不合格
	成员有眼神关注，用心倾听	□优秀	□规范	□不合格
	学科语言规范，站姿或坐姿标准	□优秀	□规范	□不合格
	声音洪亮，发言自信	□优秀	□规范	□不合格

■第六章
Photoshop图片编辑
相关案例

    Photoshop图片编辑是中学信息技术课程的重要内容,是小学画图、Flash软件的进阶。软件的核心功能"图层"体现了重要的工程思维,让学生体会最优化及顺序的概念。图片编辑的学习,可以对学生的审美能力及创造性思维的形成产生重要的影响。

案例12
"建党百年"主题海报设计制作

一、项目基本信息

项目名称	"建党百年"主题海报设计制作	执教教师	
项目学科	信息技术	适用年级	七年级
相关学科	信息技术		
项目时间		课时数	3
教材资源	山东教育出版社 初中《信息技术》第2册第2、5、6课		
项目描述	1.项目目标（核心问题） （1）了解海报的设计流程及原则。 （2）掌握Photoshop中渐变工具、自定形状工具、文字工具的使用方法。 （3）利用Photoshop软件，制作主题海报。 （4）通过学习Photoshop中绘图工具的使用方法，提高学生对技术的兴趣。 （5）在探究式学习中，培养学生发现问题、解决问题的能力。 （6）通过制作主题海报，增强学生的民族自信和爱国热情。 2.项目背景及实施策略 　　2021年4月29日，长征五号B遥二运载火箭成功将空间站"天和核心舱"送入预定轨道，标志着中国空间站在轨组建工程全面展开，中国将迎来属于自己的空间站。中国航天事业创造了举世瞩目的辉煌成就，走出了一条独具中国特色的发展之路，是中华民族的骄傲。 　　党的领导是航天事业发展的最根本保障。2021年是中国共产党成立100周年，为歌颂中国共产党的领导，弘扬爱国主义精神，增强民族自信，本项目以"建党百年"为主题，运用Photoshop制作宣传海报，向党的百年华诞献礼。			

项目描述	本项目基于探究学习方式展开学习，教师通过学习材料支持及适当的新课讲解，引导学生根据主题设计制作海报。
项目流程图	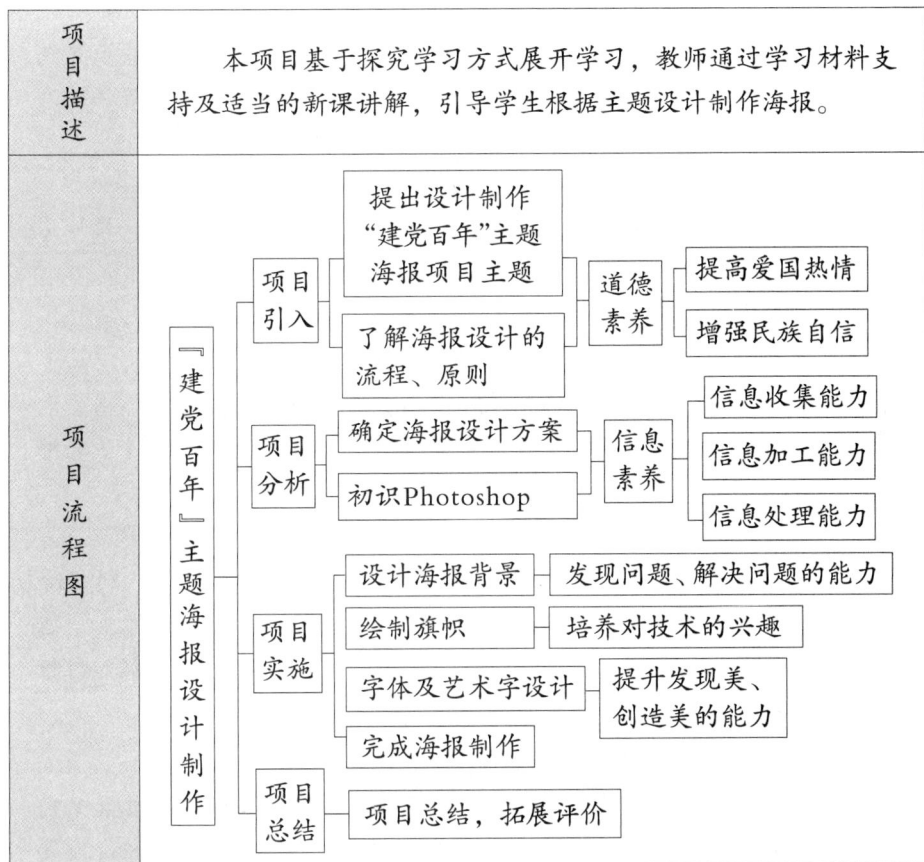

二、项目过程设计

项目实施	**一、第一课时** 在第一课时中，教学内容分为两个篇章，主题分别为"点赞中国空间站"和"献礼建党百年"。 1.提出制作主题海报的项目需求 在"点赞中国空间站"篇章中，教师先带领学生观看中国空间站"天和核心舱"和神舟十三号载人飞船的成功发射、中国航天员进入天和核心舱并进行为期六个月的"太空出差"等视频，引导学生了解什么是空间站及中国空间站的国际地位，激发学生的爱国热情，增强民族自信。

项目实施

祖国的强大离不开中国共产党的领导。2021年是中国共产党成立100周年，为表达对祖国和党的热爱，请同学们以"建党百年"为主题，运用Photoshop制作宣传海报，向党的百年华诞献礼。

2. 了解海报设计的流程、原则

首先让学生欣赏两张海报，并说一说海报构成的要素。教师总结并引导学生了解海报设计的原则、流程。

3. 小组讨论，确定海报设计方案

要求：学生4人为一组，根据海报主题自主搜索素材。2人负责搜索"海报内容"相关素材，2人负责搜索"版面设计"相关素材；4人核对信息，将收集到的素材进行加工与处理。经过多次讨论，最终确定海报的初步设计。

4. 初识Photoshop

在确定了海报设计方案以后，即将步入海报的设计、制作阶段，学生需要学习使用图片处理软件Photoshop。教师向学生介绍Photoshop的界面，包含菜单栏、工具栏、属性栏等，并讲解如何新建、打开、保存文件。

二、第二课时

本节课中，学生结合学案（见附表3）及学习视频，自主探究Photoshop中渐变工具、自定形状工具的基本使用方法，开始海报设计之旅。

1. 项目活动

活动1：绘制海报背景

海报背景是海报的重要组成部分，好的背景不仅能衬托主题，还能使海报更加美观。

学生4人为一组，根据学案明确学习任务，并根据学习视频自主学习渐变工具的操作方法；组内成员利用渐变工具绘制自己的海报背景。

教师进行渐变拾色器、渐变方向及5种渐变模式的效果展示。

活动2：绘制旗帜

学生根据学案明确学习任务，并根据学习视频自主探究自定形状工具的使用方法，并利用自定形状工具绘制旗帜。

教师指导自由变换、移动工具的使用。

2. 总结提升

学生参考学案中的评价内容进行自我评价，首先总结本节课学会的知识、是否将学会的知识运用到作品之中，然后写出本节课最大的收获、还想在哪一方面得到提升，最后给本节课的学习情况进行等级评价。

三、第三课时

这节课，请同学们继续结合学案及学习视频，自主探究Photoshop中文字工具的基本使用方法，完成海报制作。

1. 项目活动

活动1：字体的设计

请学生根据学案，利用文字工具设计字体。

教师指导学生进行字体、字号、颜色、文本变形的设置。

活动2：艺术字的设计

请学生根据学案，利用文字蒙版工具设计字体。

教师指导学生将文字蒙版工具与渐变工具相结合，制作艺术字。

活动3：完成海报制作

请学生继续制作主题鲜明、集艺术感与创新性于一体的海报。

教师应鼓励学生敢于想象、大胆创新。

2. 评价与总结

首先，学生根据学案中的评价内容对本节课知识点掌握情况、作品完成情况进行总结与评价；其次，学生将自己的海报作品在组内进行展示，并根据组内互评表（见附表1）对组内成员的作品进行评价；最后，学生提交作品，教师根据教师评价表（见附表2）对学生作品进行评价。

总结阶段：教师引导学生总结在本次项目式教学中所学到的知识、遇到的问题以及解决问题的方式，引导学生爱国、爱党、爱社会主义。

成果与评价	1. 成果呈现方式 主题海报设计作品。 2. 评价方式（单独评价表格以附件形式呈现） 　　形成性评价：每节课的学案中有针对本节课的自我评价，帮助学生对本节课知识点的掌握情况、工具的使用情况、作品的完成情况做出基本的评价，并总结本节课的收获及需要进一步提升的方面，帮助学生查缺补漏，为下节课的学习奠定基础。 　　总结性评价：包括小组内互评（见附表1）和教师评价（见附表2）。组内互评保证了学生的充分参与小组合作，帮助学生快速发现问题、解决问题。

附表1：

"建党百年"主题海报设计制作组内互评表

组别及评价作品名称					
评价人		被评价人			
评价内容		评价等级：A.非常好 B.较好 C.好 D.一般 E.差			
工具使用情况	渐变工具	□A	□B	□C	□D	□E
	自定形状工具	□A	□B	□C	□D	□E
	文字工具	□A	□B	□C	□D	□E
作品情况	主题鲜明	□A	□B	□C	□D	□E
	色彩搭配	□A	□B	□C	□D	□E
总体评价（等级）		□A	□B	□C	□D	□E

附表2：

"建党百年"主题海报设计制作教师评价表

评价作品名称					
被评价人					
评价内容	评价等级：A.非常好　　B.较好　　C.好　　D.一般　　E.差				
工具使用	□A	□B	□C	□D	□E
主题鲜明	□A	□B	□C	□D	□E
创新性	□A	□B	□C	□D	□E
艺术感	□A	□B	□C	□D	□E

附表3：

"建党百年"主题海报设计制作学案

学习目标	掌握绘图工具的基本操作（渐变工具，自定形状工具，自由变换，移动工具）		
		操作任务	反思归纳
绘图工具的基本操作	新建图像	1.新建名为"建党百年"的图像文件 2.宽度和高度可参考以下数据： 竖版：宽度750像素，高度1000像素 横版：宽度1000像素，高度750像素 3.背景颜色：白色	1.新建图像文件，需执行菜单栏中的（**文件**）指令 2.在设置高度和宽度时，应首先更改单位为（　　　）
	渐变工具	1.新建图层，将其命名为"背景" 2.将"前景色"设置为红色（R:229，G:19，B:19），"背景色"设置为黄色（R:0 ，G:222，B:255） 3.选中渐变工具——线性渐变 4.自上而下渐变	单击鼠标（　　　）键，选择渐变工具

（续表）

		操作任务	反思归纳
绘图工具的基本操作	自定形状工具	1.新建图层，将其命名为"旗帜" 2.选中自定形状工具——旗帜 3.在属性栏中设置前景色为红色 （R:255，G:0，B:0）	单击鼠标（　　）键，选择自定形状工具
	自由变换	1.在编辑菜单栏中，使用"自由变换路径"调整旗帜的大小 2.编辑完成以后，在属性栏中点击"√"	1.在菜单栏里找到（编辑），选择"自由变换路径（F）" 2.编辑完成以后，在属性栏中单击（√）
	移动工具	1.打开"党徽.psd" 2.使用移动工具，将党徽移动到图片中 3.使用"自由变换"，根据旗帜的大小调整党徽	
知识拓展		以"建党百年"为主题，继续完善海报	
自我评价	学会的知识	□渐变工具　□自定形状工具　□自由变换　□移动工具	
	使用的工具	□渐变工具　□自定形状工具　□自由变换　□移动工具	
	本节课最大的收获：		
	还想在哪些方面进一步提升：		
	作品评价	□A　　□B　　□C　　□D　　□E	

案例13
照片与"照骗"

一、项目基本信息

项目名称	照片与"照骗"	执教教师	
项目学科	信息技术	适用年级	七年级
相关学科	道德与法治		
项目时间		课时数	3
教材资源	山东教育出版社 初中《信息技术》 第2册第4课		
项目描述	1.项目目标（核心问题） （1）认识选区工具的种类、特点和使用方法。 （2）通过简单实例，让学生进一步掌握常用选区工具的使用。 （3）通过项目式学习，让学生熟练掌握选区工具，并进行图片合成。 （4）通过小组合作探究，让学生在学中做，做中学。 （5）"P图"有底线，贪玩莫犯法。让学生树立正确的道德观念，培养法治意识。 2.项目背景及实施策略 　　修图（"P图"）是当下比较流行的一种图片编辑方式，深受年轻人喜爱，各种"P图"软件与手机App的功能也更加强大。但技术是一把双刃剑，在制造美好的同时，也有一些低俗、造假的作品在网络上传播开来，社会影响较恶劣。 　　七年级学生已掌握Photoshop软件的基本操作，但明辨是非能力不强，法律意识相对薄弱，容易受到不良诱惑，严重者最终会迷失方向，甚至触犯法律。 　　本项目结合"华南虎事件"案例，引导学生在掌握信息技术的同时，学会明辨是非，加强道德观念与法律意识。		

项目流程图

照片与『照骗』抠图技巧

项目引入	根据情境，提出问题	创设情境，提出项目 活动1：比眼力
项目分析	结合课本制订方案，依据方案制订计划	小组讨论，确定方案 活动2：小试身手
项目实施	小组合作探究，合作观察、学习、讨论	图片合成我在行 活动3：移花接木
项目总结	项目总结，拓展评价
	导之以行，动之以情
	引导学生树立正确的世界观、价值观、人生观

全程评价，反馈总结

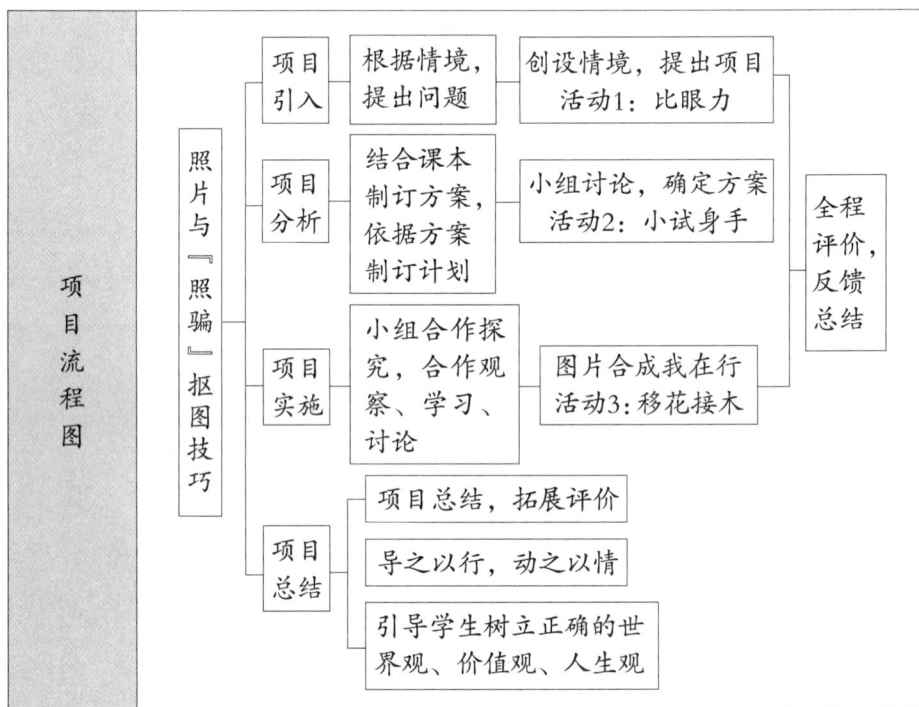

二、项目过程设计

项目实施

一、第一课时

1. 创设情境，提出项目

活动1：比眼力

火眼金睛：风景画中找动物	辨真假：肯尼亚女孩图片

图6-1 比眼力

以小组为单位，仔细观察，认真思考，回答以下问题：

（1）以上两组图片，哪一组是真的，哪一组是假的？

（2）两组图片分别使用了哪些修图方法？

（3）什么是抠图？什么是"P图"？

2. 小组讨论，确定方案

本节课，我们一起研究如何利用Photoshop软件从图片中抠图，并拼合图片。根据问题，结合教师下发的素材、参考图片、课本，小组讨论并制订可行方案。

3. 制订项目计划

根据表6-1，明确小组内的人员分工、项目计划等。

表6-1 项目计划

	要求	操作
计划1	认识和选择适合的工具	需要用到哪些工具？
计划2	使用方法、注意事项	如何使用选区工具？
计划3	使用工具制作实例	抠图、"P图"

活动2：小试身手

根据表6-2，按要求完成任务。

表6-2 小试身手练习素材

练习素材	要求	工具
	选择熊猫	魔棒
	选择其中一个颜色的垃圾桶	多边形套索
	选择老虎	磁性套索

项目实施

项目实施

小组展示：各小组展示作品，介绍各成员的分工情况，使用了哪些制作方法，制作过程中需要注意的问题有哪些及收获。教师进行评价（见附表2）。

二、第二课时

活动3：移花接木——图片合成我在行

借助课本，使用表6-3中的素材，完成参考图片中的效果。

表6-3 移花接木——图片合成我在行练习素材

练习素材	要求	参考图片
将图片1中的老虎放入图片2的风景中	1.保存psd、jpg两种格式。例如：华南虎.psd、华南虎.jpg 2.将作品保存在F盘的班级文件夹中	图片1
将图片3中的老虎放入图片1的风景中		图片2
将图片1中的老虎，放入图片2中的树的后方。		图片3

小组展示：各小组展示作品，介绍各成员的分工情况，使用了哪些制作方法，制作过程中需要注意的问题及收获。教师评价（见附表2）。

三、第三课时

我们通过实例掌握了选区工具的使用，下面请同学们思考并回答问题，同时谈一谈自己的收获与感受。

1. 思考

我们学习了Photoshop技术以后，在生活当中该如何去运用？

项目实施	2. 照片背后的故事 （1）揭晓第一节课问题的答案。

图片放大前	图片放大后

图6-2 第一课时中问题的答案

（2）观看周正龙案、肯尼亚女孩"P图"圆梦的相关视频。

周正龙"拍"虎—银铛入狱	肯尼亚女孩"P图"圆梦

图6-3 相关视频

3.总结

根据刚刚分析的真假照片，分析如何辨认PS痕迹。

成果与评价

1. 成果呈现方式
小组作品展示。

2. 评价方式（单独评价表以附件形式呈现）
教师评价（见附表2）。

附表1:

"照片与'照骗'"项目式研究小组分工情况表

组名			
组长		分工	
成员1		分工	
成员2		分工	
成员3		分工	

附表2:

"照片与'照骗'"项目式研究教师评价表

小组	作品情况	使用方法	存在问题	技巧点拨
小组1				
小组2				
小组……				

附表3:

"照片与'照骗'"项目式研究过程性评价表

"小目标"	具体操作	是否完成目标	解决方式
1.新建空白文档		□是 □否	□独立 □合作 □求助
2.导入素材图片		□是 □否	□独立 □合作 □求助
3.更改图层名称		□是 □否	□独立 □合作 □求助

（续表）

"小目标"	具体操作	是否完成目标	解决方式
4.新建图层并改名		□是 □否	□独立 □合作 □求助
5.使用魔棒工具		□是 □否	□独立 □合作 □求助
6.使用磁性套索		□是 □否	□独立 □合作 □求助
7.使用多边形套索		□是 □否	□独立 □合作 □求助
8.修改选区范围		□是 □否	□独立 □合作 □求助
9.复制粘贴选区图像		□是 □否	□独立 □合作 □求助
10.调整图片位置大小		□是 □否	□独立 □合作 □求助
11.保存文件并上传		□是 □否	□独立 □合作 □求助
谈收获、说想法、提问题			

案例14
制作一寸照片

一、项目基本信息

项目名称	制作一寸照片	执教教师	
项目学科	信息技术	适用年级	七年级
相关学科	信息技术		
项目时间		课时数	4
教材资源	山东教育出版社　初中《信息技术》第2册		
项目描述	1.项目目标（核心问题） （1）了解一寸照片的规格与用途。 （2）用Photoshop把生活照制作成一寸照片。 （3）了解照相馆中拍摄一寸照片的技巧，制作整版一寸照片。 （4）培养学生合作学习与解决实际问题的能力。 2.项目背景及实施策略 　生活中有很多地方要用到一寸照片，比如毕业证书、求职简历等。初三学生毕业时要在毕业证书上贴一寸照片，但是有时去照相馆拍照不是很方便，我们能不能自己制作一寸照片呢？基于此目的设计本项目。 　该项目通过收集资料、分析讨论，让学生了解一寸照片的规格与用途。通过Photoshop为图片进行背景更换、调整大小等操作，让学生把学到的Photoshop应用理论与实践相结合，加强学生对信息技术的应用。		

项 目 流 程 图	制 作 一 寸 照 片	项目引入	创设情境，提出项目	利用生活中用到一寸照片的情境，提出项目
		项目分析	小组合作，确定方案	收集资料，小组合作，确定方案
		项目实施	活动1：探究一寸照片，收集照片素材	
			活动2：用Photoshop把生活照制作成一寸照片	
			活动3：做一版一寸照片	
		项目总结	展示作品，交流评价	

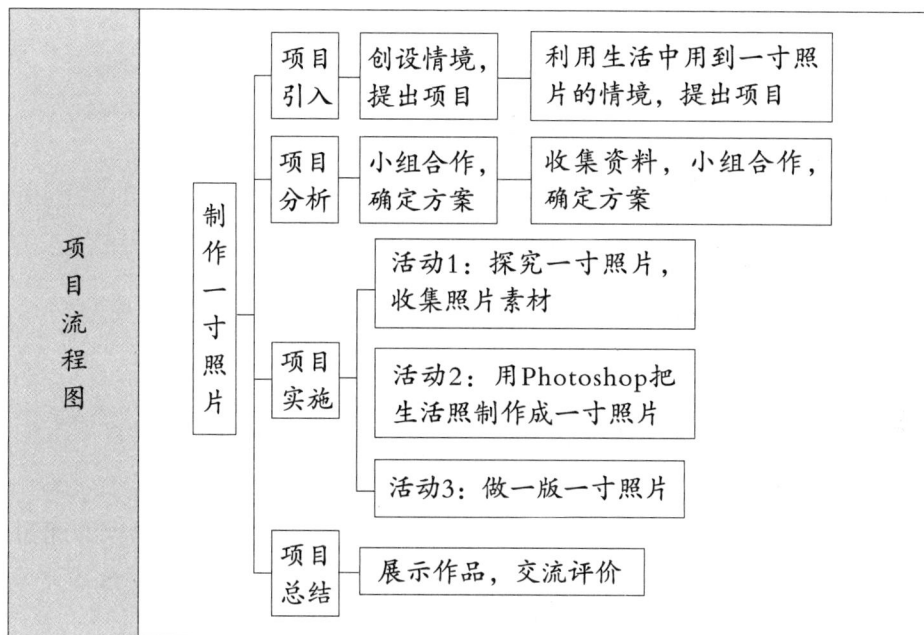

二、项目过程设计

项目实施

一、第一课时

1. 创设情境，提出项目

初三毕业时，学生需要在毕业证书上贴一寸证件照，但去照相馆拍照，费时又费力，照片还不一定符合自己的心意。在已经学习了Photoshop基础知识的情况下，学生们能不能自己用生活照制作出一寸照片呢？

2. 活动1：探究一寸照片，收集照片素材

想要制作一寸照片，首先要先了解一寸照片。学生通过查阅资料、询问父母教师，完成一寸照片探究任务，并填写探究表（见附表1）。与同学交流，看看大家还有什么不同的发现。

收集三类生活照素材：①只有头部且背景颜色比较容易分离的照片；②全身照但是背景颜色好分离的照片；③全身照且背景颜色不好分离的照片。

二、第二课时

活动2：将生活照制作成一寸照片

1.只有头部且背景颜色比较容易分离的照片

（1）修改背景，把背景改为一寸照片常用的红、蓝、白底色。

（2）修改照片尺寸，把照片改为一寸照片的大小。

2.全身照但是背景颜色好分离的照片

（1）修改背景，把背景改为一寸照片常用的红、蓝、白底色。

（2）裁剪照片，只保留人物头部和部分肩部。

（3）修改照片尺寸，把照片改为一寸照片的大小。

3.全身照且背景颜色不好分离的照片

这类照片与第二类照片的制作思路基本相似，但是背景不好分离，给学生的操作加大了难度。教师引导学生探究可以利用Photoshop中哪些工具进行精细选取。在制作过程中，一些细节部分，比如头发部分显得十分生硬，有什么方法可以解决？

学生通过查阅资料、小组讨论，最后集体讨论，教师总结。

学生填写"制作一寸照片"项目互评表（见附表2）。

三、第三课时

活动3：做一版一寸照片

照相馆中，打印照片时要注意分辨率，分辨率太低，打印出的照片就会模糊不清。照相馆中为了节省成本，每次都是打印一版一寸照片，而不是一张。我们要制作一版一寸照片，还需要考虑怎样把多张一寸照片平铺在画布上，中间还要留出裁剪的缝隙。

（1）打开一张一寸照片，修改分辨率。

（2）在照片边缘加上白边。

（3）改变画布大小，把照片平铺，铺满画布。

学生填写"制作一寸照片"项目互评表（见附表2）。

四、第四课时

作品展示，小组互评。

同学们都有了自己制作的一寸照片，请以小组为单位，进行作品展示。

项目实施	同学们完成小组互评后，请再自己填写"制作一寸照片"过程性评价表（见附表3）。最后进行总结反思，看看有什么需要改进的地方。
成果与评价	1. 成果呈现方式 作品展示。 2. 评价方式（单独评价表以附件形式呈现） 完成小组内互评，与组内其他成员共同探讨，自己在操作过程中有哪些不足，需要怎样改进。根据自己整堂课的表现，完成过程性评价表的填写（见附表3）。

附表1：

"制作一寸照片"探究表

问题	答案
一寸照片的大小是多少？	
一寸照片的底色有哪些？	
一寸照片常用于什么场合？	
还有其他特殊尺寸的照片吗？	

附表2：

"制作一寸照片"项目互评表

	评价问题
1	你在操作过程中用到了哪些知识点？

（续表）

	评价问题
2	操作步骤中，有哪一步是自己不会、需要别人帮助的？
3	哪个步骤是自己会但是不够熟练，需要把操作过程细致地写下来的？
4	组内同学的制作步骤不同，哪位同学的步骤更简洁明了？
5	你认为自己哪步操作比较精彩？可以与同学分享。
6	你认为其他同学还有需要改进的地方吗？

附表3：

"制作一寸照片"过程性评价表

评价项目	评价内容	评价分值			
		6分	4~5分	3分	1~2分
小组分工	1.分配任务合理				
	2.主动接受任务				
学习态度	1.积极参与				
	2.主动提出想法				
	3.积极克服困难				

（续表）

评价 项目	评价内容	评价分值			
		6分	4~5分	3分	1~2分
合作 交流	1.主动与成员合作				
	2.善于倾听他人意见				
	3.对小组学习做出贡献				
学习 能力	1.知识学习掌握程度高				
	2.学习方法得当				
	3.数据分析完整，严谨				

案例15
"毕业典礼"海报制作

一、项目基本信息

项目名称	"毕业典礼"海报制作	执教教师	
项目学科	信息技术	适用年级	七年级
相关学科	信息技术		
项目时间		课时数	4
教材资源	山东教育出版社　初中《信息技术》　第2册第一单元		
项目描述	1. 项目目标（核心问题） （1）根据项目主题设置小组任务，按要求收集所需素材。 （2）熟练使用已掌握的图像处理技能，以小组协作的方式制作精美海报。 （3）制作充满创意与美感的海报，体验创作美图的快乐，增强创新意识，提升信息素养和审美情趣。 2. 项目背景及实施策略 该项目是在学生学习了《图像信息的采集与加工》这一单元的前提下，即将结束七年级上学期课程时进行的主题活动课。每年6月，校园里的毕业氛围就变得浓郁，七年级的学生参与制作九年级学生的毕业典礼海报，可以增强集体荣誉感；同时，七年级学生已学过相关知识与操作，完全有能力设计毕业海报。 该项目借助"毕业典礼"海报的制作，提升学生处理图片的能力，增强构图审美设计的能力，感受毕业季的氛围，珍惜在校学习的时光，珍惜同学友谊。 项目实施采用多课时、小组合作的探究方式，教师提供必要的指导建议及相关评价表，同时提供数码照相机让学生们拍照记录。		

项目流程图	『毕业典礼』海报制作	项目引入	创设情境，提出项目	结合情境领会海报任务	参与毕业设计，荣誉感增强	全程评价
		项目分析	小组讨论，确定海报制作方案	利用图片处理技能提出小组设计方案 / 根据方案确定分工	组织规划能力	
		项目实施	海报加工阶段 / 海报合成阶段	添加素材 / 添加效果 / 存储图片保存文件	整体美感与视觉冲击	
		项目总结	生成海报，展示宣传	成果展示 / 项目评价	成就感体验	

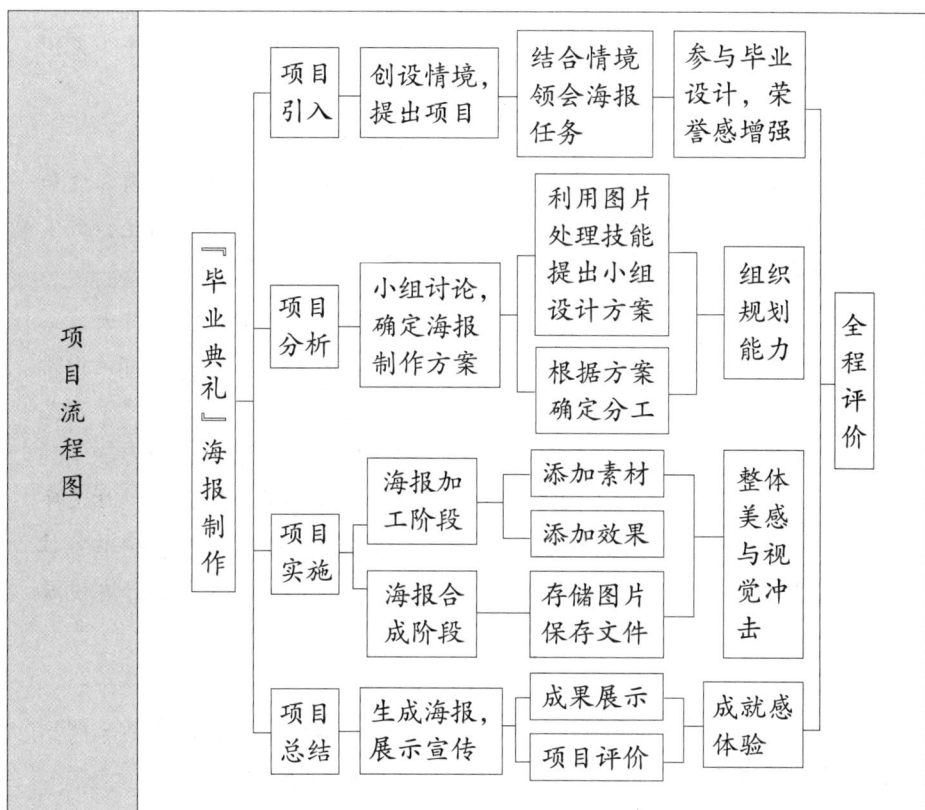

二、项目过程设计

项目实施

一、第一课时

1. 创设情境，提出项目

六月天空晴朗，毕业钟声敲响，不舍可爱的同窗，难忘尊敬的师长，带着母校的祝福扬帆启航。让学生欣赏"青春不散场，未来皆可期"毕业典礼的小视频。

视频中的海报"青春不散场，我们毕业了"是典礼的主题背景展板，营造出浓浓的离别之情。视频中还有毕业学子做的PS作品——"感恩母校"。学生在欣赏的同时，创作热情被激发。

"毕业典礼"海报制作的项目任务是创作一幅"毕业典礼"海报

作品，类型包括典礼背景、签名展板、宣传海报、邀请函等（见附表1）。

2. 知识储备——"毕业典礼"海报分析

环节一：展示几张毕业海报，归纳海报设计原则：①内容宜简不宜繁；②表达精炼，紧扣主题；③字体醒目；④图片为主，文案为辅；⑤通过图像和色彩，提升视觉冲击力。

环节二：请学生打开学生机硬盘上的"知识储备"文件夹，里面有刚才欣赏的四幅海报的psd格式文件。观察这几个文件都是由哪些图层构成的，并能说出图层使用了哪些效果，图片还经过了哪些特殊处理。（此环节可以回顾之前所学的图像处理技能。）

Photoshop使用技巧（技能回顾）：①图层面纱很神奇；②文字工具不可少；③图层样式用起来；④图片颜色随心变；⑤精准定位靠选区；⑥色阶工具巧运用；⑦曲线工具换新颜；⑧使用滤镜添特效。

3. 小组讨论，确定海报制作方案

班内分成6个小组，每小组6~7人，每组根据自己选定的主题词给小组命名。小组成员充分讨论，策划海报制作方案。

4. 海报制作计划

分两课时完成作品，前一课时收集素材，构建思路，形成初稿；后一课时进一步美化海报，最终生成作品。

二、第二课时

1. 海报设计思维导图

对照上节课下发的任务一览表与小组分工情况表，各小组根据海报制作计划及分工，开始各自的任务，如图6-4所示。

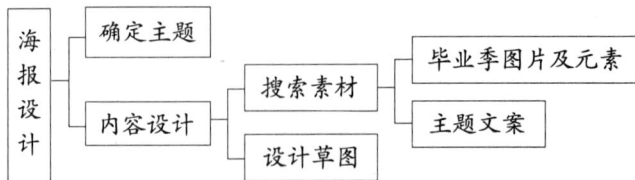

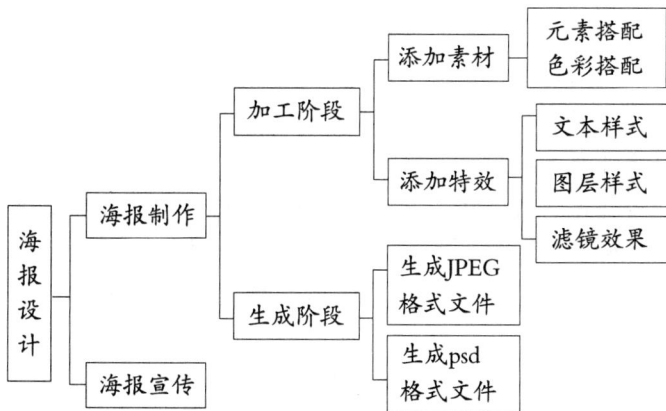

图6-4 海报设计思维导图

项目实施

2.海报制作准备工作

海报制作有两点必备要素：①主题文案内容；②背景素材图片。

上网搜索有关毕业季的图片，并下载所需图片，存放在"海报素材"文件夹里。教师下发的项目素材可以参考使用。

3.完成海报制作结构图

在小组合作搜索素材的同时，由负责制作草图的同学执笔设计，完成海报结构草图（见附表3）。

4.实施海报加工

参考"海报制作"微课小视频，对Photoshop软件使用较熟练的同学负责作品的合成及图层合理搭配等工作。

本课时为活动课，教师负责巡查指导；信息技术课代表使用数码相机拍照记录各小组的活动过程及精彩的海报片段；各组完成初稿（有背景，有文字，有图片）。期间有任何问题都可以寻求教师帮助，也可以小组间进行互助，同时填写过程性评价（见附表4）。

三、第三课时

1.海报美化

展示其中一个小组做的海报，同学们提出修改意见。各组制作的半成品也可以在小组间欣赏互评，这样做既有灵感碰撞，也能得到合理化建议。

项 目 实 施	在基本完成作品的基础上，增添技巧性的修饰，比如，哪些能用上面提到的Photoshop使用小技巧，图层生成后如何调整能更美观等。整个海报制作阶段，修饰环节是重难点。 　　2. 海报生成 　　作品保存为JPEG格式，便于制成PPT；同时保存上传psd格式文件，作为本阶段项目学习的成果，方便后期修改使用。 　　**四、第四课时** 　　1. 海报制作过程展示 　　收集整理海报制作过程中，小组活动的精彩片段制作成PPT，在大屏幕上播放。学生观看自己小组作品合成的过程，感受小组合作的乐趣，体验收获的喜悦。 　　2. 小组发言人展示本组海报 　　每个小组选派发言人介绍本组海报的创作思路及海报中最大的亮点，其他小组欣赏并给出合理化评价。 　　3. 教师综合点评 　　根据各小组发言，教师给予综合评价，并结合小组自评与互评，评出"最美毕业海报"。 　　4. 海报宣传 　　推荐优秀作品给学校宣传部，供学校在相关活动时推广使用。同时，还可以进行彩色打印，贴到班里供其他同学展示欣赏。 　　毕业并非遥遥无期，请同学们珍惜在一起的学习时光。
成 果 与 评 价	1. 成果呈现方式 　　小组作品展示。 　　2. 评价方式（单独评价表以附件形式呈现） 　　评价方式包括小组内自我评价、各组间互相评价与教师指导性评价。

附表1:

"毕业典礼"海报制作任务一览表

任务	使用Photoshop软件创作一幅"毕业典礼"海报
作品要求	1.作品尺寸为宽度900像素、高度600像素，分辨率为300像素/英寸
	2.作品至少有2~3个图层
	3.文字图层至少使用一种效果
	4.根据情况适当使用滤镜特效或其他技巧
	5.作品传递的信息符合毕业主题，表现手法得当，视觉冲击力强
	6.提交JPEG和psd两种格式的文件，以"小组号+作品主题词"为文件名

附表2:

"毕业典礼"海报制作小组分工情况表

项目名		组名	
组长		分工	
成员1		分工	
成员2		分工	
成员3		分工	

附表3:

"毕业典礼"海报制作结构图

海报名称		海报图层组成	
海报制作 结构图			

附表4:

"毕业典礼"海报制作过程性评价表

评价 项目	评价内容	评价分值			
		8分	6~7分	4~5分	3分
小组 分工	1.分配任务合理				
	2.全体成员积极参与				
合作 交流	1.主动与其他成员合作				
	2.善于倾听他人意见				
	3.对小组学习做出贡献				
作品 设计	1.图层使用效果显著				
	2.图案色彩搭配合理				

（续表）

评价项目	评价内容	评价分值			
		8分	6~7分	4~5分	3分
作品展示	1.小组发言人点评有亮点				
	2.作品传递信息符合主题				
小组打分					
一组	二组	三组	四组	五组	六祖

案例16
学校宣传明信片

一、项目基本信息

项目名称	学校宣传明信片	执教教师	
项目学科	信息技术	适用年级	七年级
相关学科	美术		
项目时间		课时数	4
教材资源	山东教育出版社 初中《信息技术》第2册第2、3课		
项目描述	1.项目目标（核心问题） （1）通过项目的实施，学生能够掌握Photoshop中的图层、滤镜等操作。 （2）通过项目的实施，使学生了解什么是明信片及制作明信片的步骤。 （3）通过项目的实施及落实，将信息技术与生活实际相结合，提高学生学习信息技术的兴趣；培养学生与他人合作学习的能力，提高学生信息素养。 2.项目背景及实施策略 Photoshop主要处理由像素所构成的数字图像。Photoshop的专长在于图像处理，而不是图形创作。明信片是一种不用信封就可以直接投寄的、写有文字内容且带有图像的卡片，方便学校进行宣传，其中图像的来源可以是摄影、绘画，也可以是自主设计。该项目是在学生掌握了一定的Photoshop基础知识的前提下进行的，在本项目中，学生可以结合自己的特长，设计制作学校明信片样张。 项目实施采用多课时、小组合作探究的方式，教师提供必要的材料及工具，如文具、评价表等。		

项目流程图	学校宣传明信片	项目引入	创设情境，提出项目	根据情境，提取有效信息，团队分享	信息意识
		项目分析	小组讨论，确定方案	根据课本及所学美术知识，上网学习相关内容，提出设计方案	数字化学习与创新
				根据方案，制订学校明信片制作计划	
		项目实施	了解明信片等相关知识		
			明信片素材收集		
			图像设计及制作	图层 / 文字 / 滤镜	
		项目总结	项目总结，拓展评价	在生活中做好学校宣传	信息社会责任
				项目评价	

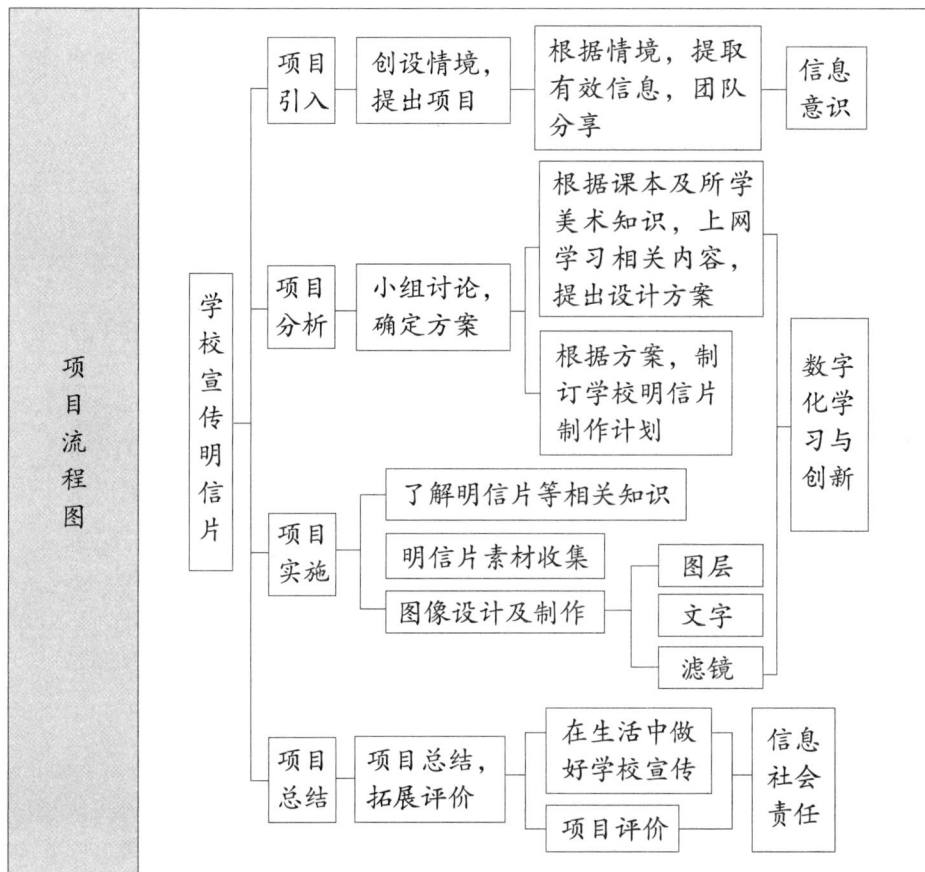

二、项目过程设计

一、第一课时

1. 创设情境，提出项目

在科技飞速发展的今天，越来越多的人倾向于用微信、电话来维系与他人的关系，却渐渐忽视了文字在生活中的重要性。在这个信息高速传递的时代，一张简单的明信片更能寄托人们的情感。

以学校风景、师生情谊为主题的明信片一经寄出，会有更多校外人员浏览欣赏，明信片作为移动广告，既展现了学校自然、人文风采，又宣传了学校品牌，增强学校在社会上的影响力。现征集优秀作

（左侧竖排：项目实施）

品，为学校制作明信片提供素材，同时在班级内开展学校宣传明信片的制作活动。

教师引导学生在制作明信片时考虑以下问题：

（1）什么是明信片？明信片的尺寸是多大？

（2）明信片由哪几部分组成？

（3）怎样制作明信片？

（4）明信片是为了给学校进行宣传，怎样将学校人文风采与明信片结合起来？

2. 了解明信片等相关知识

教师展示各类明信片，学生观察明信片的特点、内容、组成等。

提问：什么是明信片？明信片是用来做什么的？明信片由哪些部分组成呢？

利用网络进行学习并讨论，小组间分享学习成果。

小组展示学习成果，通过本节课的讨论，了解明信片相关知识，为接下来的明信片制作打好基础。

3. 小组讨论，确定方案

通过网络学习、小组讨论，制订初步计划，结合所学的相关知识，拟定明信片的初步设计图，并填写"学校宣传明信片"设计表（见附表1）。

4. 制订项目计划

明确小组内的人员分工情况，填写小组分工情况表（见附表2）。

二、第二课时

1. 明信片素材收集

我们了解了明信片，接下来将开始制作明信片，在制作明信片之前，还需要收集整理素材。我们可以通过哪些方式来获取素材呢？（上网、拍照、询问教师同学……）

我们收集的素材可以是自己拍摄的校园风景照片，也可以是上网收集的装饰类文字、图画、图片。将我们收集的素材分类整理到不同的文件中，并修改素材名称，以达到见名知意的效果。收集素材这项活动需要学生分工合作，小部分学生可在教师陪同下拍摄学校照片，部分学生在机房通过网络收集图片、文字等。

2. 素材保存

收集的素材要分类存储，在计算机上以小组为单位，建立不同类型的文件夹，比如"文字""图片"等。

三、第三课时

这节课主要进行明信片的图像设计及制作。

1. 确定明信片大小

中国标准邮资明信片规格统一为148mm×100mm，制作时一般留2mm出血线，即制作尺寸为152mm×104mm。

2. 根据设计图制作明信片

（1）正面。学生可根据自己的设计图，自定背景层颜色。

将准备的素材导入Photoshop中，调整位置、大小等，注意区分图层以便于之后的操作。

插入合适的文字。选择合适的字体，可更改素材的色相或饱和度，并对文字添加滤镜，使之更加美观。

（2）反面。学生可根据自己的设计图，自定背景层颜色。

制作邮政编码框：可利用钢笔工具绘制路径，利用描边路径进行描边。

绘制分割线/横线：利用铅笔工具，绘制分割线与横线。

插入教学楼的图片：导入图片后调整图片的大小、位置，并为其添加合适滤镜，调整滤镜参数。

添加准备好的其他素材（如校徽等）。

四、第四课时

展示小组明信片，并对小组作品进行评价，从图层、滤镜、路径转换等知识层面及明信片的美观程度上进行综合评价。在小组进行展示时，由组长发言，说一说制作过程、作品存在哪些优缺点及制作过程中学到了什么。

项目实施

项目实施	通过本项目的学习，同学们了解了什么是明信片，大致掌握了明信片的制作流程，已经能自己制作一张学校宣传明信片了。同学们的动手操作能力都很强，在制作明信片的同时，同学们也学会了Photoshop中路径、滤镜等操作。
成果与评价	1.成果呈现方式 作品展示。 2.评价方式（单独评价表以附件形式呈现） （1）小组讨论推荐，根据评分表逐项打分。 （2）班级展示。根据评分，选出得分前三名的同学，将作品提交给学校，申请制作成明信片，留做纪念。

附表1：

"学校宣传明信片"设计表

明信片用途介绍	
创新之处	
草图绘制	

附表2:

"学校宣传明信片"小组分工情况表

分工	学生姓名
明信片设计图	
明信片资料整理	
素材收集及整理	
技术制作	

附表3:

"学校宣传明信片"作品评价表

评价项目	评价内容	评价分值			
		8分	6~7分	4~5分	3分
图层	1.图层命名的合理性				
	2.图层顺序的合理性				
文字	1.是否符合主题				
	2.文字样式美观程度				
图片	1.图片能否反映主题				
	2.图片大小是否合适				

（续表）

评价项目	评价内容	评价分值			
		8分	6~7分	4~5分	3分
滤镜	1.滤镜运用的合理性				
	2.运用滤镜后美观程度				
钢笔工具	1.能否熟练运用钢笔工具				
	2.能够熟练转换锚点				
路径	1.能否掌握路径转换为选区的方法				
	2.能否掌握描边路径的方法				

■第七章
Scratch（Scraino）
图形化编程相关案例

　　随着国家对中小学人工智能及编程教育要求的逐步实施，目前中小学中广泛开展了以Scratch为代表的图形化编程教学，这是中小学生信息素养提升的一个很好的途径。通过图形化编程软件，不仅实现了学生心中的创意，更培养了中小学生解决实际问题的能力。Scraino是在Scratch的基础上进行了改造，其保留了原Scratch所有的功能，还增加了对硬件系统的支持。

案例17
"躲避病毒"游戏制作

一、项目基本信息

项目名称	"躲避病毒"游戏制作	执教教师	
项目学科	信息技术	适用年级	五年级
相关学科	数学		
项目时间		课时数	3
教材资源	山东教育出版社 小学《信息技术》第4册		
项目描述	1.项目目标（核心问题） （1）学会Scraino软件编程中侦测积木和设置的应用。 （2）能对自己及他人的操作方法、呈现的作品进行评价，会使用图形化编程工具解决实际问题，总结出利用信息技术解决问题的基本思想方法。 （3）提高学生的防疫意识，了解防范病毒的重要性；激发学生的学习兴趣，让学生在动手操作中感受学与用的结合。 2.项目背景及实施策略 该项目是在学生学习了Scraino图形化编程基础知识的前提下进行的，通过贴近生活的实例，让学生在学习了"猫捉老鼠""幸运转盘""乌鸦喝水"等经典案例之后，对经典案例进行多个版本的再创作，丰富学生的想象力和创造力。 项目实施采用多课时、小组合作探究的方式，教师提供必要的材料及工具，如文具、评价表等，为学生搭建学习支架，完成项目内容的学习。		

		项目 引入	创设情境， 提出项目	提供情境，驱动探究
项 目 流 程 图	『 躲 避 病 毒 』 游 戏 制 作	项目 分析	小组讨论， 确定方案	明确目标，提出方案
				小组协调分工
		项目 实施	搭建程序	控制方向
				侦测
				改变角色大小
				解决bug
		项目 总结	项目评价	作品展示
				组间互评

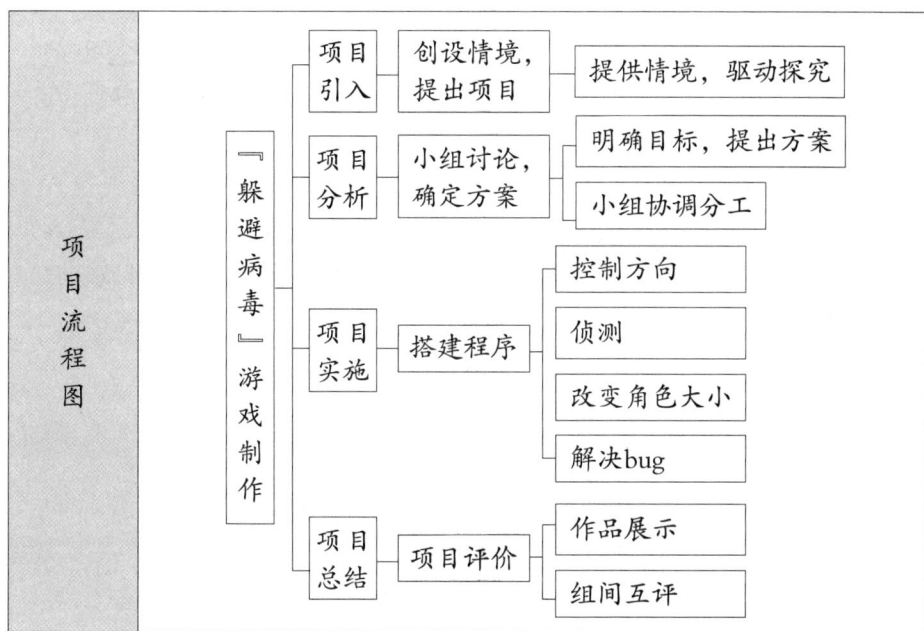

二、项目过程设计

一、第一课时

1. 创设情境，提出项目

新冠肺炎疫情给大家的生活带来很大的影响，所以大家在外出时一定要戴好口罩，切断病毒的传播途径。

请同学们用Scraino软件设计一个小游戏，控制人物躲避病毒的攻击，具体要求如下：

（1）设计规划表和流程图。

（2）用键盘控制人物在地图中移动的方向。

（3）病毒在地图中随机出现。

（4）如果病毒碰到人，则在舞台中央变大，游戏结束。

（5）每个人的程序都是独一无二的，可以根据自己的理解添加相应的规则。

2. 小组讨论，确定方案

项目要求即描述项目任务，项目要求可以让学生明确项目的内容、实际操作项目所要实现的学习目标和自己完成项目需要掌握的技能。本节课的项目要求是通过键盘的方向键控制人物以躲避病毒攻击，在此过程中，角色要有侦测和判断的能力。

自主组建团队，安排组内人员分工，做好思路规划表（见附表1），理清什么人（角色）在哪里（舞台）干了什么事（做什么），每件事是怎样实施的（需要哪些积木），理顺游戏思路。同时做好程序流程图，如图7-1所示，明确游戏中每个角色都应该有哪些行为。

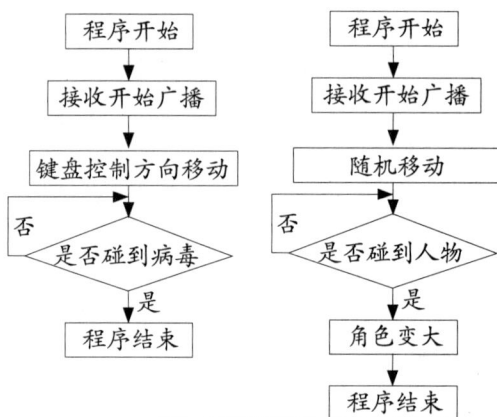

图7-1 程序流程图

3.教师对项目的难点进行指导

本节课的难点之一是用度数来表示方向，课前学生对此知识完全陌生，为此，在项目实施前，教师对学生进行适当的指导。

教师出示方位图，如图7-2所示，采用听口令玩转向的互动小游戏将项目指导融入其中，让学生快速理解Scraino中方位与度数的关系，并掌握用不同度数表示面向不同的方向。

图7-2 度数与方位图

二、第二课时

1.教师演示游戏规则

请同学们认真观察，该如何实现以下效果：通过键盘的方向键控制人物在地图中移动，如果病毒碰到人物，则病毒在舞台中央变大，游戏结束。效果如图7-3所示。

图7-3 游戏界面示例

2.学生观察故事情节的发展

学生结合上节课所制作的程序流程图和思路规划表，思考在游戏中应如何实现这些功能。

3. 探究讨论：要想使人物动起来，应该怎么做？

（1）学生通过之前学习的内容来搭建脚本，实现人物向左、向右、向上、向下行走的效果，汇总编写程序及运行程序中发现的问题。

总结编写程序中遇到的问题，组内讨论：为什么设置好后，无论按哪一个方向键，人物总是向同一个方向行走？

（2）解决问题：想让人物向其他方向运动，应该怎么设置？

小组交流，为人物搭建脚本，实现人物向左、向右、向上、向下行走的效果，结合方位图，实现面向不同方向行走的操作。程序模块示例如图7-4所示。

图7-4 程序模块图1

4. 探究讨论：如何对病毒进行设置？

根据游戏规则，分析病毒有哪些行为上的变化，找出相应的积木进行组合。

（1）病毒需要在舞台中随机移动。

（2）当病毒碰到舞台边缘时不会消失，而是反弹回舞台中间。

在 1 秒内滑行到 随机位置▼   碰到边缘就反弹

图7-5 程序模块图2

5. 如何使病毒呈现变大的效果

（1）学生探究：要想使病毒碰到人物后就变大，然后移到舞台中央，能用到的积木是什么？

移到x: 10 y: 8   将大小增加 10   将大小设为 100

图7-6 程序模块图3

（2）程序初步完成，可以根据自己的想象，给游戏添加其他规则。

6. 合作解决程序中的问题

经过测试，学生合作解决程序运行过程中产生的问题。

三、第三课时

1. 展示成果

成员分工，以TED演讲的方式来展示自己小组编写的小游戏，演讲过程中把创作中遇到的困难、如何克服这些困难的、最满意的地方是什么等介绍给全班同学。

2. 组间互评

小组与小组之间互相点评并给出建议，在作品评价表中给其他小组的作品打分（见附表2）。根据分工与挑战来进行评分，得到满分即可成为编程达人。通过讲述和点评巩固学生的学习成果，引发不同思维方式之间的头脑风暴。

1. 成果呈现方式

"躲避病毒"小游戏。

2. 评价方式（单独评价表以附件形式呈现）

学生作为评委对其他小组所展示的作品进行点评，并以评价表格（见附表2）的方式给演示的同学打分。

附表1:

""'躲避病毒'游戏制作"思路规划表

游戏主题		组号		
思路规划				
在哪里（舞台）				
什么人（角色）				
做什么（行为）				
如何实现（积木）				

附表2:

""'躲避病毒'游戏制作"作品评价表

汇报主题		汇报小组		
评价指标	得分			
	1~2分	3~4分	5分	得分
角色设置	可以在软件中选择适当的角色	对角色设置不同的造型	上传自定义的角色及造型	
游戏创意	游戏能简单运行	游戏能符合真实场景的要求	加入了自己的创意与想法	
程序运行	程序能运行，但是可读性较差	程序设计比较清晰	程序设计简明易读，一目了然	

案例18
模拟病毒传播

一、项目基本信息

项目名称	模拟病毒传播	执教教师	
项目学科	信息技术	适用年级	五年级
相关学科	数学、科学		
项目时间		课时数	4
教材资源	山东教育出版社　小学《信息技术》　第4册第8、9、14课		
项目描述	1. 项目目标（核心问题） （1）灵活使用Scraino软件编程中的变量、列表、克隆体功能。 （2）掌握顺序、循环、分支三种语言结构的综合应用。 （3）通过模拟病毒传播来了解传染病的可怕之处，认识到疫情期间居家隔离的重要意义。 （4）在项目实施过程中，不断地训练学生用编程语言来提升计算思维和逻辑能力，并进行价值观的正向引导。 2. 项目背景及实施策略 2020年，随着新冠肺炎疫情的蔓延，大部分人响应政府号召，疫情期间尽量避免外出，但仍有人不以为意，违反防疫规定。Scraino侦测模块中的"碰到"指令，与肺炎传染中的人员接触颇为相似，利用Scraino可以模拟病毒传播的过程，以可视化的方法展示人口流动、隔离速度等因素对疫情防控的影响，让人们认识到疫情期间居家隔离的重要意义，基于此设计本项目。 项目实施采用多课时、自我探究、小组合作方式，教师提供引导帮助。		

		教学环节	教师活动	学生活动	设计意图
项目流程图	模拟病毒传播	选定项目	创设情境	确定主题	激发用计算机解决问题的兴趣（信息意识）
		制订计划	提供项目总规划	制订项目具体计划	提升逻辑思维、项目规划能力（数字化学习创新）
		活动探究	协助学生进行分组	探究问题解决方案	提升编程、协作、解决问题的能力（计算思维创新能力）
		作品制作	适当指导	编写程序并调试	
		成果展示	总结项目	展示作品	密切联系生活，巧妙解决难题（信息社会责任）
		活动评价	评价作品	自评互评	鼓励创新，应用实践（信息应用）

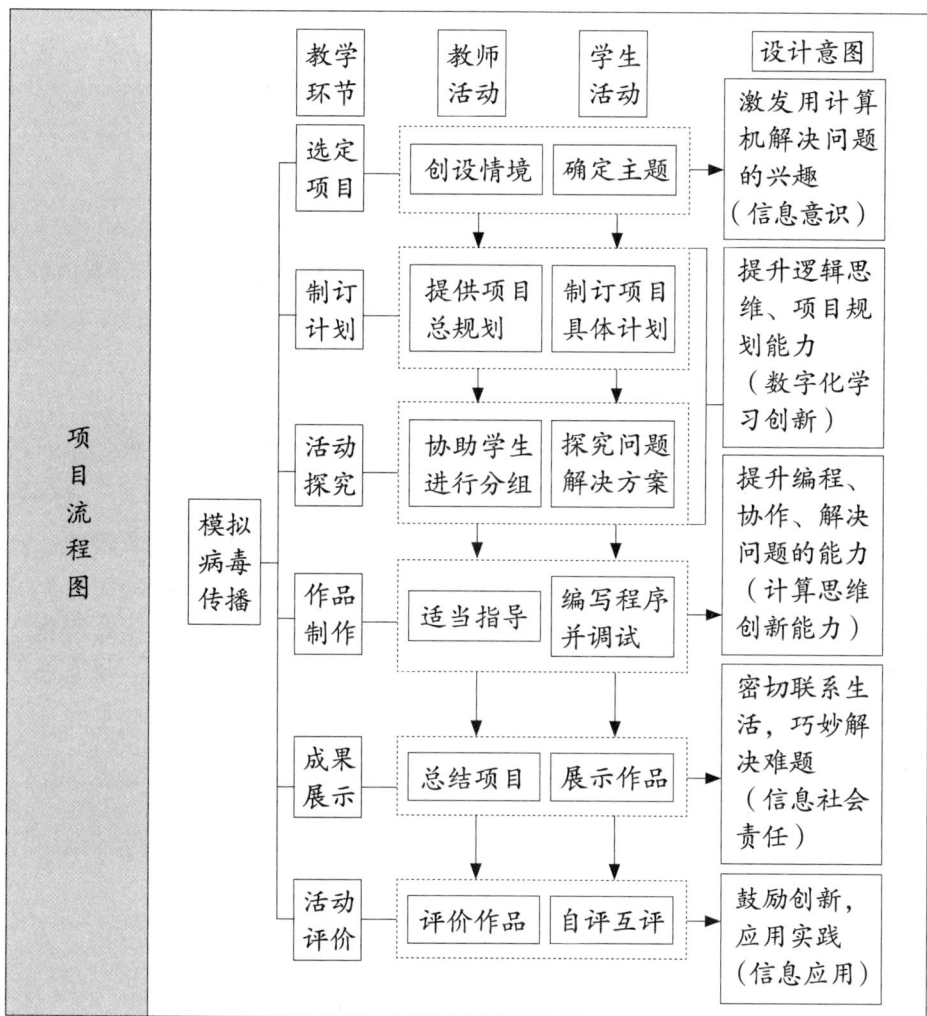

二、项目过程设计

项目实施	**一、第一课时** 1. 创设情境，提出项目 　　随着新冠肺炎疫情的蔓延，大部分人响应政府号召，在疫情期间尽量避免外出，但仍有人不以为意，违反防疫规定。教师播放《计算机仿真程序告诉你为什么现在还没到出门的时候》的视频，引导

学生重点观看视频中程序员利用编程模拟病毒传播的过程，引发学生思考：我们能不能也用正在学习的Scraino来模拟病毒传播？基于此问题设计此项目。此项目涉及变量、列表、克隆等内容，因此宜针对有一定编程基础的学生开展。

2. 小组讨论，确定方案

学生需要了解呼吸道传染病的传染规律，了解新冠病毒传播的方式和特点。学生可以通过网络收集资料，教师展示Scranio病毒传播模拟器，分组进行充分讨论。

利用Scraino模拟病毒传播的程序设计主要包含3个重要问题：① 怎样模拟人群分布和人口流动？②怎样模拟病毒传播的过程？③怎样对感染人数和病毒暴发的时间进行统计？

针对以上关键问题，教师带领学生讨论交流，逐个分析突破，初步制订解决方案：①通过Scraino克隆体模拟生成一定数量的个体，利用随机数模块设置个体的随机位置和随机方向，个体持续移动，调整每次移动的步数大小来模拟人口流动的快慢；②当健康者与病患发生碰撞接触时，健康者立即被感染，被感染后的病患有传染性；③统计感染病毒的人数和病毒暴发的时间。

3. 制订项目计划

人员分工、项目分解如表7-1所示，学生选择自己擅长的分解项目实施。

项目实施

表7-1 人员分工、项目分解表

人员分工	项目分解				
	角色设计	流程图	程序编写	模拟测试	程序完善
学生1					
学生2					
学生3					
学生4					

二、第二课时

通过上节课的交流汇报，同学们对这个程序的设计有了初步的规划，涉及的模块有变量、列表、运动、侦测、事件、控制、外观等。学生进行程序搭建，然后进行模拟测试，在这个过程中针对出现的问题，通过小组合作的方式来寻求解决的方法。教师给予适时引导和帮助，学生也可以查看教师下发的微视频来解决问题。学生根据项目需求自由编程，可以通过多种方式来实现模拟效果。

1. 变量初始化

设置初始值，模拟病毒未开始传播的状态。引入人口总数全局变量，设置初始值为100，健康的人数也是100，但是程序开始运行后，随着人口流动动态检测，有人被感染，这时，健康的人数与被感染的人数都会发生变化，可以通过列表更新来检测更新人数变化，如图7-7所示。

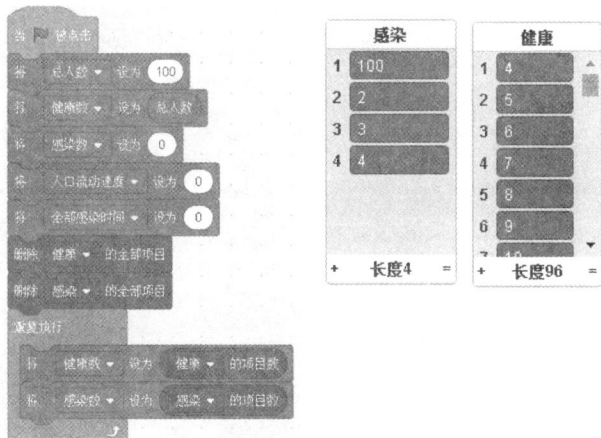

图7-7 变量初始化程序模块示例

2. 克隆体的操作

可以通过克隆体来生成健康的个体，通过编号变量为每个克隆体赋予"名字"（1、2、3、4……）。当个体作为克隆体启动时，可以移动到随机位置或向随机方向移动来模拟人群流动，如图7-8所示。

图7-8 克隆体模块示例

3. 传播

当编号到达总人数时，编号最后一个人为被感染的人，通过颜色特效将其设置为红色，此时人群中开始出现第一个红色的人，其他克隆体通过侦测颜色来判定是否被感染，如果被感染，就通过外观颜色来反映，将其外观颜色设置为玫红色，同时进行列表更新，如图7-9所示。

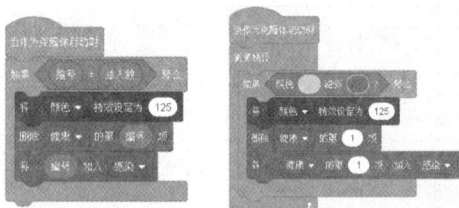

图7-9 传播程序模块示例

4. 统计全部人被感染所需时间

当人群中没有健康的人，即健康数=0时，结束计时，如图7-10所示。

三、第三课时

从模拟病毒传播的程序中你们发现了什么规律？通过模拟整理数据来进行分析。

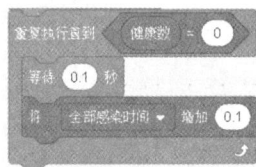

图7-10 统计全部人被感染所需时间程序模块示例

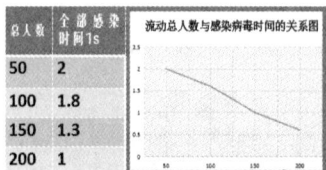

总人数	全部感染时间/s
50	2
100	1.8
150	1.3
200	1

图7-11 流动总人数与感染病毒时间的关系图

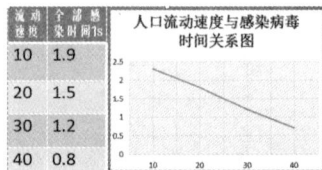

流动速度	全部感染时间/s
10	1.9
20	1.5
30	1.2
40	0.8

图7-12 人口流动速度与感染病毒时间关系图

项目实施

学生得出结论：①当人口流动速度（可用移动步数来表示）一定时，外出人数越多，病毒传播得越快；②当外出人数一定时，人口流动速度越大，病毒传播得越快。简而言之，病毒传播速度与外出人数和人口流动速度成正比，当人们尽量减少外出，也就是降低人口的流动性后，病毒传播速度将放缓。

教师应当对学生进行价值观的正向引导，一旦出现疫情，如果不采取隔离措施，疫情很快就会大范围扩散，这也是为什么疫情暴发初期，国家果断做出封城和居家隔离的根本原因。而"白衣战士"们明知道会被病毒包围，还是义无反顾地冲锋在前，展示出了中国人民在灾难面前众志成城、不怕牺牲的伟大精神。

教师接着引导。一旦发生了疫情，有什么方法可以应对呢？引出隔离感染人员对疫情防控的重要作用。怎样在这个程序模型中体现出隔离对传播时间的影响呢？小组讨论，完善程序。

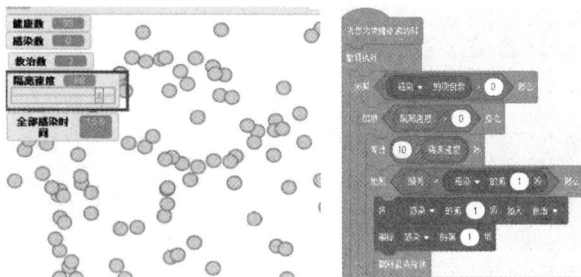

图7-13 隔离感染人员程序模块示例

学生得出结论：如果隔离速度足够快，出现感染者即迅速隔离，那么人群中其他人感染的几率会大幅减低。疫情防控的效果跟隔离的速度有很大的关系。

四、第四课时

本课时进行项目总结，整体评价，拓展提升。

项目评价采用自我评价、小组评价和教师评价相结合的方式。

学生自我评价的要素包括编程概念理解情况、脚本编写情况、作品方案创意性和作品完成情况（见附表1）。小组互评，是学生对本组以外成员的作品做出评价。为了提高小组间互评的效率，教

项目实施

项目实施	师安排1组和2组互评，3组和4组互评，5组和6组互评，以此类推（见附表2）。最后，由教师对各小组的汇报情况进行点评，并借助学生作品评价表（见附表3）对学生作品做出进一步分析。如此一来，既能帮助学生完善项目成果，又能总结项目教学的经验，方便以后的教学。教师在项目完成后，对优秀的小组予以奖励，鼓励学生继续创新。 　　学生可以在课下针对此项目进行拓展，如制作一些小游戏或者科普小程序。 　　程序的完成并不是项目的终结，好的项目需要不断进行拓展、总结。
成果与评价	1.成果呈现方式 "模拟病毒传播"程序。 2.评价方式（单独评价表以附件形式呈现） 　　项目评价采用自我评价、小组间评价和教师评价相结合的方式。

附表1：

"模拟病毒传播"自我评价量表

评价要素	评价分值		
	A（5分）	B（3~4分）	C（1~2分）
积极参与项目，与小组其他成员合作愉快			
各部分脚本全部能理解掌握			
作品完成情况			

附表2：

"模拟病毒传播"小组互评量表

评价项目	评价内容	评价分值		
		A（6分）	B（3~5）分	C（1~2）分
作品规划	1.方案思路清晰			
	2.分配任务合理			
	3.主动接受任务			
作品制作	1.合作意识强烈			
	2.主动提出想法			
	3.解决问题有新意			
作品交流	1.程序创意十足			
	2.程序运行流畅			
	3.接纳他人合理建议			

附表3：

"模拟病毒传播"学生作品评价表

评价要素		评价标准		
		A（8~10分）	B（5~7分）	C（2~4分）
作品创意性	界面美观大方			
	构思独特巧妙			
	逻辑清晰明确			
	内容充实新颖			
作品技术性	脚本可读性强			
	程序运行流畅			

案例19
模拟新冠病毒传播

一、项目基本信息

项目名称	模拟新冠病毒传播	执教教师	
项目学科	信息技术	适用年级	五年级
相关学科	数学		
项目时间		课时数	3
教材资源	山东教育出版社　小学《信息技术》第4册		
项目描述	1. 项目目标（核心问题） （1）熟练掌握Scraino中三种结构、侦测、外观、克隆与变量等的用法，能够选择合适的积木进行编程，解决实际问题。 （2）通过项目式学习，学生能够用数字化方式描述源于生活的创意。 （3）通过探究学习，学生能够掌握"颜色……碰到……"积木的用法。 （4）通过对作品的设计、制作和调试，学生能逐步适应用编程表达创意的数字化表达方式，能在作品中展示自己的观点。 2. 项目背景及实施策略 突如其来的新冠肺炎疫情让大家的生活发生了巨大的变化，无数人为抗击疫情付出了不懈的努力，才使得我们现在拥有相对正常的生活。但是，有人放松了警惕，出门不做好防护，给病毒传播提供了可乘之机。为了让大家更加直观地看到新冠病毒传播的过程，提高防护意识，设计此项目。 该项目是在学生学习了Scraino图形化编程基础知识的前提下进行的。项目实施采用多课时、小组合作、探究学习等方式，教师提供微视频、评价表等学习工具。			

项目流程图	模拟新冠病毒传播	项目引入	创设情境，提出项目	根据情境，提取有效信息	信息意识
		项目分析	小组讨论，确定方案	根据所学编程知识与生活经验，提出解决方案	数字化学习与创新
				确定小组成员分工	
		项目实施	绘制流程图，搭建程序	顺序、循环、分支	计算思维
				变量	
				克隆	
				侦测	
				外观	
		项目总结	项目总结，拓展评价	项目成果展示	信息社会责任
				项目评价	

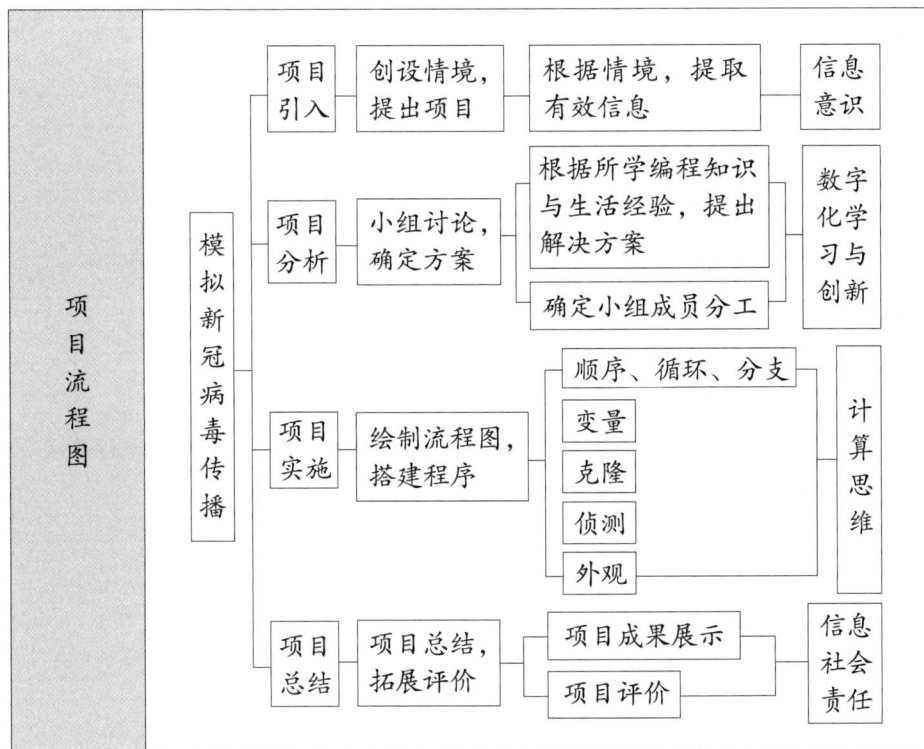

二、项目过程设计

一、第一课时

1.创设情境，提出项目

播放录音《新冠病毒的自白》：我是新型冠状病毒，人类已经见识到我的厉害了吧。虽然人类用各种手段残害我的兄弟姐妹，甚至研制出预防我的药物，但还是有不少人类在逛街、聚集时不戴口罩，给了我可乘之机。哼，我是不会被轻易消灭的。

为了消灭病毒，太多的人付出了巨大的努力，但就像录音里说的，还是有人不做好防护。我们应该如何利用学过的编程知识让这些人意识到新冠病毒的严重性呢？

模拟新冠病毒的传播过程，表现其传染力之强，以此引起大家的重视。

项目实施

2. 小组讨论

新冠病毒通过什么途径传播？如何利用Scraino软件模拟新冠病毒的传播？你们想实现什么效果？如何实现这些效果？学生以小组为单位进行讨论，并填写设计表格，如表7-2所示。

表7-2 设计表格

效果	实现方法说明

各小组分享讨论结果，其他同学提出修改意见，教师进行必要的补充。各小组根据修改意见修改、完善设计。

3. 小组分工，确定方案

各组根据表格内容制订初始方案，将项目进行分解，确定小组成员分工，填写小组分工情况表（见附表1）。

二、第二课时

1. 绘制流程图，搭建脚本

教师展示各小组的方案，基本上可以归为两类。

（1）健康人群流动，感染者出现，没有采取措施，慢慢地所有人都被感染。

（2）健康人群流动，感染者出现，没有引起大家重视。感染者达到一定数量后，大家提高防范意识，不再出门，人群流动变为零；同时，医生将感染者隔离治疗。

改变人群流动参数，展示人群流动与感染时间的关系，让大家意识到人群流动越快，感染者越多。

各小组根据方案绘制流程图，尝试搭建脚本。

2. 难点解析

各小组能够利用复制角色或"克隆自己"积木模拟人群，利用"移到随机位置""面向随机数方向"积木模拟"人群流动"，利用"换成……造型"积木实现"感染者出现"的效果。如何模拟"健康人接触感染者后被感染"对于各小组来说比较难实现，需要重点解决。

教师引导学生分析需要的角色、造型，学生借助教师录制的微课，探究需要的积木，搭建脚本进行验证。

学生探究后发现，有两种方法可以模拟"健康人接触感染者后被感染"的情况。方法一：在切换造型的基础上，使用侦测模块中的"颜色……碰到颜色……"积木进行模拟；方法二：不切换造型，利用外观模块中的两个颜色特效积木，也可以模拟"健康人接触感染者后被感染"。

引导学生探究：颜色特效里的数值是否可以修改？这里的数值与具体的颜色有什么关系？

学生探究后得出结论：①颜色特效设为0时，角色保持原先的颜色；②数值超过199，颜色会重新开始；③不同数值对应不同的颜色。学生根据自己的需要设置颜色特效数值。

教师引导学生思考：有几个小组的方案里提到了"人口流动变化"，这个效果如何在Scraino中体现？

教师提醒学生添加一个"人群流动"的变量，将"移动10步"设为"移动人群流动步"，这样一来，移动步数就与人群流动的数值联系起来。如果想要停止人群流动，可以将人口流动变量设为0。

教师提醒学生注意，在脚本搭建的过程中，及时运行程序查看效果，检验脚本是否正确。如果效果不理想，找出问题，修改脚本，再次运行程序，检验脚本是否正确。

三、第三课时

1. 项目汇报

各小组依次进行汇报，小组成员全部参与，汇报内容包含以下三个方面：

（1）展示、讲解项目方案及分工。

（2）展示所有脚本，运行程序，展示程序运行效果。

（3）根据自己的项目谈一谈如何阻止新冠病毒传播。

项目实施	2. 项目评价 项目评价将自我评价与小组评价相结合，各小组填写"模拟新冠病毒传播"项目自我评价表（见附表2）、"模拟新冠病毒传播"项目小组评价表（见附表3）。最后，教师进行点评，选出三组优秀作品，颁发奖状。 3. 总结反思 学生思考：通过本项目，你的收获是什么？你还有什么想法和创意？ 教师鼓励学生根据自己的设想继续进行"模拟新冠病毒传播"项目的研究，希望大家将学到的知识运用到更多的项目研究中。
成果与评价	1. 成果呈现方式 模拟新冠病毒传播的程序。 2. 评价方式（单独评价表以附件形式呈现） 自我评价、小组评价相结合（见附表2、附表3）。

附表1：

"模拟新冠病毒传播"项目式研究小组分工情况表

组名			
组长		分工	
成员1		分工	
成员2		分工	
成员3		分工	

附表2：

"模拟新冠病毒传播"项目自我评价表

评价内容	评价分值		
	5分	3~4分	1~2分
项目参与情况	积极参与	较少参与	未参与
小组合作情况	积极合作	较少合作	未合作
图形化编程掌握情况	熟练掌握	大部分掌握	未掌握
自己负责的部分完成情况	全部完成	大部分完成	未完成

附表3：

"模拟新冠病毒传播"项目小组评价表

评价内容	评价分值		
	5分	3~4分	1~2分
小组任务分配	分工合理	分工比较合理	分工不合理
流程图绘制	准确清晰	比较准确清晰	不够准确清晰
程序运行	准确流畅	稍有卡顿	无法运行
程序运行效果与方案是否一致	完全一致	大部分一致	较少一致
汇报过程	语言生动流畅	讲述比较流畅	讲述卡顿多

案例20
体感游戏制作

一、项目基本信息

项目名称	体感游戏制作	执教教师	
项目学科	信息技术	适用年级	五、六年级
相关学科	信息技术		
项目时间		课时数	4
教材资源	山东教育出版社　小学《信息技术》第4册		
项目描述	1. 项目目标 （1）通过体验游戏，初步了解"体感技术"的相关知识。 （2）掌握Scratch 2.0中对摄像头的调用及命令设置。 （3）使用Scratch 2.0中的链表命令进行动作幅度的实验分析。 2. 项目背景及实施策略 　　Scratch是一款图形化程序设计软件，它以形象、直观的积木式指令的方式代替了枯燥、难记的代码指令，只要像搭积木一样用鼠标拖动指令就能完成程序编写，并且能在"舞台"上看到实时效果。 　　项目通过让学生体验"体感游戏"，引发学生的兴趣和思考；再通过分组研究讨论，让学生了解Scratch中关于摄像头调用的命令；通过链表功能让学生进行动作幅度的实验分析，从而了解体感技术。		

| 项目流程图 | 体感游戏制作 | 项目引入 | 创设情境，提出项目 | 引入情境，驱动探究 | 信息意识 |
| | | | | 信息意识 | |

项目流程图

体感游戏制作

项目引入	创设情境，提出项目	引入情境，驱动探究	信息意识

| 项目分析 | 小组讨论，确定方案 | 根据所学和提供知识，确定项目方案 | 创新意识 |
| | | 确定小组成员分工 | |

项目实施	绘制流程图，搭建程序	调用摄像头命令的使用	计算思维
		调用视频设置命令的使用	
		链表调试动作幅度的使用	
		顺序循环分支结构侦测	

| 项目总结 | 项目总结，拓展评价 | 项目成果展示 | 拓展意识 |
| | | 项目成功评价 | |

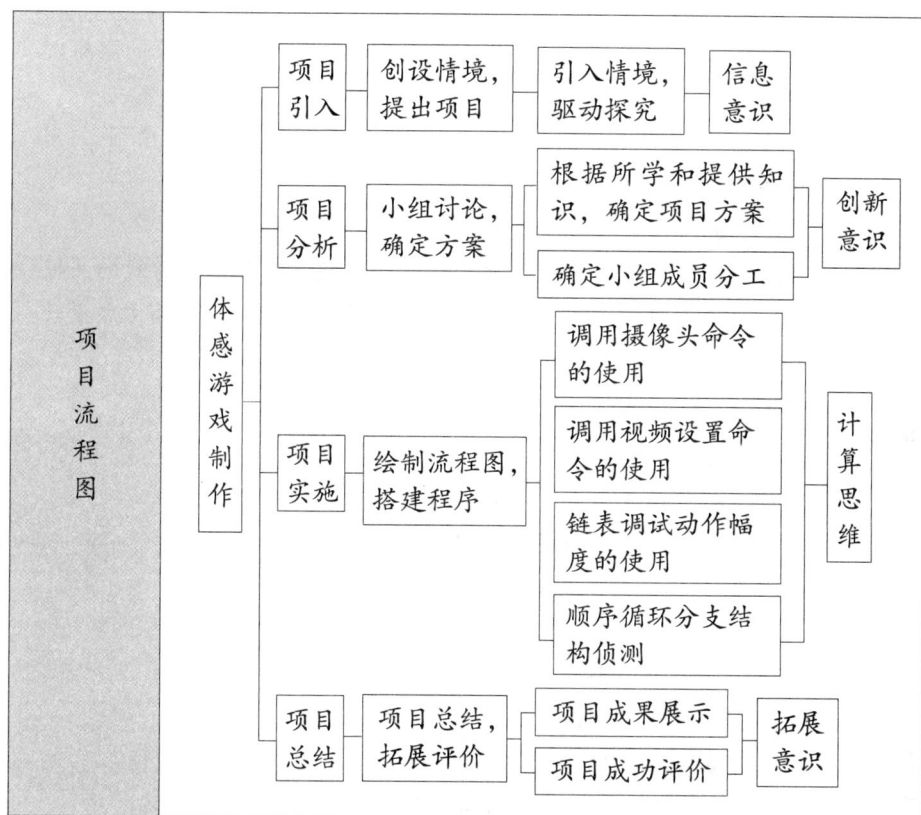

二、项目过程设计

项目实施

一、第一课时

1. 创设情境，提出项目

让学生体验一款切水果的体感小游戏，让学生在玩游戏的过程中体验体感技术。引导学生发现真实的动作可以在电脑屏幕上产生相对应的变化，不同动作幅度切开水果的效果不同，从而了解体感捕捉技术在日常生活中的应用。

2. 小组讨论，确定方案

看演示，听讲解，了解"体感技术"和"体感游戏"的相关知识。这种使用肢体动作替代复杂的控制设备、直接与周边的装置或环境互动、使人有身临其境的感觉的技术就是体感技术，而利用摄像头捕捉人的动作和方向数据、实现直接的人机互动效果的游戏就是体感游戏。

在充分调动学生兴趣的基础上，设置具体探究项目，用Scratch 2.0软件设计一个体感小游戏。

3. 分组合作学习，讨论交流方案

分组进行充分讨论，初步制订设计方案。实现体感游戏的关键功能需要用到Scratch中哪些编程模块和命令？讨论后填写方案设计（见附表1）。

4. 制订项目计划

（1）设计规划表和流程图。

（2）将摄像头与电脑相互连接。

（3）Scratch 调用摄像头的命令。

（4）Scratch 设置屏幕清晰度的命令。

（5）Scratch 捕捉动作的设置命令。

（6）Scratch 捕捉动作幅度的设置命令。

（7）整体程序的运行和调试。

二、第二课时

按照制订的项目计划，分组探究实现。

1. 将摄像头与电脑相互连接

将带有USB接口的摄像头连接到电脑端。

2. Scratch调用摄像头的命令

尝试在Scratch软件中开启摄像头，并调整屏幕清晰度为透明。

（1）在侦测里可以找到调用摄像头的命令。在确保摄像头和计算机已经连接好的基础上，执行调用 将摄像头 开启 命令，"舞台"中就会自动呈现出摄像范围内的影像。小组探究讨论并动手操作一下。

图7-14 侦测指令界面

（2）调整屏幕清晰度为透明。摄像头开启之后，"舞台"是一片灰蒙蒙的状态。使用一个命令可以调整"舞台"的透明度，试着找一下。参数的默认状态是50%，也就是现在"舞台"的状态，如图7-15所示。

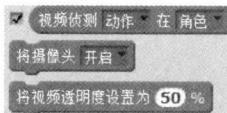

图7-15 调整屏幕清晰度为透明

体验不同的参数设置，感受"舞台"的变化。小组探究讨论，验证猜想。

命令的范围是0~100，值越小越透明、清晰，值越大越不透明、越接近白色。

通过操作，了解命令参数的范围及作用，并根据编程需求设置好参数。因为体感游戏需要透明的"舞台"，所以设定的值要小一些，也可以为0。

找到 将视频透明度设置为 ● % 命令，拖入脚本区。

三、第三课时

1.Scratch中捕捉动作和角色互动设置命令

"舞台"上的角色需要依靠摄像头检测到"舞台"外的人做出的动作，因此要使用 视频侦测 动作 ▼ 在 角色 ▼ 上 命令，但这条命令不能单独使用，它需要先与逻辑运算命令 ● > ● 组成一个条件命令，再和控制模块中的条件判断命令一起组合使用。组合方式如图7-16所示。

图7-16 命令的组合使用

2.Scratch中捕捉动作幅度设置命令

如何确定动作幅度的范围？教师引出Scratch软件中的"链表"功能，学生分组讨论利用"链表"制作视频检测的思路，形成最终的编程结构和思路。

Scratch中的"链表"功能可以帮我们记录实验的数据，利用"链表"程序来完成"检测动作幅度大小"的实验。

在数据模块里找到新建"链表"并创建完成"链表"程序设计，如图7-17所示。

<table>
<tr><td rowspan="2">项目实施</td><td>

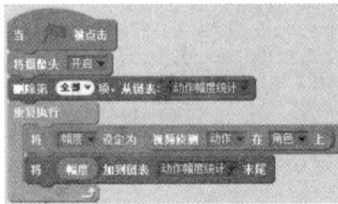

图7-17 "链表"程序设计

用"链表"记录统计实验数据，观察数据变化，总结规律。

当角色的动作幅度范围（角色感应到的动作幅度）大于一个数值的时候，角色可以做相关动作。

动作幅度最大值是100，最小值是0。值越大，需要的动作幅度越大；值越小，需要的动作幅度越小，角色的敏感度越强。

通过实验及数据统计与分析，了解命令参数的范围及作用，为下一步根据编程需求加入水果的角色设置参数做好准备。

四、第四课时

体感项目展示汇报。

每个小组准备好"体感游戏"上台汇报，并且用PPT演示文稿说明设计理念、编程创意、功能设想分析等。

</td></tr>
</table>

成果与评价	1. 成果呈现方式 "体感游戏"及演示PPT。 2. 评价方式（单独评价表以附件形式呈现） 填写项目评价表。

附表1：

"体感游戏制作"方案设计表

体感游戏	
游戏体验	关键命令

附表2:

"体感游戏制作"小组分工情况表

组名		组长	
成员1		分工	设备连接
成员2		分工	编程设计
成员3		分工	项目体验

附表3:

"体感游戏制作"评价表

小组名称	编程创意（1~10分）	功能实现程度（1~10分）	汇报是否清晰完整（1~10分）	合计
第一小组				
第二小组				
第三小组				
第四小组				
……				

案例21
一起去寻宝

一、项目基本信息

项目名称	一起去寻宝	执教教师	
项目学科	信息技术	适用年级	五年级
相关学科	科学、数学		
项目时间		课时数	4
教材资源	山东教育出版社 小学《信息技术》第4册第7课		
项目描述	1. 项目目标（核心问题） （1）在Scraino软件中，学会用键盘控制角色，设置角色运动方向、设置碰到颜色积木、设置角色大小。 （2）通过分析游戏规则，明确需要解决的关键问题。 （3）养成用计算机解决实际问题的思维方式。 （4）通过小组协作互助学习，学会画教室或校园的平面图。 2. 项目背景及实施策略 该项目是在学生学习了Scraino图形化编程基础知识的前提下进行的。本项目融入了地图的绘制，一般来讲，地图是用简明的线条表达清晰的路线的工具，但学生制作的地图可以有更多创意。本项目不仅综合了编程和地图的制作，还融入了创作者对教室或者学校的感情，这使得本项目不再只是单纯地编写程序，还加入了艺术的美感和作者的情感。 该项目实施采用多课时、小组合作探究方式，教师提供必要的材料及工具，如文具、评价表等。		

项目流程图 — 一起去寻宝

- 项目引入 — 创设情境，提出项目 — 提出问题，创设情境，规划方案
- 项目分析 — 小组讨论，确定方案 — 确定寻宝情境 — 信息意识
- 项目实施
  - 绘制情境纸质平面图
    - 讨论绘图前的准备工作
    - 实地测量，记录数据
    - 手绘情境平面图
    - 计算思维
  - 绘制情境电子平面图 — 利用电脑软件绘制电子平面图
  - Scraino搭建程序
    - 根据游戏规则，学生尝试搭建程序
    - 师生共同讨论搭建程序所用积木
    - 学生展示程序，试玩游戏交流心得
    - 数字化学习与创新
  - 游戏升级
    - 交流创意想法
    - 实现创意
    - 展示评价
    - 信息社会责任
- 项目总结 — 项目总结，拓展评价 — 项目启示 / 项目评价

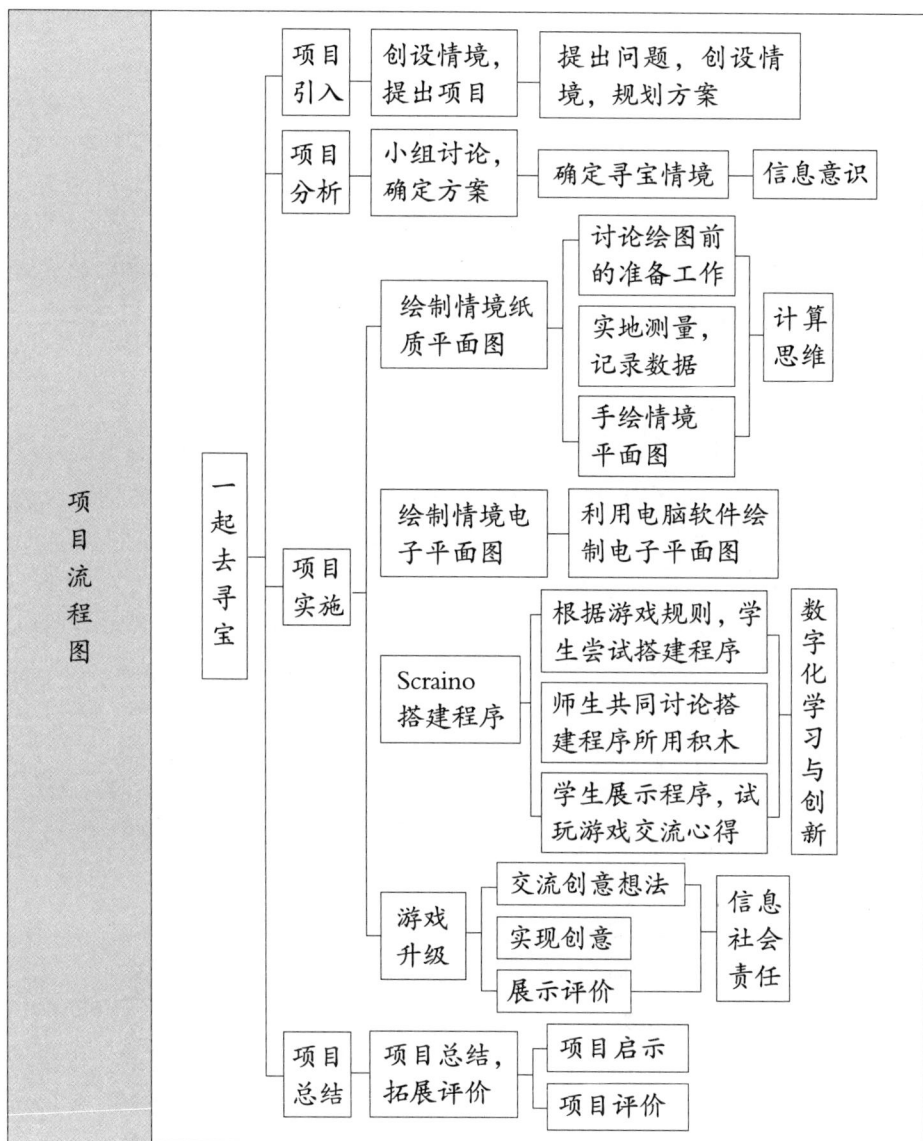

二、项目过程设计

项目实施	一、第一课时 1.创设情境，提出项目 教师询问：同学们是否喜欢看探险类的动画片？

让学生说一下喜欢看的原因。

学生1：探险类动画片很刺激，剧情很吸引人。

学生2：探险类动画片能锻炼我们的思维能力和逻辑思考能力。

学生3：探险类动画片剧情精妙绝伦，各种场景特别美。

…………

教师：探险类动画片充满了未知和挑战！教师根据同学们的爱好做了一款同学们喜欢的寻宝游戏，大家试着玩一下，你们一定感兴趣！

学生试玩游戏。

2. 小组讨论，确定方案

教师：同学们回忆试玩游戏的过程，小组思考讨论游戏规则。

分组汇报，师生交流，共同确定游戏规则。

小组1：游戏通过键盘的方向键来控制小甲虫穿越迷宫；如果小甲虫走到路线外，则回到起点重新开始；当小甲虫找到藏宝图时，藏宝图移动到"舞台"中央并变大，游戏结束。

小组2：我们组和一组不同的是，我们通过键盘中的A、S、D、F键控制小甲虫穿越迷宫。

…………

游戏需要遵循以下规则：

（1）键盘控制角色。

（2）甲虫走到路线外，回到原点。

（3）甲虫找到藏宝图，藏宝图移到"舞台"中央并变大。

3. 确定寻宝情境

教师：教师提供的试玩游戏的背景是户外，如果让同学们在我们熟悉的环境中寻宝，同学们会选择什么样的场景呢？

学生分组讨论，以小组为单位汇报交流。

小组1：我们组确定以大家共同的学习环境教室为场景，推荐理由是我们是教室的小主人，我们爱我们的教室。

小组2：我们组确定以校园为游戏场景，推荐理由是我们的校园环境优美，有花园、草坪等都体现了我们学校的特色，在这样的

项目实施

项目实施

场景中寻宝一定很刺激!

…………

同学们想法多样、理由充分,我们以投票的方式确定寻宝场景。

学生投票确定最终场景。

二、第二课时

通过上节课的讨论交流,我们深入分析了游戏规则,确定了游戏场景,今天就让我们动手绘制地图吧!

1. 绘图前的准备工作

(1)学生按照自己的理解绘制草图,思考自己认为正式绘图前要知道的内容,并填写情境平面图绘制表(见附表2)。

(2)小组内讨论交流,互相补充。

(3)小组推选代表发言。

(4)师生共同总结,得出绘图前应做的准备工作及基本步骤。

工具准备:指南针、卷尺、直尺、绘图三角板、铅笔、橡皮擦。

小组成员分工:填写"一起去寻宝"项目式研究小组分工情况表(见附表1),成员分工包括组长兼检查员,另外还有数据测量员、数据记录员、数据计算员、绘图员、小组讲解员等。

测绘时间安排:测量10分钟;根据比例尺计算绘制数据5分钟;设计图例5分钟;绘制平面图15分钟。

绘制平面图要具备的三要素:方向、比例尺、图例和标记。教师分别讲解三要素并举例说明。

2. 实地测量

各小组根据组内成员分工,量一量,算一算。各司其职、通力合作,顺利完成测量。

3. 小组合作绘制平面图

小组合作,先绘制纸制的平面图。

4. 交流展示,修改细化平面图

经过讨论交流,总结建议,修改平面图。

三、第三课时

1. 绘制电子平面图

项目实施

我们上节课绘制的纸质平面图，在本节课需要将它转化成电子平面图，我们可以使用哪些软件来实现呢？

学生1：用Word 。

学生2：用PowerPoint。

同学们想到的这几款软件都可以实现，请大家自由选择，需要注意的是道路和固定物品位置的颜色要区分开来。

学生绘制电子平面图，截屏保存图片作为寻宝游戏背景。

2. 搭建程序，开启寻宝之旅

（1）选择合适的角色进行本节课的程序设计。

（2）学生根据游戏规则，自由探索设计程序。

教师巡视了解学生的操作情况，给予及时指导。

（3）师生共同探索所用到的积木。

学生1：在事件模块中，"当按下……时"积木可以帮助我们用键盘控制角色。

学生2：在运动模块中，"移动……步"和"面向……"积木可以修改参数值，改变角色运动速度和方向。

学生3：在侦测模块中，"碰到……"积木可以侦测角色碰到的颜色，从而判断角色是否走到了路线外，帮助藏宝图移到"舞台"中央。

学生5：在外观模块中，"将大小增加……"和"将大小设为……"积木可以设置角色大小。

…………

3. 修改完善程序

经过讨论交流，总结建议，完善程序。

4. 学生展示程序

学生互相试玩游戏，交流心得。

四、第四课时

1. 游戏升级

寻找藏宝图的路上会有很多诱惑，小甲虫一旦上当会有什么后果呢？你们还有什么想法吗？

项目实施	学生1：在途中放置甜甜圈，小甲虫一旦吃了就会变大，游戏结束。 学生2：在途中放置炸弹，小甲虫碰到炸弹，炸弹爆炸，游戏结束。 同学们的点子可真不少，我们赶快来实现它吧！ 2. 实现创意 学生在已完成的寻宝游戏的基础上发挥创意，进一步完善游戏内容。 3. 展示评价 通过师评、小组评、个人评相结合的方式，评价出"最美纸质平面图奖"3组、"最美电子平面图奖"3人、"最佳程序创意奖"3人。 教师要尊重学生的想法，肯定学生为之付出的努力，捕捉作品中的闪光点，及时鼓励。颁发奖品，奖品为3D打印作品。 4. 总结 你们在完成任务的过程中得到了什么启示？有哪些收获？ 对于同学的作品你们有什么好的建议？
成果与评价	1. 成果呈现方式 "一起去寻宝"游戏程序。 2. 评价方式（单独评价表以附件形式呈现） 自我评价、小组评价相结合（见附表3）。

附表1：

"一起去寻宝"项目小组成员分工情况表

组名			
组长		分工	
成员1		分工	
成员2		分工	
成员3		分工	

附表2:

"一起去寻宝"情境平面图绘制表

设计者		组号	

草图设计	

测量数据	教室数据						校园数据						
	长	宽	前门	后门	课桌	桌间距	长	宽	操场	校门	花坛	草坪	教学楼

正式绘图	

附表3:

"一起去寻宝"项目过程性评价表

评价项目	评价内容	评价分值			
		6分	4~5分	3分	1~2分
小组分工	1.分配任务合理				
	2.主动接受任务				
学习态度	1.积极参与				
	2.主动提出想法				
	3.积极克服困难				
合作交流	1.主动与小组其他成员合作				
	2.善于倾听他人意见				
	3.对小组学习做出贡献				
学习能力	1.知识学习掌握程度高				
	2.学习方法得当				
创新创造	1.作品具有创新性				
	2.解决生活中的实际问题				
展示交流	1.讲解清晰,自信大方				
	2.全组成员参与,及时与台下同学互动交流				
数据记录	1.及时完成记录				
	2.数据分析完整,严谨				

案例22
神奇的画笔

一、项目基本信息

项目名称	神奇的画笔	执教教师	
项目学科	信息技术	适用年级	五年级
相关学科	美术		
项目时间		课时数	3
教材资源	山东教育出版社 小学《信息技术》第4册第11课		
	1.项目目标（核心问题） （1）引入Python扩展库的方法。 （2）掌握画笔扩展库的基本使用方法。 （3）通过绘制几何图形，使学生明确规则图形的绘制流程，掌握它的程序结构。 （4）通过项目式学习，使学生能将源于生活的创意利用数字化方式加以描述。 （5）通过探究学习，由学生自主实现旧知识的迁移，学习与他人合作。 （6）能够通过具体现象发现事物（规则图形的变换）的本质。扩展思维，学习将生活中的问题通过创新思维进行解决。 2.项目背景及实施策略 电脑绘画一般是利用绘图软件来实现，对艺术修养和软件的使用有很高的要求，在某种程度也上限制了学生的发展，而Scraino中的画笔模块恰好可以解决这个问题。一些有		

项目描述	趣的图形，不仅可以通过编程软件轻松实现，还能提高学生的兴趣，培养学生利用计算机思维解决问题的能力。本项目学习设计一个能绘制百变图形的程序，将编程与绘画有机结合起来，体现了学科间的融合性，很好地将信息技术应用到生活中。 　　项目实施采用多课时，以自主探究、小组合作探究等方式进行，教师提供必要的学习指导和评价工具。
项目流程图	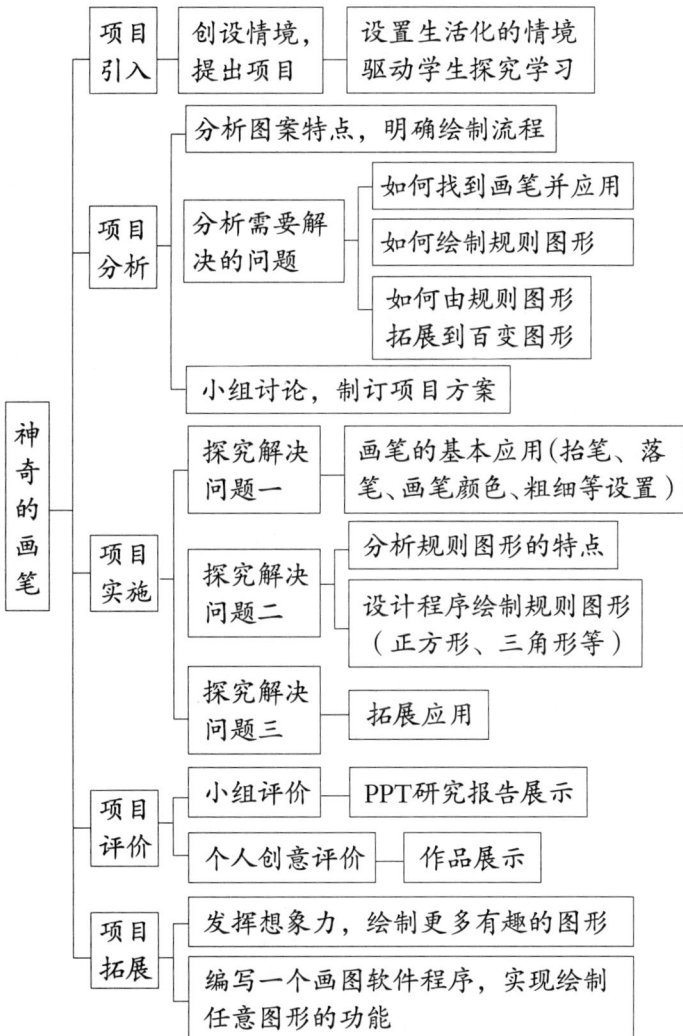

二、项目过程设计

项目实施

一、第一课时

1. 创设情境，提出项目

观摩学校组织的绘画展上的作品。

教师提问：你们有什么发现？这些作品有什么特点？

学生说一说。

今天我们换个方式来完成这样的作品，利用编程来画画。如果让你们设计一个程序来绘制这些图案，你们会怎样设计？

小组讨论，并总结出本组的观点进行汇报。教师总结各个小组的观点。

2. 小组讨论，确定方案

分组进行探究学习，选定要绘制的图案，思考如何实现这个效果。

填写项目方案（见附表1），各小组展示项目方案，并确定本组项目最先解决的问题是什么。（各小组选择的绘制的图形不同，解决的方法略有差别。）

通过分析总结，首先要找到画笔模块并学习它的使用方法。

3. 添加画笔模块，学习应用

学生自主探究，找到画笔模块并学习它的使用方法。学生汇报探究结果，教师总结。

反复落笔、抬笔、全部清除、设置笔的粗细、颜色等积木的使用；练习搭建积木画直线、虚线等线条，掌握画笔的基本应用。

教师巡视指导学习，并对小组合作学习给出评价。

二、第二课时

1. 再次完善方案，明确需要解决的问题

以小组为单位，根据所学知识再次修改完善项目方案。

2. 解决方案中提出的问题

（1）规则图形的特点是什么？

（2）如何画出单个的规则图形？

（3）如何由单个规则图形得到百变图形？

<table>
<tr>
<td rowspan="2">项目实施</td>
<td>

各小组进行讨论，找出图形的特点，明确设计程序的方向。争取小组中每个成员都能独立完成程序编写，然后选择一个最优的程序结构进行展示。

展示完毕后，小组成员再次探讨，进一步理清编程原理和结构顺序。

学习资源包括：①课本第48~50页的内容；②E盘上"神奇的画笔"学习课件。

对于出现的问题及学生提出的疑问，教师随堂解决。

三、第三课时

1. 项目展示

举行成果发布会，以小组为单位进行展示，有解说，有演示，个别重要的地方有详细说明（要求制作成PPT演示文稿）。

2. 项目评价

评价展示小组的优缺点，并给予相应的分数，填写综合评价表（见附表2）。

教师总结，奖励优胜小组（前三名）。

3. 拓展提升

其实Scraino的绘画功能远不止如此，我们还可以画出这样的图画、制作出这样的绘画程序等（教师播放课件图片、视频），下面给大家一点时间来创作一些自己的作品吧。

挑战自我：同学们结合前面所学的知识，画出更有创意的图形。适当展示创意作品，并介绍思路。对创意设计进行评价，填写创意作品评价表（见附表3）。

</td>
</tr>
</table>

成果与评价	1. 成果呈现方式 PPT演示文稿，绘画程序。 2. 评价方式（单独评价表以附件形式呈现） 小组综合评价结合个人创意评价。

附表1:

"神奇的画笔"项目方案

一、选择要绘制的图案
A   B   C   D
二、图案的特点（至少写两项）
1. 2. 3. 4.
三、需要解决的问题（可以书写条目或者画出解决问题的流程图）
四、程序结构流程图

（续表）

五、本项目中你们认为最难的地方是什么？是否解决了？（两句话写明）

附件2：

"神奇的画笔"项目式研究综合评价表

	设计方案	程序结构	效果	总分
组内评价				
组间评价				
教师评价				
备注：单项每项满分10分，总分90分				

附表3：

"神奇的画笔"创意作品评价表

	创意点	程序结构	作品呈现	总分
个人评价				
成员评价				
教师评价				
备注：单项每项满分10分，总分90分				

■第八章
Python编程相关案例

　　Python程序设计是近几年中小学信息技术课程中新增加的内容，旨在培养学生的计算思维及问题解决能力。随着人工智能技术的不断应用和普及，Python越来越显示出其在人工智能方面的强大优势，优美、简洁的编程风格使其从众多编程语言中脱颖而出，成为目前中小学编程学习的首选。

案例23
模拟路边停车

一、项目基本信息

项目名称	模拟路边停车	执教教师	
项目学科	信息技术	适用年级	九年级
相关学科	数学		
项目时间		课时数	3~4
教材资源	山东教育出版社 初中《信息技术》第4册第9~12课		
项目描述	1. 项目目标（核心问题） （1）学习使用Python程序设计自定义函数、函数调用、递归算法、计数循环功能。 （2）通过收集信息、小组互助、上机实践、请教老师，掌握Python中自定义函数和调用函数的方法，灵活使用自定义函数，了解递归算法思想，巩固计数循环。 （3）引导学生积极思索、主动探究，培养学生的合作意识和计算思维。比较路边随机停车和规划车位内停车两种方案的优劣，倡导规范停车，提高个人修养。 2. 项目背景及实施策略 初中信息技术教材第4册Python程序设计模块，包含基础语法、条件判断、循环和代码调用等内容。初中学生尚未接触编程语言，这一模块的学习可以激发学生的学习兴趣，将程序设计与日常生活结合，并进一步把Python应用于解决实际问题。教学设计重点引导学生将生活中的具体问题转化为数学问题，通过数学方法和信息技术手段培养学生解决实际问题的能力，初步感知数学建模思想。		

项目描述	现实生活中，"停车难"的问题处处可见。在路况已定的前提下，实现停车位的利用最大化很有必要。本节课引导学生自主探究，采用小组合作等方式，最终通过Python程序模拟实际情况，培养学生建立计算思维，提升学生信息素养。
项目流程图	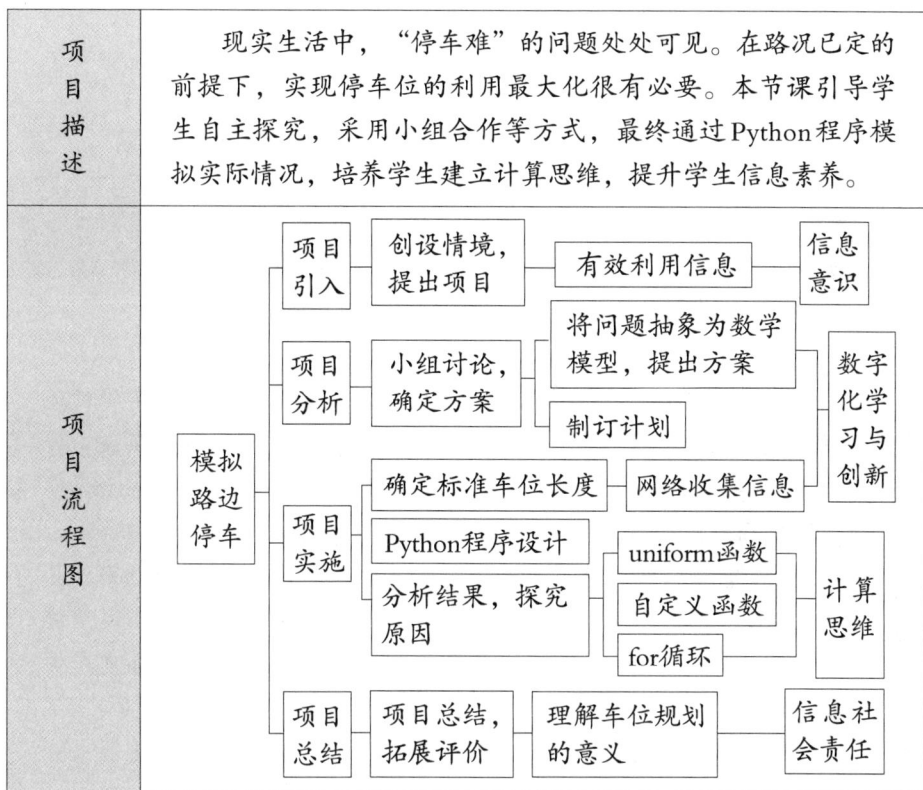

二、项目过程设计

项目实施	**一、第一课时** 1. 创设情境，提出项目 　　家用汽车丰富了人们的出行方式，给我们的生活提供了便利。但随之而来的"停车难"问题也困扰着人们。有些车主只顾个人方便，将车辆随意停放，给其他人造成困扰。随意停车究竟会导致多大程度的空间闲置？让我们用Python模拟一个路边停车的情境来演示一下。 　　一段500米的公路，没有规划车位，但可以在路的某一边单侧停放汽车。先到车辆随意选位，后续车辆在剩余位置中依然随意选位，直到停满为止。所有汽车均为小型汽车，暂不考虑其他车型。引导学生思考如何在Python中自定义一个函数parking（），得到此情景下的最大停车数量。

学生自主探究：小型汽车标准车位的长度、自定义函数、递归思想、如何实现计数循环等问题。

2. 小组讨论，确定方案

（1）将停车问题抽象成数学模型，模拟第一次停车。

（2）采用计数循环模拟实现多次停车的情况，求平均值以减小误差。

（3）分组进行充分讨论，初步制订解决方案。

3. 制订项目计划

（1）将实际问题抽象为数学模型。教师精讲"模拟汽车停放过程"这一问题，使学生初步理解停车函数parking（）如何实现。提出需要解决的问题：小型汽车标准车位的长度、递归算法random库中随机函数uniform（）。

（2）学生收集信息。分工收集小型汽车标准车位的长度、递归算法、random库中随机函数uniform（）、for循环格式等的具体做法（见附表1）。使用for循环格式多次调用parking（）函数得到平均值，教师提供函数uniform（）的简介和使用说明、微课等资源。

（3）以阶乘为例介绍递归思想。引导学生使用递归思想解决阶乘问题，初步学会使用递归，为后续设计模拟停车做铺垫。

（4）完成自定义函数parking（）。

（5）多次调用parking（）函数求平均值，与规划车位的利用情况比较，提倡规范停车。

4.完成阶乘小程序

学生在文件编辑模式下完成阶乘小程序，并完成后续测试。递归算法求非负整数n的阶乘：定义0! =1，n! =1*2*3……*n。

```python
def fact（n）:
    if n==0:
        return_____
    else:
        return n*fact（_____）
```

测试：
```python
n=int（input（"请输入一个非负整数n="））
fact（n）
```

项目实施

测试：为n赋值不同的非负整数，建议fact（0—15）。教师简单解释系统运算时间过长的原因：反复调用，代码简单但效率不高，算法复杂。

教师布置课后任务：思考parking（ ）函数需要提供几个数值（参数）？

二、第二课时

结合例题说明递归思想和函数定义方法，巩固旧知，理解递归思想中的两大要素：边界条件和递归链条。给出函数框架，学生完善（粗体部分）。

```
def parking（start,end）:              #自定义函数
    if end−start<5:                   #边界条件
        return 0
    else:
        x=uniform（start,end−5）       #随机函数先导入库或者函数
        return parking（start,x）+1+parking（x+5,end）  #递归链条
```

在函数中设置两个参数：start、end，分别指的是起点位置和终点位置。函数递归调用中，第一次的起点和终点即路的起点和终点。在以后的调用中会发生变化，如第一次随机函数对应的x即为新的end，则x+5是另一条线段start。

（1）引导学生完善程序并上机运行，以小组为单位反馈得到的停车数值最大值，完成数据记录表（见附件2）。

（2）小组讨论，思考调用函数parking（ ）得到的数值小于100原因。

（3）学生在计算机上运行程序。uniform（ ）函数随机性，计算机不会"考虑"为后面的汽车留好位置，所以停车时要尽力做到有序停放，做到人人为我，我为人人。

（4）增强模拟停车的真实性，展示计算机"停车"时车辆的具体位置。学生可加入以下代码（加粗部分）观察停车的位置。

```
from random import uniform  #从random库导入uniform函数
list=[ ]                    #列表存放每次停车随机位置，简介
def parking（start,end）：    #自定义函数
    if end−start<5:
        return 0
    else：
    x=uniform（start, end−5）
    list.append（round（x, 2））#给学生简单说明round函数的功能
    return parking（start, x）+1+parking（x+5, end）
print（parking（0, 500））
print（list）                 #列表为按时间顺序排序的汽车停放位置
print（list.sort（））          #列表按位置排序，增强可读性
```

引导学生观察"任性"的"司机们"停放汽车的位置。随意选位造成了大量空间闲置与资源浪费，所以真实停车数量比计划停车数量的情况少25%左右。（特别说明：上述程序列表部分语句仅为学生兴趣和模拟真实情况而设计，非自定义函数的必要部分，就降低算法复杂度而言，可省略。）

（5）和学生共同完成本课小结：通过编写parking（）函数，模拟了一次停车过程，获得了最大停车量的数据。教师要对学生进行鼓励表扬，预先告知学生下一个课时的学习内容，即多次调用自定义的parking（）函数来模拟停车情况以接近真实情境。

如何实现计算机模拟停车10次、100次、1000次，继续激发学生的好奇心。

教师布置课后任务，让学生自行上网查询关键词：Python for range，预习计数循环。

三、第三课时

学生通过编写、调用parking（）函数实现了一次模拟停车，发现停放车辆的数量远远小于预期。一次模拟的结果必定具有偶然

项目实施

性，如何才能接近真实的随机停车情况呢？教师引导学生多次调用函数计算平均值，学习计数循环。

（1）学生自主探究计数循环格式：for i in range（m，n，k）。

尝试给m，n，k分别赋值，学会实现计数循环，教师适当指导。

得出结论，初始值默认为0，运行至终值为−1，每次增加步长，步长默认为1。

（2）学生在文件编辑模式下打开文件parking，思考如何完善程序，模拟车辆停放100次，教师给予指导。

```
sum=0
for i in range（1,___）:
    sum=sum+parking（0,500）
    ave=sum/（___）
```

print（"经过{}次尝试，平均每次停车{:.1f}辆".format（i,ave））

学生思考：如果模拟车辆停放1000次，如何修改程序？填写数据记录表（见附表2）。

经过多次测试，结果发现停车数量稳定在75辆左右，远远低于100，造成大约25%的空间浪费。因此停车时不要"任性"，一定停放在规定位置，规范停车体现的是个人素质。

（3）教师与学生共同完成项目总结：本项目中，通过蒙特卡洛算法和递归思想，以Python为工具，完成了模拟停放汽车的过程。解决问题时，建立数学模型是十分关键的一步，也是十分困难的一步。如果不能把纷乱的实际问题简化抽象，后续工作就无从做起。在本项目中我们将道路、汽车抽象成数学中最简单的线段模型，从而完成建模。这一过程的本质就是一个数学建模过程，在解决问题的过程中，不可避免地要遇到各种障碍，比如本课中如何实现随机位置（random库）、递归思想、计数循环等，完全可以放手让学生自行收集信息进行学习，这是在信息社会必须具备的能力。要充分发挥大数据学习环境的优势，才能用计算机更好地解决各种实际问题。

1.成果呈现方式

"模拟路边停车"程序展示：

```
from random import uniform
list=[ ]                    #非必要可省略
def parking（start, end）:
    if end−start<5:
        return 0
    else:
        x=uniform（start, end−5）
        list. append（round（x, 2））  #非必要可省略
        return parking（start, x）+1+parking（x+5, end）
print（"尝试第一次停车，最大停放车辆数量为:", parking（0, 500））
#print（list）                    #非必要可省略
sum=0
for i in range（1,1001）:
    sunt⁺parking（0,500）
    ave= sum/i
print（"经过{}次尝试，每次最多停车{:.1f}辆 ".format（i, ave））
```

2.评价方式

填写过程性评价表（见附表3）。

成果与评价

附表1：

"模拟路边停车"项目式研究小组情况表

组长		分工	对项目整体进行组织、分配、引领、协调
成员1		分工	搜索小型汽车标准车位的长度
成员2		分工	搜索random库中随机函数 uniform（ ）
成员3		分工	for循环格式
成员4		分工	搜索递归算法
所有成员共同完善阶乘函数fact（n），并完成数据测试			

附表2:

"模拟路边停车"项目式研究数据记录表

名称	结果
第一组停车最大数量	
第二组停车最大数量	
第三组停车最大数量	
停车10次平均数	
停车100次平均数	
停车1000次平均数	

附表3:

"模拟路边停车"过程性评价表

评价项目	评价内容	评价分值			
		6分	4~5分	3分	1~2分
小组分工	1.分配任务合理				
	2.主动接受任务				
学习态度	1.积极参与,仔细认真				
	2.勇于质疑				
合作交流	1.主动与小组内其他成员合作				
	2.善于倾听他人意见				
	3.对小组学习做出贡献				
学习能力	知识学习掌握程度高				

案例24
猜数字游戏

一、项目基本信息

项目名称	猜数字游戏	执教教师	
项目学科	信息技术	适用年级	八年级
相关学科	数学		
项目时间		课时数	4
教材资源	山东教育出版社 初中《信息技术》第4册第9、11课		
项目描述	1.项目目标（核心问题） （1）以Python为例，引入编程最基本的逻辑结构：顺序、选择和循环。 （2）通过Python让学生加强逻辑思维。 （3）以Python语言为媒介工具，让计算机模拟游戏角色的逻辑结构。 2.项目背景及实施策略 编程教育不是代码教育，重要的是逻辑思维的养成。本项目的目的正是在于让学生通过入门学习，了解编程的基本构架，培养逻辑思维能力。 通过本项目，学生学到的不仅是代码的基本功能，还要深入理解编程逻辑中的三种基本结构：顺序、选择和循环。顺序是贯穿于所有位置的逻辑，而只有将选择和循环互相叠加嵌套之后，才能组成千变万化的逻辑规律。通过游戏案例的学习实践，逐步理解逻辑思维在实际生活中的应用。		

项目描述	本项目要求学生在已经掌握了Python基本的IDLE操作的基础上，能够保存并调试最基本的代码文件，包括输入、输出和变量的赋值操作。
项目流程图	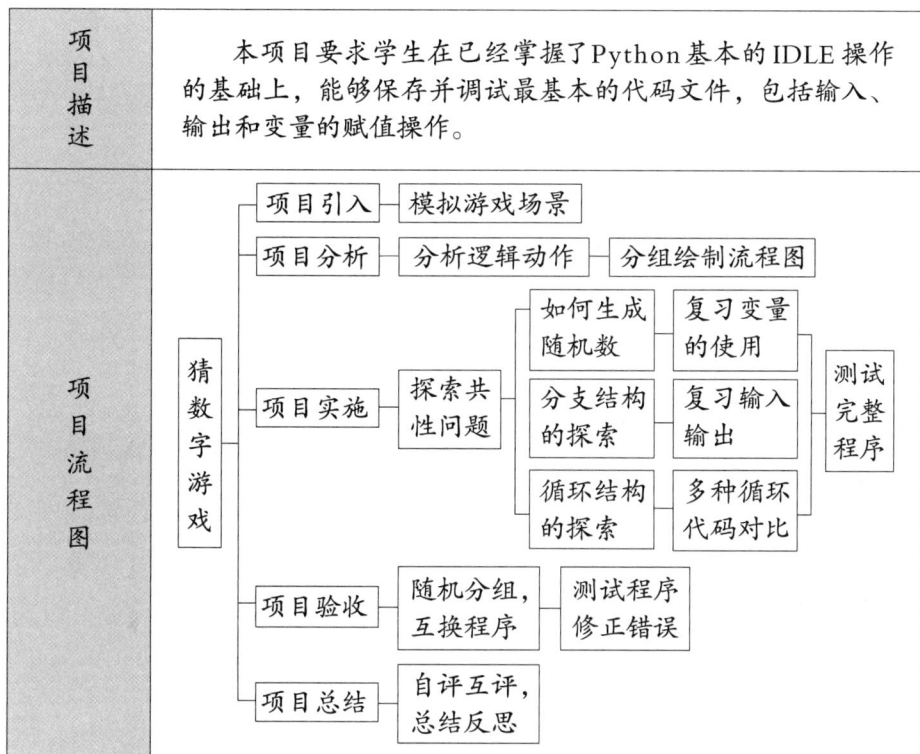

二、项目过程设计

项目实施	**一、第一课时** 1. 找两位同学演示游戏过程 学生甲：随机在纸片上写出100以内的任意整数并遮蔽好。 学生乙：猜数字，学生甲告知"猜对""大了"或"小了"，如此循环，直至学生乙猜对，学生甲揭示纸片上的答案。 2. 启发学生思考程序的逻辑 引导学生剖析"学生甲"的逻辑动作，并梳理流程。 3. 绘制思考流程图 教师分发A4纸，要求学生绘制流程图，下课前上交。 在思考绘制流程图的过程中完成分组，并填写小组分工情况表（见附表1）。不强制要求格式，不要求学生使用标准流程图描述逻辑。

二、第二课时（可与第三课时交叉、互换部分内容）

根据同学们自绘的流程图分组探究，找出需要解决的共性问题。

1. 问题1：如何用Pyhton生成随机数并保存？

启发学生通过百度搜索关键字"Python"和"随机数"，探究用Python生成随机数的代码实现方法。落实知识点random模块的调用和复习使用变量存储数据。

2. 问题2：Python是如何辨别"猜对"和分辨"大小"的？

阅读课本资料，总结if语句的使用格式，实现数字匹配和比较两个数字的大小并反馈正确信息。鼓励并提示学生回忆小学曾经学过的Scratch内容，通过"翻译"手段实现探究过程，并总结在Python中使用if语句时需要注意的格式问题，如图8-1所示。

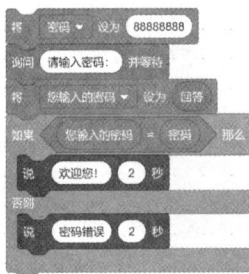

```
key= ' 888888'
k=input（'请输入密码：'）
if k==key:
        print（'欢迎您！'）
else：
        print（'密码错误'）
```

图8-1 if语句的使用格式举例

将单层判断作为过渡，本节课要解决的问题是三种分支情况的处理：等于、大于和小于。同时复习input（）和print（）的使用格式。学生探究过程中可能出现两种思路：if结构的嵌套；使用多重分支elif。通过个别指导启发，尽量使各个小组都完成两种模式的探究实验。

3. 分组编写游戏代码

本阶段完成的游戏设计只能猜一次大小。代码编写示例如下：

```
import random
x=random. randint（1, 100）
a=int（input（' 请输入您猜测的数字（1~100）：'））
if a==x:
```

项目实施

```
        print（'恭喜您，猜对了！'）
     else:
        if a>x:
             print（'您猜的数字大了'）
     else：
             print（'您猜的数字小了'）
```

探究过程中仍然可以鼓励学生使用已经学过的Scratch完成实验，并最终通过"翻译"的方式完成Python代码的书写。在探究过程中提醒学生继续记录bug及处理过程，并填写问题记录表（见附表2）。

三、第三课时（可与第二课时交叉、互换部分内容）

衔接上一节课的内容，继续解决共性问题。

1.问题3：用Python如何实现循环？

完善游戏代码，实现"猜错"以后可以多次"重猜"的操作。

鼓励学生在探究"循环"问题时使用已学过的Scratch完成实验。基本分为三种探究路线：固定"次数"的循环；固定"条件"的循环；无条件循环，使用"中断"或"结束程序"等手段停止循环。

"循环"的代码编写示例如下：

```
        for 循环变量 in range（初值，终值，步长）:
             循环语句块
        while <条件表达式>:
             循环语句块
```

教师根据学生的实际情况，灵活决定是否提出探究问题：break和continue的作用与区别。

按照次数进行循环比较容易理解循环执行的概念，但是for的代码并不直观，教师根据小组探究进度，适当推荐条件循环。

2.初步完成代码编写

观察条件循环的特性，引导学生思考while与简单if的代码相似性（while实际上相当于嵌套了"循环"和"选择"两种逻辑结构）。

仍然鼓励学生在探究实验的过程中使用Scratch进行过渡。

```
import random
x=random. randint（1,100）
a=int（input（'请输入您猜测的数字（1~100）:'））
while a！=x:
    if a>x:
        print（'您猜的数字大了'）
    else:
        print（'您猜的数字小了'）
    a=int（input（'请再次输入数字（1~100）:'））
print（'恭喜您, 猜对了!'）
```

3.进一步完善, 增加功能

根据分组探究情况, 适当鼓励学生增加功能或进一步完善提示信息。

增加功能: ①增加"次数"统计和提示; ②增加更为详尽的游戏提示; ③使用更加诙谐幽默的提示语句; ④（高级）增加对输入数据的验证。在探究过程中提醒学生继续记录bug及处理过程见, 并填写问题记录表（见附表2）。

四、第四课时

1.各组完善程序, 提交测试版

规定完成时间, 由教师随机配对, 分组两两交换程序, 准备进行测试、纠错和验收。

2.分组交换进行成果验收

分组合作, 完成程序的测试、修改等任务, 完成验收记录表（附表3）。

3.总结反馈

小组进行自评互评, 完成过程性评价表（见附表4）, 个人进行总结与反思。

项目实施

成果与评价	1.成果呈现方式 小组提交的最终代码。 2.评价方式（单独评价表以附件形式呈现） 学生分组互相测试程序，完成验收记录表（见附表3）。 组内成员完成自评互评（见附表4，建议使用问卷星等在线工具）。 教师手批各组的"问题记录表"和"验收记录表"（见附表2、3）。

附表1：

"猜数字游戏"项目式研究小组分工情况表

组名			
组长		分工	
成员1		分工	
成员2		分工	
成员3		分工	

附表2：

"猜数字游戏"项目式研究问题记录表

测试人	
bug 描述	
解决方案	
测试人	
bug 描述	
解决方案	

附表3：

"猜数字游戏" 项目式研究验收记录表

测试小组	
被测小组	
程序是否正常运转，能否给出正确结果	
程序强度如何，对于非法输入是否依然正确运行	
程序人性化程度如何，能否对非法输入出相应的回馈和提示	
bug 记录及修改方案： 1. 2. 3.	

附表4：

"猜数字游戏" 过程性评价表

评价项目	评价内容	评价分值			
		6分	4~5分	3分	1~2分
小组分工	1.分配任务合理				
	2.主动接受任务				
学习态度	1.积极参与				
	2.主动提出想法				
	3.积极克服困难				

（续表）

评价项目	评价内容	评价分值			
		6分	4~5分	3分	1~2分
合作交流	1.主动与成员合作				
	2.善于倾听他人意见				
	3.对小组学习做出贡献				
学习能力	1.知识学习掌握程度高				
	2.学习方法得当				
数据记录	1.及时完成记录				
	2.数据分析完整，严谨				

案例25
揭秘密码锁

一、项目基本信息

项目名称	揭秘密码锁	执教教师	
项目学科	信息技术	适用年级	八年级
相关学科	数学		
项目时间		课时数	3
教材资源	山东教育出版社　初中《信息技术》第4册第9课		
项目描述	1. 项目目标（核心问题） （1）掌握流程图绘制方法和Python语言中的选择结构与循环结构。 （2）通过自主探究密码锁的工作过程，掌握选择和循环结构语句。 （3）提高学生的密码安全意识，培养学生的探索精神。 2. 项目背景及实施策略 　　当今社会已进入信息时代，信息更迭迅速，新事物层出不穷。要想在短时间内吸收、甄别、利用信息，需要建立编程思维。 　　所谓"编程思维"就是"理解问题——找出路径"的思维过程，它由四个步骤组成：①分解，把一个复杂的大问题拆解成更好执行、更好理解的小步骤；②模式识别，根据经验找出相似模式，高效解决细分问题；③抽象，聚焦最重要的信息，忽视无用的细节；④算法，一步一步设计解决路径，解决整个问题。 　　这种思维可以让学生透过现象看本质，用一套特有的科学严谨的方法来应对这个繁杂的信息时代，让自己获取快速解决问题的能力。		

		项目引入	创设情境，提出项目	你是否有过忘带钥匙的尴尬
项目流程图	揭秘密码锁	项目分析	小组讨论，确定方案	充分讨论解决问题的方案
				选择本项目方案
				引入流程图
		项目实施	科学规范，有效推进	绘制选择结构流程图
				用流程图指导编程
				绘制循环结构流程图
				用流程图指导编程
				自我创作
		项目总结	多维评价，反馈合理	成果展示
				复合式评价

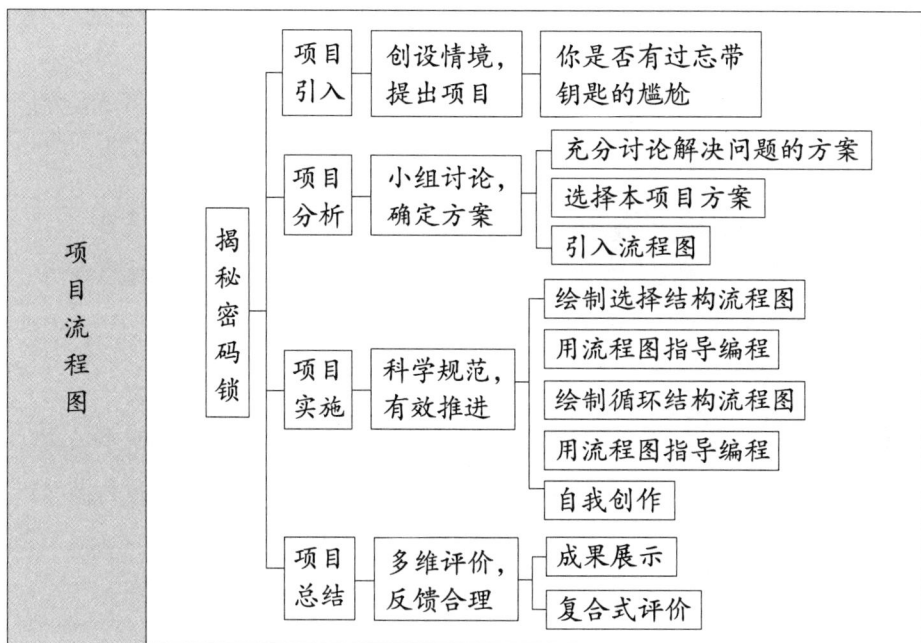

二、项目过程设计

一、第一课时

1. 创设情境，提出问题

生活中，我们一定遇到过一些尴尬的事情，比如下雨天出门忘带雨具，外出旅游时间太长导致家里的植物枯死，忘带钥匙被锁在门外，等等。引导学生说一说自己的尴尬瞬间，激发学生学习的热情，引出本项目的主题——揭秘密码锁。只要我们善于动脑，大胆想象，合理操作，许多问题都可以迎刃而解。

2. 小组讨论，确定方案

引导学生先在小组内部展开充分讨论，梳理好答案后，回答不用钥匙开门的途径，如指纹解锁、人脸识别、手机蓝牙解锁、手机App解锁、门禁卡解锁、密码解锁等。

学生给出的方案可能会更多，教师要全部收集起来，并肯定学生思考和整理方案的过程，引导学生比较不同方案之间的优势和不足。

同学们知道的真多，而且表达得也非常准确。虽然平时你们跟锁打交道的机会不多，但短时间内能够收集到这么丰富的信息，说明同学们获取信息的能力非常强。在信息时代，这种能力特别重要，希望继续保持。

3. 制订项目计划

在刚才梳理的各种无钥匙进入的方案中，密码解锁虽然不是科技含量最高的，但却是现阶段我们可以了解和掌握的一种方案。同学们知道密码锁是怎么工作的吗？你们能试着来分析一下它的工作流程吗？可以用语言描述，也可用关系图表示。

进入小组讨论环节，学生在这个过程中会迅速将注意力集中在密码锁的工作流程上，并通过各种手段去表述。引导学生使用流程图来表达程序，会更加直观，如图8-2所示。

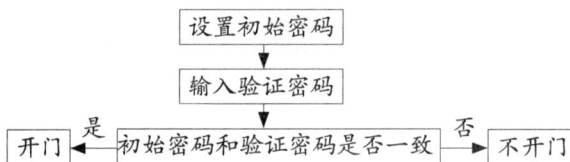

图8-2 密码锁工作流程图

学生通过查阅辅助资料进行小组讨论，绘制流程图，得到更加合理的程序。同时填写项目规划书（见附表1）。

引导学生养成良好的编程习惯，即先绘制流程图，再用流程图指导编程。

4. 成果展示

以小组为单位，展示本小组绘制的流程图，并说出其中的程序结构和程序最终要实现的目的。

二、第二课时

1. 温故知新

对照项目规划书上绘制的流程图，分析图中用到的程序的基本结构，查找用到的Python关键字及其用法，为项目实施做好铺垫。

项目实施

2. 项目实施

（1）以小组为单位，通过讨论、查阅资料、寻求帮助等途径，完成规划书上流程图的编写。程序编完并调试运行成功之后，要思考以下两个问题：①我的目的实现了吗？②我的程序合理吗？

（2）改善程序，使其更加合理、规范。通常，一个合理的程序要满足以下几个条件，如图8-3所示。

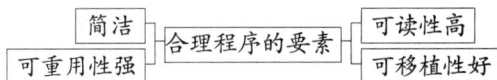

图8-3 合理程序的要素

3. 项目总结

所有小组都需要展示自己的程序，并且要说出程序用到的基本语句，实现了哪些功能，是否有改进的空间等。本节课旨在培养学生勇于表达的能力和注重细节、脚踏实地、追求完美的良好品格。

三、第三课时

1. 自由创造，无限可能

编程是用来解决问题的。通过 "揭秘密码锁" 项目的实施，我们已经知道，要善于用自己明亮的眼睛、聪慧的大脑，发现生活中的问题，然后分析这个问题能不能用编程的方式来解决，具体应该怎么解决。这些都要呈现在项目规划书中。

本节课，同学们将以小组为单位，自主选择项目，分析项目，解决问题，填写项目规划书（见附表1）。

2. 作品展示，情感认同

将小组的项目规划书和最终程序一一呈现，尊重学生的学习过程，让学生产生自豪感和自我认同感。

3. 小组评价，激励前行

教师通过多个维度评价学生的学习过程，让学生知道自己的优势和不足，指明学生前进的方向。

成果与评价	1. 成果呈现方式 项目规划书与"揭秘密码锁"程序。 2. 评价方式（单独评价表以附件形式呈现） 填写课堂评价表（见附表2）。

附表1：

"揭秘密码锁"项目规划书

小组成员		班级	
研究项目主题			
研究目的			
流程图	编程知识储备		过程问题记录
二次修改	编程知识储备		过程问题记录
项目总结			

附表2:

"揭秘密码锁"课堂评价表

评价类别		评价项目	分值	打分
组内互评		由全体成员根据一学期组内成员的活动质量进行相互打分,满分20分,取平均分计入总分	20	
		各成员对本组组长的平时表现进行打分,根据其平时对项目的调度协调、对整个组的管理、对自己的帮助进行打分,每人共20分(组长不给自己打分),取平均分计入总分	20	
		各小组组长对成员平时的学习积极程度、卫生值日情况、日常纪律表现、平日练习作业质量与技术水平提升分别打分,每人共20分(组长得分由成员评价得到,不给自己打分)	20	
		教师根据成员的活动质量、日常表现、水平提升和创作水平进行评价打分,每人上限60分,计入最终成绩	60	
教师评价	出勤	每次缺勤扣2分,缺勤三分之一的课程,则本学期出勤分清零,出勤分满分100分	100	
	项目	每次的制作课后,每个小组选一名代表对自己的作品进行展示;每个小组的作品由其他小组以小组为单位打分,满分10分,很优秀、有创意、有独创性的作品可以给满分。将打分汇总累积计入总成绩,项目加分满分为100分	100	
	报告	每学期提交一次探究报告和一次制作报告,每个报告满分为50分,报告分满分100分	100	

（续表）

总体说明	将出勤分、项目分、互评分与报告分汇总求和，满分为400分，按总成绩排名。出勤分、项目分、互评分、报告分中，有一项低于60分者失去A等资格；出勤分、项目分、互评分、报告分全部低于60分者为D等。 A等10人，前三名为A+等级；B等20人，其余为C等。 对于个别有特殊专长或某项成绩极为突出的个人，也可以破格将其升为A等或A+等级，需由指导教师提请并由全班半数以上成员投票通过

案例26
猜数游戏

一、项目基本信息

项目名称	猜数游戏	执教教师	
项目学科	信息技术	适用年级	八年级
相关学科	数学、工程、艺术		
项目时间		课时数	4
教材资源	山东教育出版社 初中《信息技术》 第4册第二单元		
项目描述	1. 项目目标（核心问题） （1）Python中输入输出、变量、条件语句、循环结构及随机数功能的综合应用。 （2）理解、掌握和运用所学编程知识并解决实际问题。 （3）建立自顶向下、优化迭代的计算思维，培养学生进行深度思考和深度学习。 2. 项目背景及实施策略 猜数游戏是一款经典的智力游戏，是锻炼脑力的好选择。通过人机版"猜数游戏"这个项目，学生可以学习Python的输入输出、随机数、选择结构和循环结构生成等基本知识。在完成项目的过程中，需要进行需求分析、功能模块设计、程序优化等，这些更能锻炼学生的逻辑思维，培养学生的计算思维与优化迭代的思想，同时对学生的想象力和创新思维有一定的训练和提升。 整个项目实施采用多课时、小组合作探究的方式实现。教师提供学习视频、学生项目手册评价表、扩展知识储备等支撑材料。		

项目流程图

猜数游戏

项目引入 —— 做游戏，明规则 —— 信息意识

项目分析 —— 齐讨论，明流程 —— 计算思维
　　　　 —— 画一画，定功能
　　　　 —— 填一填，制计划 —— 信息意识

项目实施 —— 生成一个随机数 ┐
　　　　 —— 选择结构做判断 │ 数字化学
　　　　 —— 循环结构重复做 │ 习与创新
　　　　 —— 调试优化不可少 ┘

项目总结 —— 捉虫行动 —— 计算思维
　　　　 —— 买谁的账 —— 信息社会责任

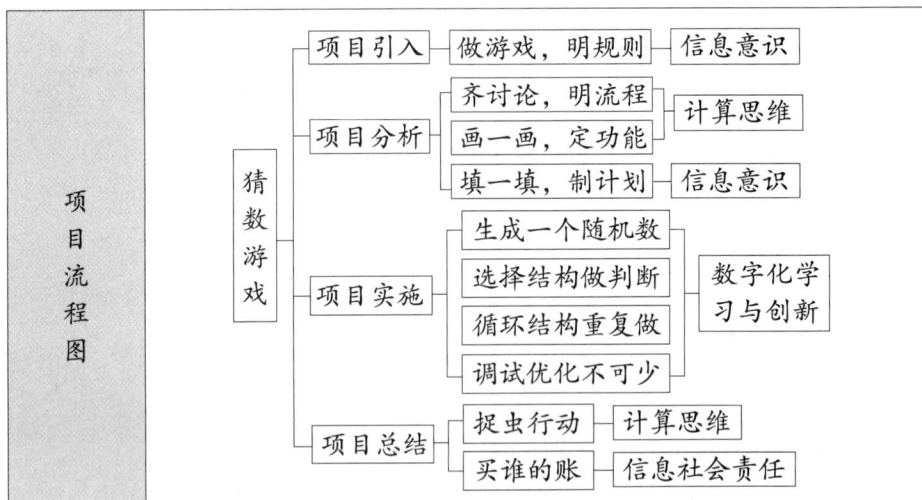

二、项目过程设计

项目实施

一、第一课时

1.创设情境，提出项目

一人随机给定一个1~100之间的数字，另一个人负责猜，第三位负责判断后提示所猜数字比指定数字"大了"还是"小了"，第四位同学记录猜了几次猜对了。游戏结束后，教师提出问题：怎么用计算机编写程序实现人机版"猜数游戏"。

2.小组讨论，确定流程

（1）分组进行充分讨论，初步制订解决流程并记录。要求步骤清晰，能用语言较为精准地进行描述。

（2）理清思路，分清功能模块。根据以上分析，用图形表示出需要实现的功能。要求学生能分析出对应模块，能用图分层次描述、逐步细分，帮助学生建立自顶向下、由大到小分析问题的思维方式，并填写"功能模块"记录表（见附表1）。

3.制订项目计划

根据上面的模块分析，在教师指导下，小组成员分工合作，制订学习计划，填写"猜数游戏"小组分工情况表与项目进度表（见附表2、附表3）。要求内容安排适当，时间分配合理，做到每周检测学习进度，保证学习有序进行，培养学生合理安排时间的能力。

二、第二课时

设计智能程序的一个关键是使程序有决策能力，根据不同的情况执行不同的分支，在可选择的操作中做出决定。通常状况下，测试调试用到关系表达式，复杂的测试条件要用到逻辑表达式。

关系运算的结果为逻辑值，即True和False。

1.小组自主探究：教师引导学生自主探究单分支结构和双分支结构，如图8-4所示。

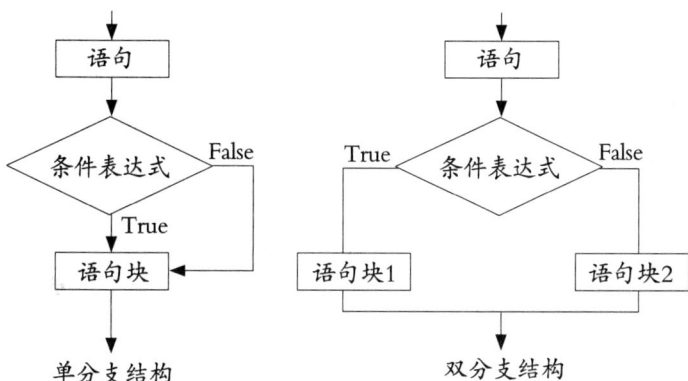

图8-4 单分支结构与双分支结构

2.师生讨论探究：多分支结构和逻辑运算

如果有多个条件需要判断怎么办？教师使用流程图帮助学生理解多分支结构的执行，使学生能够分析实际问题，提炼条件，独立完成多分支结构的编写，如图8-5所示。

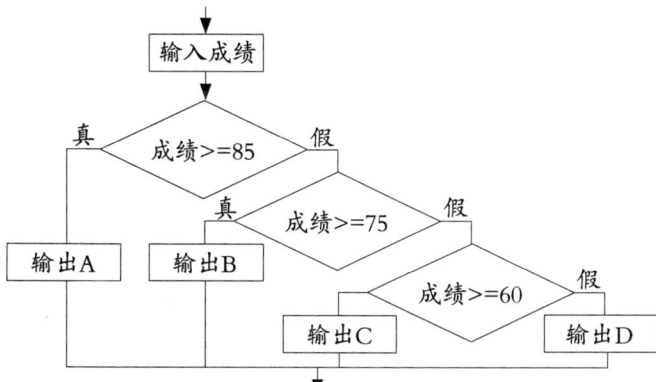

图8-5 多分支结构和逻辑运算

教师帮助学生理解逻辑运算，能够用逻辑运算完成多个条件的判断。

三、第三课时

1.画正方形

（1）画一条20厘米的直线。

（2）顺时针旋转90度。

（3）重复（1）~（2）步4次。

通过这个游戏，让学生理解计算机的执行方式及循环体与循环条件的概念。

2.师生讨论探究：不确定次数的循环结构

配合流程图，帮助学生理解while循环的执行。

执行while循环时，先判断条件，若条件成立则执行循环语句块中的语句。循环语句块中的语句执行完毕后，再次判断条件，若条件成立，则继续执行循环语句块，否则结束循环。

3.小组协作完成"猜数游戏"1.0版本

根据所学知识，完成程序并对程序进行调试，要求小组协作完成程序，小组成员间互相测试程序，尽可能没有bug。

四、第四课时

1.进一步优化程序

升级程序，形成2.0版本。鼓励学生发散思维，抓住创新的火花，激发学习创新的热情。

优化一：增加趣味性。为了给玩家以紧张感，我们把玩家的输入次数限制在10次之内。

优化二：难度可选择，适应多类型的玩家。让玩家能在游戏开始时选择难度等级，比如，设置如下难度等级：①1~10；②1~100；③1~1000（为函数学习做铺垫）。

优化三：收集学生能想到的其他有趣的玩法，鼓励他们尝试用编程实现（鼓励学生创新）。

项目实施

项目实施	2.作品展示 学生准备好所有的过程性材料，同时制作一个宣传海报来宣传自己游戏的创新点。 （1）"捉虫行动"。各小组分别测试其他组的程序，找出其他组程序的优点、缺点。同时完成"猜数游戏"测试报告（见附表4），为"买谁的账"活动提供依据。 （2）"买谁的账"。每小组派出一名成员，携带"游戏币"决定是否购买其他小组的游戏，并说明购买该游戏的原因。获得游戏币最多的游戏获得"最佳游戏奖"，派代表上台领奖。 教师对优秀的学生和小组进行适当的鼓励和表扬。
成果与评价	1. 成果呈现方式 "猜数游戏"程序和宣传海报。 2. 评价方式（单独评价表以附件形式呈现） 学生评价——"买谁的账"和"最佳游戏奖"。 教师根据学生的整个学习探究过程，做出过程性评价。

附表1：

"猜数游戏" 功能模块记录表

附表2：

"猜数游戏"小组分工情况表

组名			
项目经理		分工	负责整个项目的立意、制作与宣传
设计总监		分工	负责游戏的设计、创意和团队沟通
技术总监		分工	负责游戏程序开发
宣传总监		分工	记录研发过程，及时对外宣传

附表3：

"猜数游戏"项目进度表

序号	时间	内容安排	自评	小组评价
1	第一课时			
2	第二课时			
3	第三课时			
4	第四课时			

附表4：

"猜数游戏"测试报告

序号	小组名称	测试内容评价（总分10分）		
		最吸引人的方面	需要改进的方面	成绩
1				
2				
3				

案例27
彩色螺旋线

一、项目基本信息

项目名称	彩色螺旋线	执教教师	
项目学科	信息技术	适用年级	八年级
相关学科	信息技术		
项目时间		课时数	3
教材资源	山东教育出版社 初中《信息技术》第4册扩展练习		
项目描述	1. 项目目标（核心问题） （1）学会使用Turtle模块库中的常用函数，引入Python扩展库的知识。 （2）通过绘制彩色螺旋线等图形的流程，掌握程序结构。 （3）通过探究学习，学生自主实现已学知识的迁移，学会与他人合作。 （4）能透过实际问题发现事物的本质，如正多边形内角度数的变化，彩色螺旋线对应颜色的设定等。开阔思路，将生活中的问题通过创新思维进行解决。 2. 项目背景及实施策略 教育部高度重视学生信息素养的提升，将包括编程教育在内的信息技术内容纳入中小学相关课程中。本项目重在激发学生的学习兴趣，提升学生学习编程的欲望。 将Turtle模块库与计数循环联系起来，实现各种图像的绘制，体验循环的效率及图形绘制的魅力，从绘制正方形开始，到绘制正n边形、彩色螺旋图，引导学生分析问题、解决		

项目描述	问题。活动由易到难，让学生在项目完成过程中体验程序设计的基本流程，感受算法的效率，掌握程序调试与运行的方法。该项目由多课时完成，采用小组合作式、活动驱动式教学模式，最大限度地让学生在做中学，在探究过程中进行个性化创作，提高学生的审美和创新能力。
项目流程图	**彩色螺旋线** 项目引入 — 螺旋线作品展示，吸引兴趣 — 程序运行体验 项目分析 — 在做中学，合作探究 — 选择本项目方案 / 引入流程图 — 算法描述 计数思维 项目实施 — 科学规范有效推进 — 活动1：画正方形 — 顺序结构改循环结构 / 活动2：画正n边形 — 算法设计，旋转角度 / 活动3：绘制彩色螺旋线 — 列表使用，颜色获取 项目总结 — 多维评价，反馈合理 — 成果展示 / 复合式评价

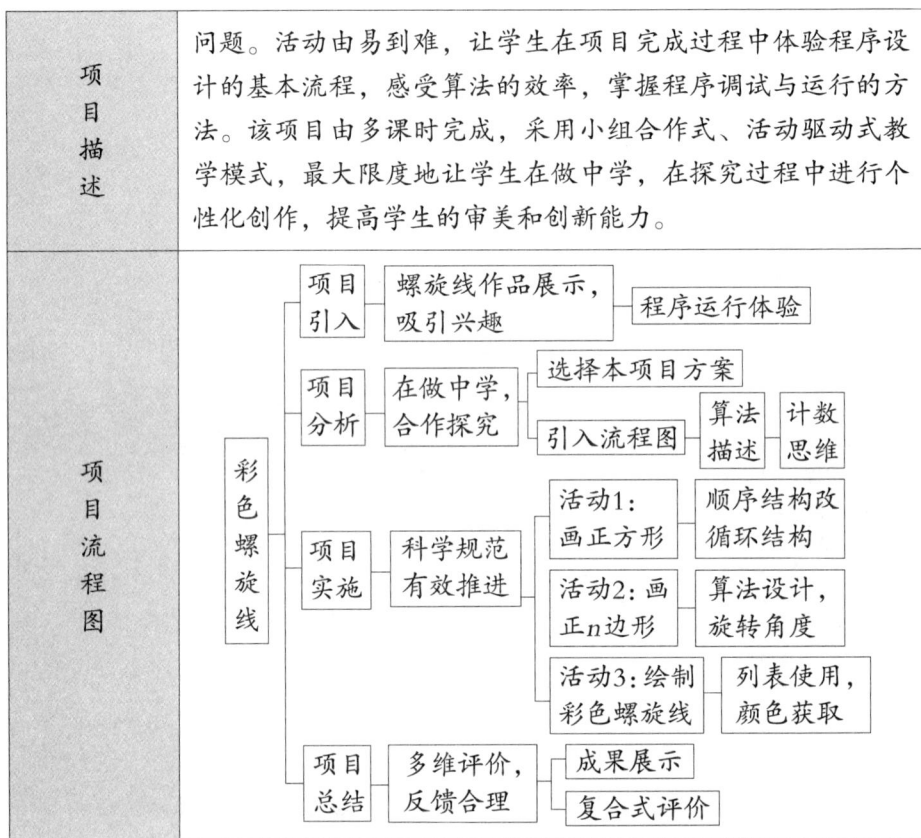

二、项目过程设计

项目实施	**一、第一课时** 1. 创设情境，提出项目 欣赏 Turtle 绘图程序运行的结果，感受循环语句的魅力。细心的同学已经发现了，它只不过是按照一定的程序，周而复始地按次数执行作图指令。接下来的三节课时间我们将会学习彩色螺旋线的设计。 2. 小组分工，明确任务 小组成员进行分工，查找资料、设计流程图，测试修改，填写小组分工情况表（见附表2）。 学生利用学案，明确任务步骤，根据Turtle常用函数表，分别完成正方形、正五边形、正六边形到正n边形的绘制，最后设计构思彩色螺旋线的程序（强调流程算法并用Python语言实现程序绘图）。

二、**第二课时**（本课内容可部分提前至第一课时中学习）

1.活动1：画正方形

复习顺序结构，学会利用Turtle模块中的函数进行简单绘图。利用循环语句替换重复的语句。

教师提出问题：如果在画布上画出一个正四边形，画笔的走向应该是什么样的？

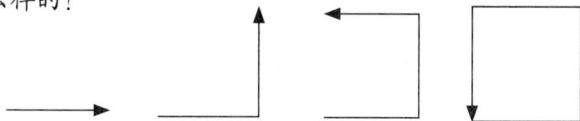

图8-6 正四边形的画笔走向

（1）请一名学生按教师的指令，走出一个如图8-6所示的正方形样式，说出画笔直行了几次？转弯了几次？

（2）在做中学。阅读绘制正方形的程序，结合Turtle常用函数表，分析并理解语句含义。

```
import turtle
t= turtle.Pen（）
t.forward（100）  #前进100个像素
t.left（90）      #向左转90度
t.forward（100）   #前进100个像素
t.left（90）       #向左转90度
t.forward（100）   #前进100个像素
t.left（90）       #向左转90度
t.forward（100）   #前进100个像素
```

可以看出，以上程序重复执行了四次。

（3）重复的语句使程序冗长，可以用for循环改写，为绘制螺旋线做准备（转换计数循环）。

```
import turtle
t=turtle.Pen（）
for i in range（4）：#重复执行4次
    t.forward（100）
    t.left（90）
```

在绘制正四边形的程序基础上，将其修改成绘制正三角形的程序或绘制正五边形和正六边形的程序。

range（4）默认从0开始，但是不包括4，产生范围0-3。

2.活动2：画正n边形

知识与技能：了解for循环的基本格式。

探究：在程序中，哪几条语句是重复的？重复了多少次？

（1）用流程图描述"绘制正n边形"的算法（循环结构）。

（2）分析完善程序。对于正n边形来说，每个内角度数是多少？旋转的角度是多少？表达式应如何书写？

表8-1 正n边形边数与外角度数

	边数n	外角度数	外角和
正三角形	3	120°	360°
正四边形	4	90°	360°
正五边形	5	72°	360°

观察正多边形边数与外角度数的关系。得出结论，360/边数=外角度数。正多边形内角度数：$d=（n-2）*180/n$。教师通过微视频演示知识点。

所有同学完成后，以组为单位，组长上台完成汇报。

让学生在尝试绘制正三角形、正方形、正五边形和正六边形的过程中，逐渐理解旋转的角度是关键所在。学生在完善程序的基础上修改程序，设计出美妙的图形，在实践中培养学生计算思维和创新能力。

3.活动3：绘制彩色螺旋图

知识技能：学会列表的使用方法。思考循环中的螺旋线是如何变换不同颜色的？

小组合作，在探究中寻找答案。

项目实施

（1）学习建立颜色列表，掌握列表规则。

让学生完成程序填空，以突出重点内容。如表8-2所示。

表8-2 正多边形补充程序

正多边形补充程序	运行结果

import turtle
_____（1）_____ #输入正多边形的边数n .
_____（2）_____ #计算正多边形每个内角度数
t=turtle.Pen（ ）
for i in _____ : #循环体
　　t. forward（100）
　　t. left（_____） #外角度数	

（2）补充"彩色螺旋图"程序，测试效果。

在做中学，改变旋转度数，创新设计不同的螺旋图形。如图8-3所示。

表8-3 彩色螺旋线程序设计

彩色螺旋线程序设计	运行结果
import turtle t=turtle.Pen（ ） _____（1）_____ #画笔宽度为2 t.speed（6） _____（2）_____ #颜色列表 for i in range（300）: 　　t.forward（i*2）#前进 　　_____（3）_____#当前画笔颜色 　　t. left（92）	

设计意图：绘制彩色螺旋图的关键点是颜色获取与循环变量的变化，让学生在实践中掌握列表的定义及列表元素调用的方法。组内互助，所有同学完成后，以组为单位，由组长上台完成汇报。

	三、第三课时
项目实施	1. 拓展提升 自学学案，提升螺旋线程序的难度，添加输入函数，画出任意正多边形。 2. 分组展示，进行评价 评价分为自评、小组间互评、教师评价等环节，评价要尽可能地挖掘同学们完成作品过程中的闪光点，如助人为乐、探究精神等。一起分享修改成功的喜悦，最后完成小组综合评价表（见附表1）与自测知识点掌握情况打分表（见附表3）。 3. 项目总结，记录归档 从读程序、修改程序、程序填空，最后到编写完整的程序，问题层层递进，要求也逐步提高。
成果与评价	1. 成果呈现方式 各组的彩色螺旋线程序。 2. 评价方式（单独评价表以附件形式呈现） 填写小组综合评价表（见附表1）。

附表1：

"彩色螺旋线"小组综合评价表

评价项目	评价内容	日期	权重	评分	最终得分 （评分+权重）
教师观察打分	沟通合作能力				
	信息素养				
	小组任务和时间管理				
项目作品	美观				
	程序准确度				
	创意				

（续表）

评价项目	评价内容	日期	权重	评分	最终得分（评分+权重）
学生评价	组内评价				
	组间评价				
	教师评价				
学生表现	合作能力				
	演讲能力				
其他					
总分					

附表2：

"彩色螺旋线"小组分工情况表

组名			
组长		分工	
成员1		分工	
成员2		分工	
成员2		分工	

附表3：

"彩色螺旋线"自测知识点掌握情况打分表

知识点掌握		1～5分
活动1： 画正方形	1.用Turtle模块绘制正方形	
	2.在正方形程序的基础上利用循环语句改写	
	3.在正方形程序的基础上改写正三角形、正五边形程序	
活动2： 画正n边形	4.理解正多边形外角和边数的关系及内角度数公式	
	5.完成正n边形程序的补充填空	
活动3： 画彩色螺旋线	6.理解螺旋线是怎么产生的	
	7.利用列表定义螺旋线的颜色	
	8.彩色螺旋线有几条边？自己进行设计（扩展）	

■ 第九章
3D建模设计相关案例

　　3D建模设计是近几年信息技术课程的新增内容，是开展信息技术创新教育的重要内容。3D建模设计不同于传统意义上的"建模"，是一个体现创意、追求概念的建模过程，因此，学习的重点在于将创意方案实现，而不必过于追求精确。

案例28
国际象棋的制作

一、项目基本信息

项目名称	国际象棋的制作	执教教师	
项目学科	信息技术	适用年级	六年级
相关学科	信息技术		
项目时间		课时数	6
教材资源	山东教育出版社 小学《信息技术》第6册第2、6、7、8课		
项目描述	1. 项目目标（核心问题） （1）掌握Cnstu3D中挤出、缩放、描点画线、厚度修改器的运用。 （2）选择合适的方法解决实际问题。 （3）透过现象发现事物的本质。 2. 项目背景及实施策略 该项目是在学生学习了Cnstu3D基础操作的前提下进行的，3D建模软件是一个重要的工具，我们学习它的目的也是为了解决实际问题。本项目就是以日常生活中的一个简单例子为切入点，培养学生学以致用的思维方式。本项目内容有较强的实践性，意在让学生了解、认识Cnstu3D软件，掌握其中的关键操作并在实践中灵活使用。在教学过程中不但要注重技术，而且要让学生体会合作的意义及实践的快乐。		

项目流程图

国际象棋的制作

项目引入	创设情境，提出项目	制作国际象棋	信息意识	
		国际象棋的故事		
		生活中见过的3D建模		

项目分析	小组讨论，确定方案	制订项目计划	创意思维	
		设计本组方案		
		搜索国际象棋的样式		

项目实施

规则截面棋子的制作	利用相关知识制作棋子		学以致用
	相关知识点	缩放	
		挤出	

不规则截面棋子制作	利用相关知识制作棋子	厚度修改器	
	相关知识点	生成面	
		描点	

项目总结	项目总结，拓展评价	小组规划，拓展项目	团队精神
		小组讨论，组内评价	

全程性评价

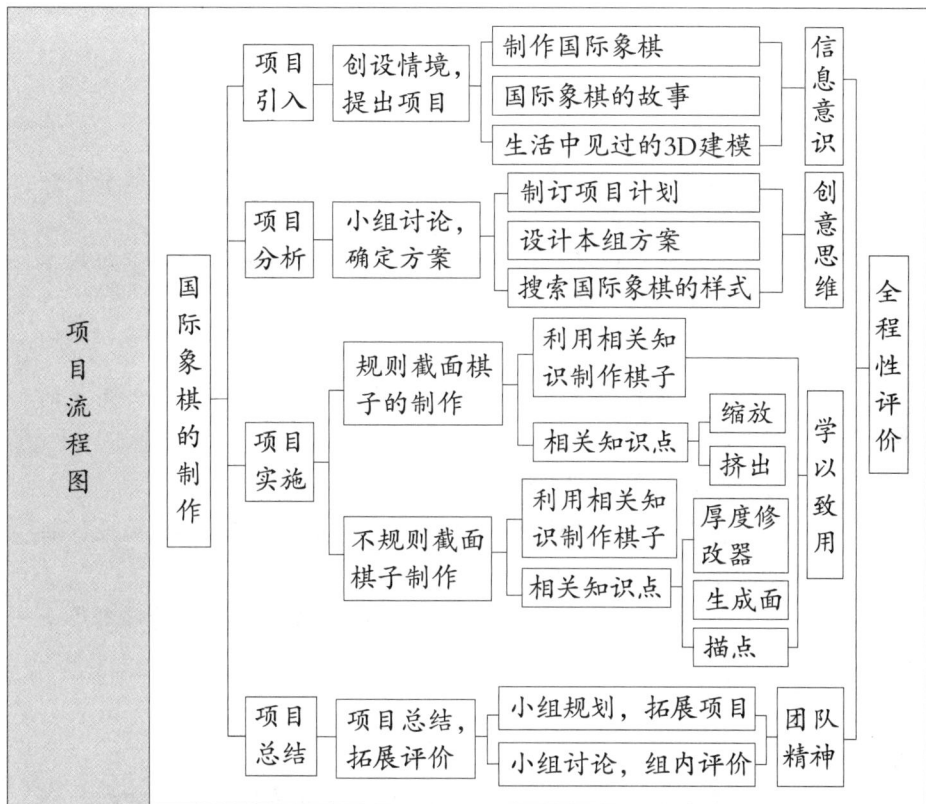

二、项目过程设计

一、第一课时

1. 创设情境，提出项目

教师给学生提供三段文字资料：①国际象棋的由来、样式与规则；②计算机"深蓝"与国际象棋大师卡斯帕罗夫对战的资料；③国际象棋的发明者利用棋盘向国王讨奖赏的故事。针对第三个故事进行提问，国王最终需要付出多大的代价？学生思考并回答。

由国际象棋棋盘上数字的巨大变化，引出32个棋子在棋盘上布阵厮杀时棋局的变化，由此激发学生对国际象棋的兴趣。国际象棋有着较为直观的外形，教师询问学生有没有兴趣自己设计国际象棋棋子，然后给学生布置任务：小组合作制作国际象棋棋子，每组自选两个棋子进行仿造，并设计一个创意棋子。

2. 小组讨论，确定方案

分组讨论，初步制订出方案。

（1）上网搜索国际象棋的图片，先参考图片确定本小组要制作哪两个棋子，再设计出本组的国际象棋棋子样式。

（2）利用所学知识，在3D建模软件中制作本组的国际象棋棋子样式。

3. 制订项目计划

（1）分析想要制作的国际象棋棋子的个数及每个棋子外形上的共性和差异。

（2）思考制作每个棋子的思路。

（3）小组内分工，明确每个人需要完成的工作，完成后通过组内交流的方式让同学们都掌握相关技巧。

（4）布置组内任务，思考在本项目完成之后，如何设计自己小组的自由创意项目。

二、第二课时

1. 情境引入

教师展示日常生活中常见的一些物品的图片，如高脚杯、酒瓶、碗碟等，让同学们观察思考这些物品的共同特征，国际象棋中有哪些棋子也有这种特征？（截面为规则形状）

生活中可以看到很多物品的截面都是圆形，我们可以将其视为很多大小不同的圆形叠加在一起。

制作思路：①先制作每一层的圆形；②调整每一层圆形的大小。

2. 新课内容

（1）播放视频——国际象棋棋子"兵"的制作。让学生观察，对制作过程形成初步认识，并且留意视频中提及了哪些操作？（挤出、缩放）

（2）学会操作：观看挤出与缩放操作的视频，学习这两个操作的步骤与用法。

（3）小试牛刀：参考视频内容进行制作。学生制作时，教师巡回观察学生的制作过程，答疑解惑、发现问题。

（左侧竖排）项目实施

项目实施

3. 总结展示

展示并点评学生的作品，同时就制作过程中出现的问题进行讲解。学生观察思考并向全班同学展示自己的作品。

4. 知识拓展

是不是国际象棋中还有很多棋子和棋子"兵"类似？它们该如何制作？

5. 本课小结

总结本节课所学的知识：①挤出与缩放；②不同类型的物体制作过程中挤出与缩放的运用。

三、第三课时

1. 情境引入

教师展示一些物品的图片，如积木、手机支架、挂件等，让学生思考这些物体有什么共同特征。（截面为非规则的柱体）

在美术课上，我们常采用这样一种绘画方法：先用点、线画出轮廓，再填上颜色。在3D建模中，对于非规则形状的物品，我们也经常采用这种思路，只是三维模型在制作中比二维模型多了一个厚度，因此我们的步骤是：①用点、线画出轮廓；②生成面；③添加厚度。

2. 新课内容

（1）展示视频，初步了解。给学生播放大象手机支架的制作视频，让学生仔细观看，对制作过程有一个初步的认识，同时留意视频中提及的操作。

（2）学会操作，小试牛刀。教师提问学生，刚才的视频中提及了哪些操作？（描点、生成面、添加厚度修改器）

让学生观看视频，学习这三个操作的步骤与用法，参考视频中的制作步骤，自己动手制作大象手机支架。

学生操作，教师巡回观察、答疑、发现问题。

（3）总结展示，取长补短。教师展示并点评同学的作品，同时就制作过程中出现的问题进行讲解，学生观察思考并进行展示。

（4）实战演练，大展身手。让学生利用所学知识制作国际象棋棋子"马"。

（5）知识拓展，更进一步。国际象棋的不同形状是为了方便使用者识别其用途，那么同学们可以发挥想象，设计出有别于传统样式的、便于识别用途的棋子吗？

3. 本课小结

总结本节课所学的知识：①描点、生成面、厚度修改器；②使用本节课所学知识进行建模。

四、第四课时

本节课所学知识只要求学有余力的学生熟练掌握，对于其他学生，只需在用得着的时候，对照课本或视频能够做出来即可，因此教师安排学生自行观看视频、阅读教材，教师适当进行答疑即可。拓展内容如表9-1所示。

表9-1 拓展学习内容

操作名称	用途	学习方式
合并	将多个不同模型整合成一个	观看视频、教材，自行练习
布尔修改器	对两个模型做交、并、差操作	观看视频、教材，自行练习
细分	将一条线或面均匀分成多份	观看视频、教材，自行练习

五、第五课时

本节课时间留给学生，让学生完成下列工作：

（1）以小组为单位完成本项目所要求制作的作品。

（2）进行组内交流学习，每个同学结合自己的分工，向同组同学介绍自己获得的知识和经验，争取让小组内所有同学掌握更多知识并熟练运用。

（3）完成本次项目的展示说明。

（4）确定本小组的自由创意项目。

项目实施	**六、第六课时** 　　每个小组派出代表，展示本小组的项目并进行讲解，讲解过程要突出本组作品的创意，说明在制作过程中运用了什么技巧、是否全小组合作完成、谁发挥的作用最大等。全体同学投票，结合教师打分，为所有小组赋分，选出"最佳作品""最佳搭档"等不同奖项。
成果与评价	1. 成果呈现方式 国际象棋棋子效果图。 2. 评价方式（单独评价表以附件形式呈现） 通过组内评价、组间互评、全体投票及教师打分等方式，对所有小组进行评价，同时进行组内评价。

附表1：

"国际象棋的制作"小组分工情况表

组名			组长	
成员				
分工				

附表2：

"国际象棋的制作"组内评价表

操作	必学					选学			
	挤出	缩放	描点	生成面	厚度修改器	螺旋修改器	布尔修改器	合并	细分
成员1									
成员2									

（续表）

操作	必学					选学			
	挤出	缩放	描点	生成面	厚度修改器	螺旋修改器	布尔修改器	合并	细分
成员3									

注：掌握程度用星星表示，熟练掌握为三颗星，一般为两颗星，较差为一颗星

附表3：

"国际象棋的制作"过程性评价表

评价项目	评价内容	评价分值			
		6分	4~5分	3分	1~2分
小组分工	1.分配任务合理				
	2.主动接受任务				
学习态度	1.积极参与				
	2.主动提出想法				
	3.积极克服困难				
合作交流	1.主动与小组成员合作				
	2.善于倾听他人意见				
	3.对小组学习做出贡献				
学习能力	1.知识学习掌握程度高				
	2.学习方法得当				

附表4：

"国际象棋的制作" 总结与反思表

姓名		组别		项目名称	
你喜欢的环节		原因			
最大的困难		解决方案			
你的创意					
你的建议					
你的收获					

案例29
制作头盔模型

一、项目基本信息

项目名称	制作头盔模型	执教教师	
项目学科	信息技术	适用年级	七年级
相关学科	物理、数学		
项目时间		课时数	3
教材资源	山东教育出版社 初中《信息技术》第5册第一单元		
项目描述	1. 项目目标（核心问题） （1）了解头盔的结构，利用3D软件制作头盔模型。 （2）关注交通安全，关心社会发展。 2. 项目背景及实施策略 　　济南市市中区精神文明建设委员会办公室下发了关于开展"'一盔一带'我先行 我示范"文明交通践行活动的通知，提倡自觉养成规范使用安全头盔和安全带的出行习惯，深入推进全国文明典范城市创建工作，进一步增强机动车与非机动车驾乘人员的安全意识，提升市民文明素质和城市文明形象。 　　本项目通过让学生亲手设计头盔并用3D软件Blender搭建出模型，来学习3D建模软件的操作方法，让学生关注头盔的构造和功能，增强安全意识，关注社会发展，引导身边亲人、朋友戴好头盔，文明出行，为低碳环保、安全出行的发展贡献力量。		

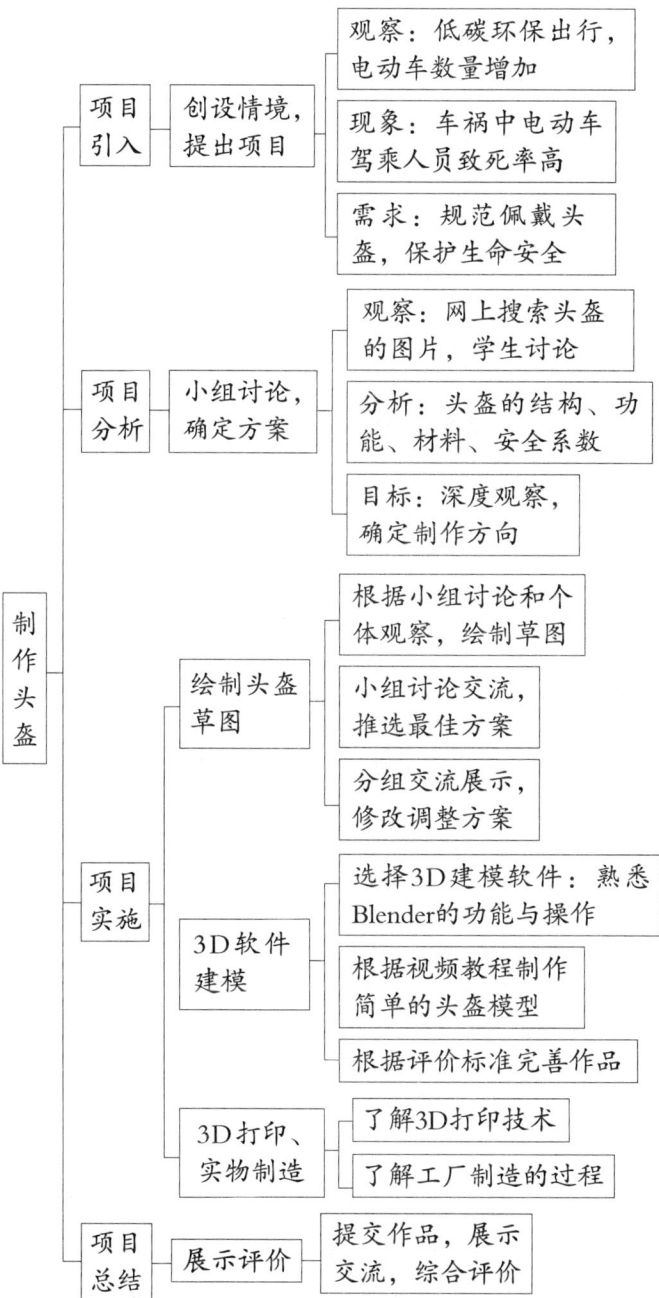

项目流程图 — 制作头盔

项目引入｜创设情境，提出项目
- 观察：低碳环保出行，电动车数量增加
- 现象：车祸中电动车驾乘人员致死率高
- 需求：规范佩戴头盔，保护生命安全

项目分析｜小组讨论，确定方案
- 观察：网上搜索头盔的图片，学生讨论
- 分析：头盔的结构、功能、材料、安全系数
- 目标：深度观察，确定制作方向

项目实施

绘制头盔草图
- 根据小组讨论和个体观察，绘制草图
- 小组讨论交流，推选最佳方案
- 分组交流展示，修改调整方案

3D软件建模
- 选择3D建模软件：熟悉Blender的功能与操作
- 根据视频教程制作简单的头盔模型
- 根据评价标准完善作品

3D打印、实物制造
- 了解3D打印技术
- 了解工厂制造的过程

项目总结｜展示评价
- 提交作品，展示交流，综合评价

二、项目过程设计

项目实施

一、第一课时

1. 创设情境，提出项目

用市区的堵车现象引发学生思考，该如何选择快捷的交通工具；由普遍使用的电动车，引出骑电动车的优点和安全隐患。

电动车体积小，交通高峰期可以自由穿梭，避免堵车的麻烦；而且停车方便，环保节能，一直以来受到很多人的喜爱。电动车的速度一般为20千米/小时，速度不快，可以降低交通事故的严重程度。但是随着电动车数量的增多，安全事故也逐渐增多。如果电动车和汽车相撞，骑电动车的人又未规范使用头盔，致死率会非常高，所以为了大家的生命安全，必须规范使用头盔。

出示"一盔一带"文明交通践行活动通知（见附录1），让学生积极响应国家号召，引导身边亲人、朋友戴好头盔，文明出行。

教师提出问题：骑电动车应该戴什么样的头盔？

2. 明确制作头盔模型的任务

出示"头盔分类及相关标准简介"（见附录2），让学生讨论目前正在使用的头盔的优缺点，并提出任务，让学生设计一款头盔，用3D软件搭建出模型进行展示。

3. 绘制草图

出示头盔设计评价表（见附表2），小组内进行"头脑风暴"，交流喜欢的头盔样式，讨论结构、功能等特点，提出改进意见，进行创新设计。在头盔草图设计表（见附表1）中写出介绍文字，并画出草图，展示框架结构，要标注各部分的名称，描述其功能、材质、颜色等信息。

4. 交流展示，调整方案

小组内展示交流后，把小组推荐作品进行全班展示交流，教师点评、小组互评。学生再进一步调整、完善方案设计。

二、第二课时

1. 提出3D软件学习的需求

学生设计好头盔式样后，草图不能形象地呈现出设计效果，而

3D技术可以无限制地表达自己的设计想象，不用任何材料进行加工制造，就可以直观高效地呈现作品的设计理念和实物效果。本节课，学生通过制作头盔模型来掌握3D软件的使用方法。

2. 学习使用3D软件

选择常用的揭面盔（半盔）结构，将头盔分解为半球主体、帽檐、面罩、材质、厚度五部分。教师录制微课视频发到学生机，学生跟着视频进行操作，可反复学习。

（1）半球主体部分：①添加物体；②旋转物体；③选择面；④删除面。具体操作如图9-1所示。

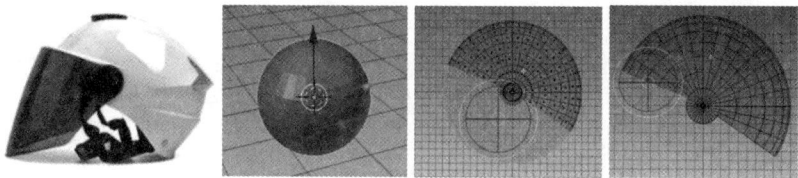

图9-1 半球主体部分的操作

（2）帽檐部分：①选择线；②挤出；③旋转。具体操作如图9-2所示。

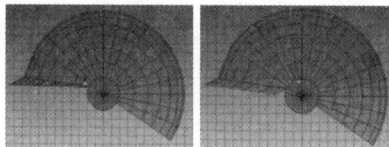

图9-2 帽檐部分的操作

（3）面罩部分：①选择多条线；②分割；③模式切换；④旋绕；⑤移动；⑥缩放。具体操作如图9-3所示。

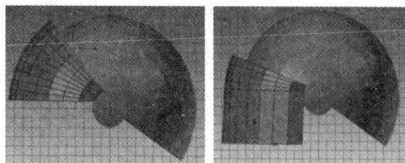

图9-3 面罩部分的操作

（4）添加颜色材质，具体操作如图9-4所示。

项目实施

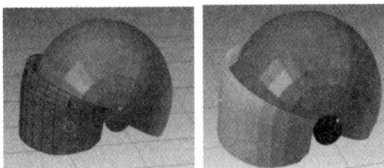

图9-4 添加颜色材质的操作

（5）添加厚度修改器。

3. 保存、提交作品

完成作品后保存并提交到教师机。学有余力的学生可将作品另存为一个新文件，对头盔外观结构进行创新改造，下课前将新文件提交到教师机保存。

4. 3D软件操作技能评价

教师出示技能学习评价表（见附表3），让学生对照评价表自评。

三、第三课时

1. 完成基础制作

教师将相关文件下发到学生机，让学生完成半盔的制作。

2. 添加创意设计

教师下发进阶学习材料，让学生从三个视频教程（切割透气孔、给头盔表面贴文字、给头盔表面贴图）中，选择一个自主学习，并且应用到自己的作品上，在限定时间内完成作品并上传，学有余力的学生可多选。

3. 作品展示

展示学生作品，可让学生自行演示、讲解。

4. 综合评价

让学生选出自己最喜欢的两个作品，将作者姓名以消息的形式发送到教师机，进行集体评价。

5. 知识拓展

（1）3D打印。3D模型制作完成后，可进行3D打印。教师组织学生观看打印过程，展示打印效果。

（2）头盔的工厂化制作过程。受学校3D打印机条件的限制，设计效果并不能被完美呈现出来，教师可以组织学生观看有关视频，与生活实际相结合，开阔眼界。

项目实施

项目实施	6.项目总结
	教师鼓励学生在以后的学习和工作中要善于发现，敢于创新，用自己的智慧和技术创造美好生活。鼓励学生设计实用价值高的作品，可以申请专利并进行量化生产。
成果与评价	1.成果呈现方式
	头盔的3D模型。
	2.评价方式（单独评价表以附件形式呈现）
	填写设计评价表与技能学习评价表（见附表2、附表3）。

附录1：

济南市市中区精神文明建设委员会办公室
关于开展"一盔一带"我先行 我示范
文明交通践行活动的通知

各级文明单位、文明校园、文明社区、文明村：

　　为深入推进全国文明典范城市创建工作，进一步增强机动车非机动车驾乘人员的安全意识，提升市民文明素质和城市文明形象，现在全区各级文明单位、文明校园、文明社区、文明村中组织开展"'一盔一带'我先行 我示范"文明交通践行活动，各级各类文明先进要充分发挥示范引领作用，带头践行"一盔一带"文明交通行为，自觉养成规范使用安全头盔和安全带的出行习惯，共同营造安全畅通、文明有序的道路交通环境。

附录2：

头盔分类及相关标准简介

　　目前国内的安全头盔从用途上主要分为三类：一是自行车、滑板、轮滑用运动头盔；二是摩托车乘员头盔；三是电动自行车乘员头盔。

　　头盔从外观上主要分为三类：全盔、揭面盔、半盔。另外，安全帽产品容易和安全头盔相混淆，但其不适用于运动和车用头部防护。具体说明如下：

一、外观

（一）分类

从外观上一般分三类，分别是全盔、揭面盔、半盔。

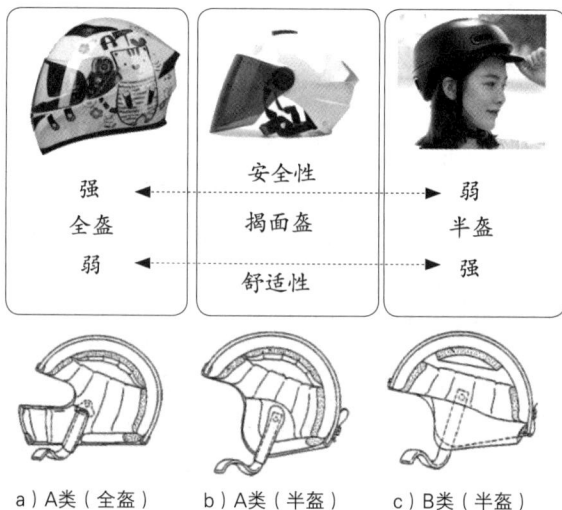

a）A类（全盔）　　b）A类（半盔）　　c）B类（半盔）

（二）各盔种的特点

1.全盔

从安全角度看，全盔的安全性是最高的，它会将骑乘者的整个脸部到下巴的位置完全包裹。但因为产品较重、透气性差，导致舒适性较差。

2.揭面盔

安全性及舒适性介于全盔与半盔之间。

3.半盔

安全性比全盔和揭面盔稍弱，防护的位置仅为眼睛上方的头顶部及脑后部。但因为重量轻，使用时的舒适性较好。

（三）头盔使用误区

（1）头盔越轻越好。相对而言，头盔是越轻越好。但是越轻的骑行头盔，通过国家安全认证的测试标准的机会就会越小，价钱也会越高。

（2）头盔的孔越大或者越多越透风。透气性是保证头盔舒适性的关键，能在长途骑行时确保头部的干爽，但是头盔上的通风孔越多或者越大，头部暴露的也就越多，因此保护程度也就相应减小。

（3）小小插扣和拉带关系到生命安全，插扣和拉带的强度不达标就会断裂，无法保护骑行人的安全。

附表1：

"制作头盔模型"草图设计表

头盔功能介绍		
创新之处		
草图绘制	第一次	第二次

附表2：

"制作头盔模型"评价表

	部位	技术要求	评价√
结构组成	壳体	（1）表面应坚固、平滑，边沿应圆钝。 （2）涂层应均匀，色泽鲜亮、光洁，无毛刺、裂纹、挂流、玷污、气泡及脱落现象发生。 （3）突出物应满足以下要求： ①内表面可接触头型的部位，不应有超过2mm且半径小于1mm的突出物及尖锐物体； ②铆钉应成辐射状，突出部分不应超过电动自行车乘员头盔外表面2mm； ③外表面不应有超过5mm的外部突出物，但容易脱落的部件不在此限制内，如固定透气孔的装置，固定镜片的装置	
	缓冲层	缓冲层应符合以下技术要求： （1）形状、规格尺寸适体，佩戴不移位。 （2）内表面不应有长度大于2mm的突出物及尖锐物体。 （3）应厚度均匀并覆盖试验区	

（续表）

	部位	技术要求	评价√
佩戴装置	护目镜	佩戴装置的部件应永久与佩戴装置或头盔连接，并符合以下技术要求： （1）如果佩戴装置包括下颌系带，该系带宽度应≥20 mm。 （2）如果佩戴装置有双D环、滑动棍等系紧装置，在佩戴装置调节时，为防止系带松脱应保留足够的调节余量。 （3）佩戴扣等快卸装置，打开方法应简单易行，同时必须防止可能产生的误操作打开所用的推杆、按钮或其他部件应是红色或橙色的，只有在有意识操作时才能被打开；如果佩戴装置被设计成通过在某些部件上施加压力打开，那么当以100N±5N的力施加于该部件运动直线方向上时，佩戴扣不应被打开	
	遮阳镜		
	防风围脖		
	舒适衬垫		

附录5：

"制作头盔模型"技能学习评价表

3D技术	评价√	3D技术	评价√	3D技术	评价√
添加物体		编辑/物体模式切换		选择多条线	
删除物体		反选		扩展选区	
控制器旋转		挤出		控制器缩放	
切换四格视图		旋转		缩放	
刷选面		旋绕		厚度修改器	
线框方式		分割		材质颜色	

案例30
分类垃圾桶设计

一、项目基本信息

项目名称	分类垃圾桶设计	执教教师	
项目学科	信息技术	适用年级	八年级
相关学科	综合实践		
项目时间		课时数	3
教材资源	山东教育出版社　初中《信息技术》第5册第一单元		
项目描述	1. 项目目标（核心问题） （1）掌握3D软件的基本操作，使用3D软件建立分类垃圾桶模型。 （2）通过探究学习，掌握3D软件中添加文字的方法。 （3）通过项目式学习，认识垃圾分类的重要性，完成分类垃圾桶的创意设计。 2. 项目背景及实施策略 自2019年以来，国家针对垃圾分类回收提出了明确的要求。垃圾分类利用是对垃圾进行处置的重要环节。通过分类投放、分类收集，把有用物资从垃圾中分离出来重新回收、利用，变废为宝，既提高了垃圾资源的利用水平，又可减少垃圾处置量，是对垃圾进行有效处置的一种科学管理方法。本项目是利用3D设计软件，让学生设计一组既实用又具有个性化的垃圾桶，是将信息技术与生活相结合的理想案例。 　　学生已掌握3D软件的基本操作，能制作一些简单的模型，但没有与实际生活相结合。本项目基于探究学习的方式展开实践。教师通过项目情境设立、学习材料支持及适当的新授讲解，引导学生从现实问题出发，学习及运用技术，解决实际问题。		

项目流程图	分类垃圾桶设计	项目引入	创设情境，提出项目	
		项目分析	分组合作，确定方案	绘制草图
		项目实施	建立垃圾桶模型	垃圾桶轮廓模型图
			为垃圾桶添加文字	模型图精修，添加文字
		项目总结	展示作品，拓展评价	渲染图

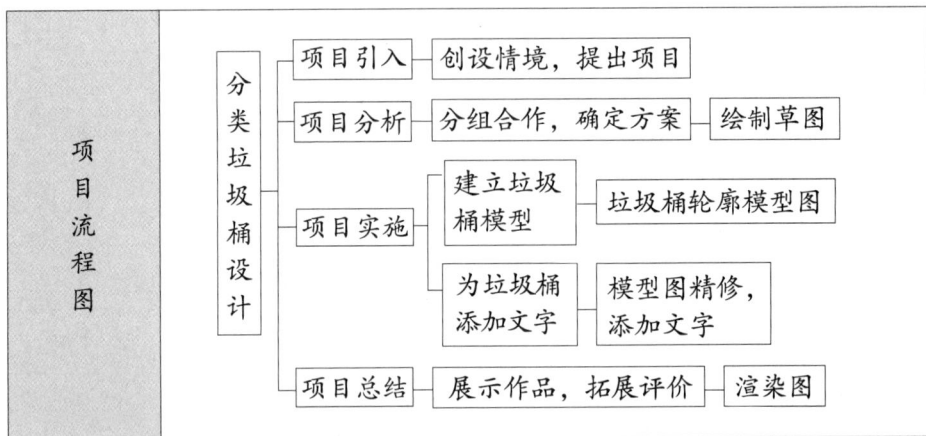

二、项目过程设计

一、第一课时

1.创设情境，提出项目

教师展示一幅令人触目惊心的垃圾堆的图片，这只是垃圾处理混乱现象的一角，如何有效地处理垃圾呢？请大家以小组为单位，收集相关信息，并填写小组分工情况表（见附表1）。

学生利用网络搜索"垃圾""垃圾分类"等关键词，并以小组为单位简要汇报。

通过搜索，同学们知道解决垃圾混乱的问题，需要进行垃圾分类。但现在的垃圾桶过于单一，缺乏个性。为了更好地推进垃圾分类，让我们开动脑筋，一起设计有个性的创意垃圾桶吧。

2.小组讨论，确定方案

分组进行充分讨论，初步制订解决方案。小组将确定的项目设计草图画在草图记录表中（见附表2）。

3.展示交流，小组互评

分组进行项目说明，小组之间进行互评，讨论项目的优缺点，根据讨论结果优化各组方案。

二、第二课时

1. 制作垃圾桶模型

上节课同学们已经设计好了垃圾桶样式，本节课先用3D软件来建模。

为了帮助同学们综合利用各项技术制作垃圾桶，老师准备了软件基本操作视频教程，请同学们按照自己的设计方案选择合适的工具进行建模操作。

教师下发微视频"3D软件基本操作视频"和《3D软件快捷键说明书》。学生根据设计图，进行建模操作。

2. 给垃圾桶添加分类名称

（1）探究文字工具的使用方法。

教师讲授：Cnstu3D有添加文字的命令，英文字母和数字可以直接输入，但是不能直接添加汉字，需要把汉字写在记事本中，再复制粘贴过来。

教师下发微视频"文字工具的添加"。学生以小组为单位，学习文字添加的方法。

小组展示添加文字的一般步骤（可由小组轮流介绍）。

·在"添加"菜单中选择"文本"项，如图9-5所示。

图9-5 在"添加"菜单中选择"文本"项

·在编辑状态下可以直接输入英文字母或者数字。

·输入汉字时，先打开记事本输入所需文字，然后复制这些文字。输入一个字母，屏幕左侧会出现"插入文本"面板，面板上有"文本"框，在框里删掉输入的字母，将汉字粘贴进去，如图9-6所示。

图9-6 输入汉字的方法

·粘贴进来的文字，现在是看不到的，需要添加字体。在屏幕右侧的工具条中找到物体数据工具项，在"物体数据"面板中找到字形选项区，其中有四种字形，每种字形后有 📁 按钮，单击即可打开选择字体对话框，如图9-7所示。

图9-7 选择字形对话框

·在字形对话框中找到合适的字体选中并确定。

·在"物体数据"面板上有"几何数据"选项，设置"挤出"数据项，汉字就有了厚度，如图9-8所示。

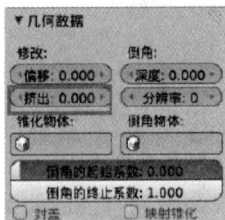

图9-8 几何数据对话框

学生进一步完善方案，加入文字，提升作品的实用性。

项目实施	（2）在模型中添加文字。 根据方案添加文字，完善模型。思考并总结在添加文字过程中遇到的困难。 三、第三课时 举行作品展示会，学生介绍自己的作品及自己在制作过程中遇到的问题及解决方案。 1. 分组展示作品 说一说作品的创意点和建模过程中使用的基本功能；总结添加文字过程中遇到的困难，是如何解决的。 2. 小组互评 根据展示情况，填写作品打分表（见附表3）。 3. 将优秀作品进行3D打印 根据打分结果评选优秀作品，进行3D打印。
成果与评价	1. 成果呈现方式 分类垃圾桶的3D建模作品。 2. 评价方式（单独评价表以附件形式呈现） 填写作品打分表（见附表3）。

附表1：

"分类垃圾桶设计"小组分工情况表

组名			
组长		分工	
成员1		分工	
成员2		分工	
成员3		分工	

附表2：

"分类垃圾桶设计"草图记录表

垃圾桶功能介绍	
草图绘制	

附表3：

"分类垃圾桶"作品打分表

	创意	技术	完成度	其他
1组				
2组				
3组				
4组				

案例31
丢失的跳棋

一、项目基本信息

项目名称	丢失的跳棋	执教教师	
项目学科	信息技术	适用年级	九年级
相关学科	综合实践		
项目时间		课时数	3
教材资源	山东教育出版社 初中《信息技术》第5册第1、2、5、6课		
项目描述	1.项目目标（核心问题） （1）掌握3D建模软件的基本操作并能够建造简单的3D模型。 （2）掌握3D切片软件与3D打印机、3D打印笔的使用方法。 （3）建立用计算机解决实际问题的思维。 （4）在完成作品的基础上尝试创新设计。 2.项目背景及实施策略 　　跳棋深受大家的喜爱，但是跳棋棋子多，又精致小巧，若保存不当则容易丢失，丢失了的跳棋应怎样补上呢？用怎样的方法可以得到造型统一、大小一致、材料合适的棋子呢？我们通过本项目来进行探究。 　　本项目内容实践性强，容易使学生产生学习的兴趣。但由于教学内容较多，在教学组织上有一定难度。本项目意在让学生了解、认识Cnstu 3D软件和Cura软件，掌握3D打印机的使用，体验3D打印的过程。教师在教学中不仅要注重技术，更要让学生体会合作的意义，获得"动手做"的课堂体验。		

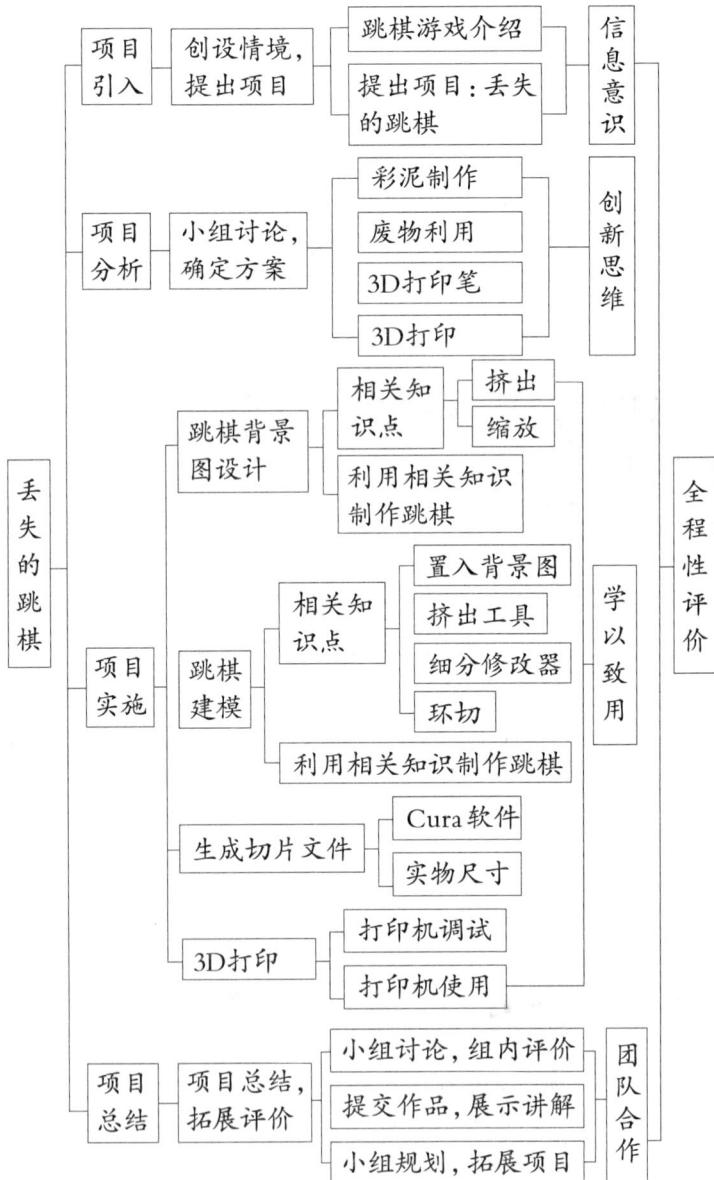

二、项目过程设计

项目实施

一、第一课时

1. 创设情境，提出项目

一副跳棋中丢失了几颗棋子，同学们分小组讨论一下，我们可以怎样补上这颗棋子呢？

（1）用橡皮泥制作。

用橡皮泥分别制作圆球、圆锥体，将牙签裁剪至合适的长度，将各部分连接起来，如图9-9所示。

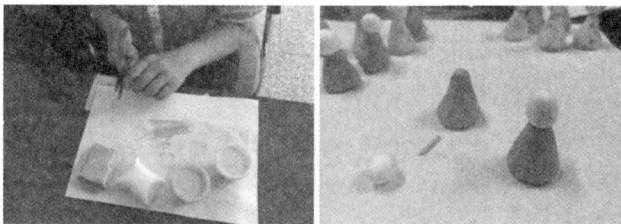

图9-9 用橡皮泥制作棋子

（2）用废旧报纸制作。

取一盆水，将废旧报纸放入浸泡两天。两天后，废旧报纸已被浸泡成纸浆，将纸浆放入圆锥形模具，压紧成型，如图9-10所示。

图9-10 用废旧报纸制作棋子

项目实施

（3）用3D打印笔制作。

测量跳棋的高度和底部直径，讨论制订平面绘制方案，用3D打印笔绘制跳棋的各个平面并黏合、修改，如图9-11所示。

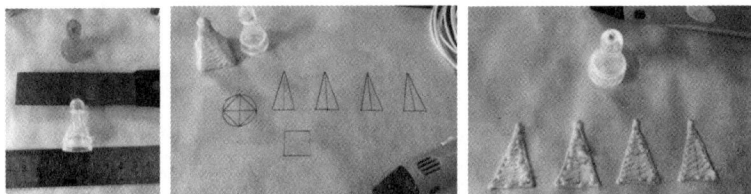

图9-11 用3D打印笔制作棋子

（4）用3D打印

教师播放视频，让学生了解3D打印的过程，同时发放3D打印出来的棋子，让学生对比分析3D打印模型的效果，如图9-12所示。

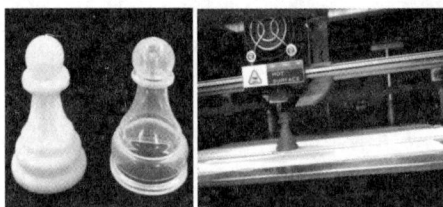

图9-12 用3D打印制作棋子

2. 小组讨论，确定方案

分组讨论，分析完成各种方案的利弊，并填写表格，如表9-1所示。

表9-2 各方案利弊分析表

方案	评价标准			
	环保	美观性	实用性	技术性
橡皮泥				
废旧报纸				
3D打印笔				
3D打印				

初步制订解决方案：使用3D打印。

3. 制订项目计划

经过小组讨论，确定需要解决下列问题：①绘制跳棋截面图；②参照背景图建模；③使用切片软件设置大小；④使用3D打印机打印模型。

二、第二课时

1. 情境引入

教师展示跳棋原件和3D打印的跳棋，学生对比观察，小组讨论思考建模方法。

教师展示建模过程，分析讲解需要使用的建模技能，学生回忆复习之前学到的相关知识。

2. 新课内容

（1）教师播放用Photoshop软件绘制跳棋背景图的微课视频，并下发跳棋实物前视图的照片。学生了解学习背景图的制作，用Photoshop软件绘制背景图。

（2）教师播放跳棋建模微课视频，重点演示讲解如下步骤：①导入背景图片；②插入经纬球并删除底部半球；③编辑状态下挤出"跳棋"外部结构；④利用环切工具调整跳棋外形；⑤添加细分修改器；⑥利用挤出工具向内收口完成模型，在软件中生成stl文件格式并保存。

（3）小试牛刀。学生制作，教师巡回观察学生的制作过程，同时答疑、发现问题。

（4）总结展示。

教师展示并点评学生作品，同时就制作过程中出现的问题进行讲解。对学生的创意作品进行鼓励。

三、第三课时

1. 展示3D打印的过程

教师讲解切片软件Cura的使用方法，以及打印参数的设置方法。演示3D打印机打印跳棋模型的过程，学生观看并理解3D打印机的工作原理。

项目实施

2. 项目拓展

学生参照已经完成的跳棋建模课程，设计更多有趣的益智棋类游戏，可参考表9-2。

表9-2 项目拓展

益智棋类	创意部分	需要再学习的内容
国际象棋	各类挤出效果	原地挤出，控制器缩放
中国象棋	文字、分面上色	文本网格
围棋	围棋盒、桌子	各自挤出、分面上色，阵列修改器

3. 小组评价

教师请每组推选一件优秀作品，由学生介绍自己的跳棋作品、详细说明自己的创意及使用的软件功能，最后投票选出全班最优秀的作品。

学生通过互相欣赏并点评作品，锻炼自己的语言表达能力，提高审美和欣赏的能力，教师及时给予鼓励表扬，提升学生的成就感和自豪感。

成果与评价

1.成果呈现方式

3D打印的跳棋作品。

2.评价方式（单独评价表以附件形式呈现）

填写评价量表（见附表2）。

附表1：

"丢失的跳棋"项目学习单

丢失的跳棋	
我们的小组成员	
我们的创意	
优缺点	

附表2:

"丢失的跳棋"项目评价量表

	知识点	课程内容掌握情况			创作体验感受		
		融会贯通	基本知道	只学会皮毛	非常好	还可以更好	一般
Cnstu 3D	挤出						
	环切						
	材质						
Cura	参数设置						
	保存文件						
3D打印机	导入文件						
	3D打印原理						

案例32
水上救援飞机的设计

一、项目基本信息

项目名称	水上救援飞机的设计	执教教师	
项目学科	信息技术	适用年级	八年级
相关学科	物理		
项目时间		课时数	5
教材资源	山东教育出版社 初中《信息技术》第5册第2~6课		
项目描述	1. 项目目标（核心问题） （1）利用Cnstu 3D软件制作一个水上飞机模型。 （2）培养学生利用计算机解决实际问题的能力。 （3）通过探究学习，学生自主实现已学知识的迁移，学习与他人合作。 （4）能够通过实际问题发现事物的本质。 2. 项目背景及实施策略 　　在之前的学习中，学生对Cnstu 3D的基本操作已经有所了解。随着社会的发展和科技的进步，人类对海洋运输的依赖越来越大，但船只在远洋失事后的救生是个难题，如何能以最快的速度赶到失事地点并救起生还者呢？本项目的设计目标就是设计一种救援飞机，用于解决远洋船只遇险的问题，基于此设计本项目。 　　项目实施采用多课时、小组合作探究的方式，教师提供必要的材料及工具，如文具、评价表等。		

项目流程图	水上救援飞机的设计	项目引入	创设情境，提出项目	你所了解的飞机有哪些
				飞机为什么能飞
				飞机的外形为何千差万别
		项目分析	小组讨论，确定方案	飞机如何飞行
				影响飞机外形的因素
				设计本组的飞机方案
		项目实施	绘制飞机草图 相关知识点	飞机如何正常飞行
				飞机外形受什么因素的影响
			绘制草图	
			制作飞机模型 相关知识点	挤出
				缩放
				桥接
				旋绕
				布尔修改器
			制作模型	
		项目总结	项目总结，拓展评价	小组展示
				讨论评价

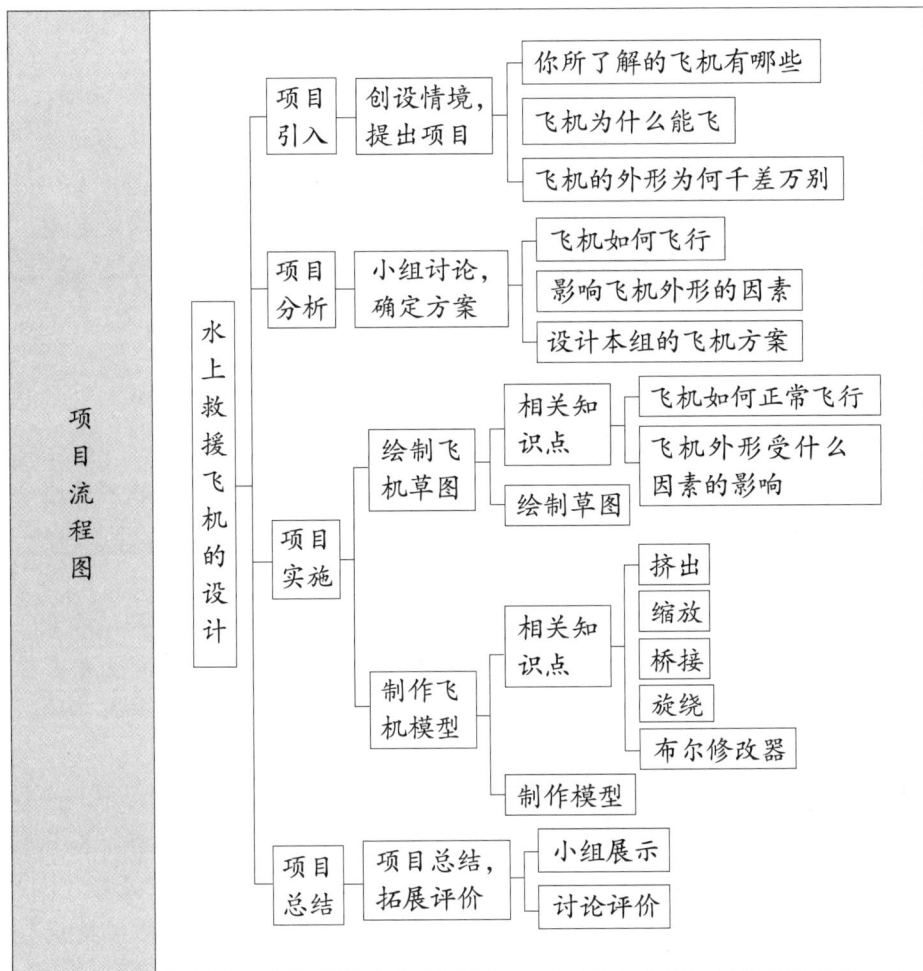

二、项目过程设计

项目实施	**一、第一课时** 1.创设情境，提出项目 　　教师展示多种类型的飞机，给学生发放飞机的诞生与发展的相关资料，播放飞行表演的视频，以此激发学生的学习兴趣。询问学生都见过哪些类型的飞机，继而引出飞机为什么能飞起来，又是什么因素导致了飞机外形千差万别。

2.重点难点

（1）学习相关材料。

飞机为什么能飞？飞机靠什么前进？飞机是如何实现左右转向和上下升降的？

教师准备相关阅读材料发给学生，如《升力的产生》《飞机发动机》《飞机的转弯与升降》。

对飞机飞行的基本知识有了了解之后，学生需要进一步了解不同用途的飞机。

（2）进行问题探究。

教师展示不同功能、不同样式的飞机的图片。

现实生活中，飞机的样式千差万别，这是因为它们要在不同的环境中执行不同的任务，这就导致了飞机外形各不相同，这些外部因素是如何影响飞机结构的呢？

阅读材料后进行小组讨论，将相关影响因素和影响结果记录下来。（材料内容：起降环境、飞行环境、任务目标及由此衍生出来的安全性、经济性等因素对飞机的机翼、发动机、机身、起落架等的影响。）

3.小组讨论、总结

通过学习，学生对飞机结构的相关知识有了一定的了解，各小组轮流展示自己小组总结的内容，比较一下哪个小组总结得最好。

学生以小组为单位展示，教师点评，其他小组的同学提出建议。

4.课后思考

飞机为什么会飞？影响飞机结构外形的因素有哪些？

二、第二课时

1.课程导入

通过上节课的学习，学生初步了解了飞机为什么会飞及影响飞机外形的各种因素。本节课学以致用，让学生设计一架用于海上救援的飞机。（学生只需要设计出大体的飞机外形并用Cnstu 3D软件建模即可，并不需要设计出一架真正能够飞行的飞机。）

项目实施

项目实施

2.重点难点

（1）项目设计目标。项目设计目标具体有以下要求：

①能够在水上起降，以便营救遇险者。

②能够飞行较长距离，有足够的续航能力到达出事海域。

③有较大的机身，以便容纳救援物资及获救的遇险者。

④具有较好的视野，以便观察海面，搜索遇险者。

（2）总结归纳。

学生阅读设计要求，结合上节课所学的知识，小组讨论，分析归纳，总结影响因素并填写表格，如表9-3所示。

表9-3 水上救援飞机外形的影响周素表

飞机结构	机身	机翼	发动机	起落架
影响因素				
选择样式				

（3）设计水上救援飞机的外形。

通过前面的分析归纳总结，各小组对飞机各个部分的样式已经确定下来，请各组把它们在纸上组合起来，形成飞机草图。

3.作品展示、评价

各个小轮流展示并解说自己小组的设计草图，评价哪个小组的设计最新颖、最合理。

4.课后总结

教师对设计草图进行点评。

三、第三、四课时

1.课程导入

本节课需要学生把自己设计的飞机草图用Cnstu3D软件进行建模。

2.重点难点部分

在以往的学习中，学生已经初步掌握了Cnstu3D软件建模的基本操作，为了能够巩固学习，教师提供操作视频供学生在制作过程中参考。

<table>
<tr><td rowspan="5">项目实施</td><td>

学生完成水上救援飞机的3D建模，在这个过程中可以参考教师提供的视频，如有问题可小组讨论解决。

3.小组内进行作品展示、评价

学生以小组为单位进行组内展示，每组选出代表参加班级内的展示，展示的内容包括3D模型、幻灯片与解说词等。

4.课后总结

教师对救援飞机3D模型作品进行点评。

四、第五课时

1.小组项目总结

整体评价，拓展提升。

2.班内展示

小组代表用幻灯片演示解说，学生、教师打分。

</td></tr>
</table>

项目实施	学生完成水上救援飞机的3D建模，在这个过程中可以参考教师提供的视频，如有问题可小组讨论解决。 3.小组内进行作品展示、评价 学生以小组为单位进行组内展示，每组选出代表参加班级内的展示，展示的内容包括3D模型、幻灯片与解说词等。 4.课后总结 教师对救援飞机3D模型作品进行点评。 **四、第五课时** 1.小组项目总结 整体评价，拓展提升。 2.班内展示 小组代表用幻灯片演示解说，学生、教师打分。
成果与评价	1.成果呈现方式 水上救援飞机3D建模作品。 2.评价方式（单独评价表以附件形式呈现） 以小组为单位，学生用幻灯片展示效果图并配以解说的形式呈现本组作品，全体同学讨论评议、打分投票。评出"最佳作品"、"最佳团队"等奖项。

附表1：

"水上救援飞机的设计"小组分工情况表

组名			
组长		分工	
成员1		分工	
成员2		分工	
成员3		分工	

附表2：

"水上救援飞机的设计"过程性评价表

评价项目	评价内容	评价分值			
		6分	4~5分	3分	1~2分
小组分工	1.分配任务合理				
	2.主动接受任务				
学习态度	1.积极参与				
	2.主动提出想法				
	3.积极克服困难				
合作交流	1.主动与成员合作				
	2.善于倾听他人意见				
	3.对小组学习做出贡献				
学习能力	1.知识学习掌握程度高				
	2.学习方法得当				
数据记录	1.及时完成记录				
	2.数据分析完整、严谨				

案例33
创意水杯DIY

一、项目基本信息

项目名称	创意水杯DIY	执教教师	
项目学科	信息技术	适用年级	八年级
相关学科	信息技术		
项目时间		课时数	4
教材资源	山东教育出版社 初中《信息技术》第5册第4、5课		
项目描述	1. 项目目标（核心问题） （1）通过让学生设计创意水杯的模型，掌握建模软件的基本操作方法。 （2）了解水杯的发展史，使学生能将源于生活的创意用建模的方式呈现。 （3）通过项目式学习，培养学生使用计算机解决实际问题的能力。 2. 项目背景及实施策略 水是生命的源泉，是人体重要的组成部分，所以我们每天要喝大约1200ml的水，才能满足一天的需求，为了补充水分，水杯就成了每人日常生活中的必备用品。水杯种类繁多，功能各不相同。为解决喝热水烫手的烦恼，请学生发挥创意改进水杯，基于此设计此项目。 项目实施采用多课时、小组合作探究的方式，教师提供必要的材料及工具，如文具、评价表等。		

项目流程图	创意水杯DIY	项目引入	创设情境，提出项目	联系实际获取信息	信息意识
		项目分析	小组讨论，确定方案	多方参考草图设计	设计创新
		项目实施	创意模型，美化装饰	构建基本形状 / 添加创意造型 / 美化装饰模型	计算思维
		项目总结	打印、展示、评价	打印验证，自我评价	信息社会责任

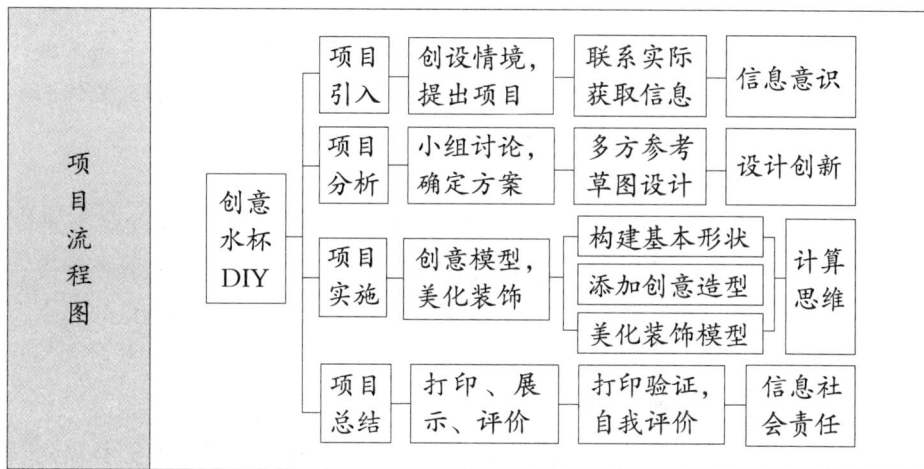

二、项目过程设计

项目实施

一、第一课时

1. 创设情境，提出项目

水杯是我们每个人日常生活中的必备用品，包括玻璃杯、塑料杯、纸杯、保温杯等。

水杯是如何发展到现在的外观形态的？

学生观看水杯发展历程的视频，了解水杯的演变过程。

水杯的形态还在不断变化中，当我们去商场选购水杯的时候，各种各样的杯子就会进入我们的视线，它们颜色鲜艳、造型独特。我们在生活中经常使用一次性水杯（纸杯），当要喝热水的时候，很容易烫到手，怎样改进水杯，让它既好用又美观呢？

2. 小组讨论，确定方案

（1）根据任务划分小组，确定人员分工，填写小组分工情况表（见附表1）。

·组长：方案实施过程的组织者。

·全体成员：填写设计表及模型绘制、相关资料的搜索、展示和汇报。

成员1：3D建模、3D打印。

成员2：记录整个项目过程、遇到的问题及解决方案。

（2）小组进行充分讨论，经过思维碰撞后，设计出水杯草图，画在设计草图记录表（见附表2）中，引导学生从造型、色彩、装饰三个方面对自己的建模方案进行设计，初步制订解决方案。

3.制订项目计划

引导学生写出完成这个项目的步骤，罗列出项目所需的已掌握的技能和未掌握的技能，填写知识清单（见附表3），然后从教师所提供的微课、导学案等资料中自学未掌握的技能，为解决问题做好充分的准备。

二、第二课时

通过上节课的研究，大家对水杯有了充分的了解，并且初步完成了水杯的草图设计；根据课下走访水杯店的活动，改进了水杯草图，今天就用3D建模软件完成制作吧。

1. 构建基本形状

学习3D建模软件的基本操作方法，是制作创意水杯的第一步，学生通过教师录制的微视频，利用已有知识，自主学习3D软件的基本操作方法（挤出、缩放、旋绕、细分、环切等）。

2. 添加创意造型

结合自己所学知识及教师录制的微视频，在模型上添加自己的创意。在水杯上添加文字是本项目的技术难点，Cnstu3D提供添加文字的功能，但是不能直接添加汉字，所以英文字母和数字可以直接需要先写在记事本中，再复制粘贴过来。以小组为单位进行作品创作。

3. 美化装饰模型

引导学生充分发挥自己的想象力给水杯上色，通过色彩搭配提升自己的创作能力。

三、第三课时

1.3D打印验证

建模后进行切片，再使用3D打印机打印作品。

2.了解3D打印，观看视频

了解3D打印在生活中的应用。

项目实施	**四、第四课时** 1. 项目总结 填写过程性评价表（见附表4），制作多媒体演示文稿，各小组成员进行总结，分享所设计作品的思路及设计中遇到的问题及解决方法。 2. 展示评价 展示水杯模型，学生评价和教师评价相结合，评选出优秀设计作品。
成果与评价	1. 成果呈现方式 3D打印的水杯模型或成品。 2. 评价方式（单独评价表以附件形式呈现） 学生自我评价，填写过程性评价表（见附表4）。

附表1:

"创意水杯DIY"小组分工情况表

组名			
组长		分工	
成员1		分工	
成员2		分工	
成员3		分工	

附表2：

"创意水杯DIY"设计草图记录表

水杯名称			
设计者		组名	
水杯 模型 设计 草图			
设计 意图			

附表3：

"创意水杯DIY"知识清单

项目完成步骤	已掌握的技能	未掌握的技能

附表4：

"创意水杯DIY"过程性评价表

评价项目	评价内容	评价分值			
		6分	4~5分	3分	1~2分
小组分工	1.分配任务合理				
	2.主动接受任务				
学习态度	1.积极参与				
	2.主动提出想法				
	3.积极克服困难				
合作交流	1.主动与其他成员合作				
	2.善于倾听他人意见				
	3.对小组学习做出贡献				
学习能力	1.知识学习掌握程度高				
	2.学习方法得当				

案例34
神奇的轮子

一、项目基本信息

项目名称	神奇的轮子	执教教师	
项目学科	信息技术	适用年级	六年级
相关学科	历史、科学		
项目时间		课时数	4
教材资源	山东教育出版社　小学《信息技术》第6册第一单元		
项目描述	1.项目目标（核心问题） （1）体会轮子的省力作用，了解轮子的发展史，探究轮子的结构。 （2）学习3D建模软件中的布尔运算、挤出和添加颜色等操作。 （3）通过设计轮子的环节，提高学生的审美和创新能力。 （4）将创意制作环节与生活实际相联系，培养学生解决实际问题的能力。 （5）通过项目式学习，培养学生建立合作精神和跨学科学习的能力。 2.项目背景及实施策略 　　现代教育环境中，学校教育更加注重培养学生的创新思维和实践能力，3D设计和打印技术课程的开展更增加了学生动手操作的机会，这都有助于打破学生"手脑失衡"的现状。项目式学习不仅有利于培养学生的创新思维，更能提高		

项目描述	学生的动手实践能力。学生在真实情景中，动手解决生活中的问题，进行科技创新，形成和提高创新意识。本项目以贴近学生生活的轮子为主题，从学生的认知特点和生活经验出发，引导学生学习了解轮子的发展史、结构和功能，学会分析和解决问题，体验3D设计的魅力和乐趣。 该项目由多课时完成，采用小组合作式、项目式教学模式，最大限度地让学生在做中学，在探究过程中进行个性化创造。
项目流程图	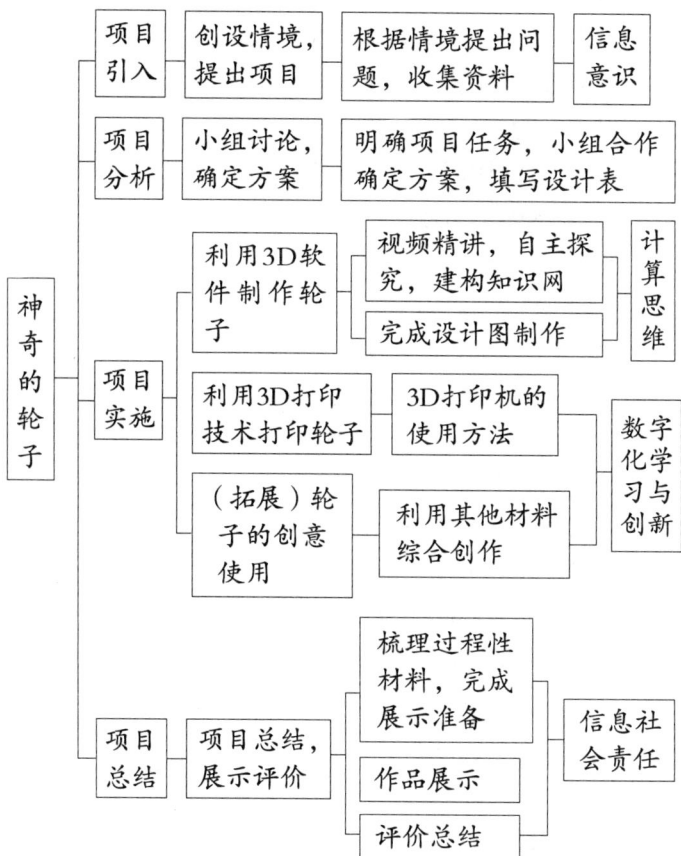

二、项目过程设计

项目实施

一、第一课时

1.创设情境，提出项目

观看原始人推重物的视频，教师提问：同学们能帮他们想想办法，让重物推起来更容易一点吗？原始人就是用滚木充当轮子的。轮子有很悠久的历史，它是如何从滚木演变成现在的模样的？让我们一起走进轮子博物馆，了解一下轮子的故事吧。

轮子在我们生活中的应用很广泛，你们对轮子的了解有哪些呢？还想了解轮子的什么信息？

2.提出问题，研究轮子

教师提出问题：①轮子的来源和历史；②轮子的材料和结构；③轮子的设计和应用。

带着问题收集资料，填写资料汇总表（见附表1）。

3.明确项目任务

从本节课开始，我们将一起来研究如何设计一款神奇的轮子，利用3D建模软件进行制作，并且尝试应用到生活实际问题中去。

4.小组讨论，制订项目计划

（1）确定人员分工，填写小组分工情况表（见附表2）。

（2）制订设计方案，填写项目设计表（见附表3）。

5.交流讨论

学生交流项目设计，修改设计方案。

二、第二课时

1.探究3D建模软件

请先自测3D建模软件的基本操作（添加、删除、缩放、旋转），结合老师录制的视频，自主探究完成以下三个练习：①布尔修改器制作轮毂；②挤出操作制作轮辐；③漂亮的轮子——添加颜色。

2.利用3D建模软件完成轮子设计

通过练习，相信你们已经成为独当一面的设计师了！小组合作利用3D建模软件完成作品制作。遇到困难可以参考"操作锦囊"（视频和附表5）或寻求老师帮助。

项目实施	三、第三课时
	1. 3D打印
	学生观看视频，选择其中一种方式完成轮子的实物制作。
	视频一：3D打印机的切片方法和使用技巧。
	视频二：3D打印笔的使用方法和注意事项。
	利用3D打印机或打印笔完成轮子实物的制作。
	2. 拓展提升：轮子的创意使用
	教师提供其他材料（如硬纸板、木棍、卡纸等），学生结合材料创作作品，将设计打印的轮子巧妙地运用在生活中。
	四、第四课时
	1. 梳理过程性材料
	（1）以小组为单位，总结梳理过程性材料，完成过程性评价表（附表4）。
	（2）确定小组的展示形式（利用PPT、视频或自行解说），完成展示准备工作。
	2. 作品展示
	小组间分享所设计作品的亮点和作用，交流设计中遇到的问题及解决方法。
	3. 评价总结
	学生互评和师生共评相结合，过程性评价与总结性评价相结合，评选出优秀的设计作品。
成果与评价	1. 成果呈现方式
	各小组设计的轮子模型或打印的实物。
	2. 评价方式（单独评价表以附表形式呈现）
	填写过程性评价表（见附表4）。

附表1：

"神奇的轮子"资料汇总表

我所了解的轮子的来源和历史：
我所了解的轮子的材料和结构：
我所了解的轮子的设计和应用：

附表2：

"神奇的轮子"小组分工情况表

组名			
组长		分工	
成员1		分工	
成员2		分工	
成员3		分工	

附表3：

<h2 style="text-align:center">"神奇的轮子"项目设计表</h2>

我是小小设计师			
作品名称			
设计者		组号	
设计作品	（轮子设计草图）：		
设计意图	（在生活中的应用）：		

附表4：

<h2 style="text-align:center">"神奇的轮子"过程性评价表</h2>

评价项目	评价内容	评价分值			
		6分	4~5分	3分	1~2分
小组分工	1.分配任务合理				
	2.主动接受任务				
学习态度	1.积极参与				
	2.主动提出想法				
	3.积极克服困难				

（续表）

评价项目	评价内容	评价分值			
		6分	4~5分	3分	1~2分
合作交流	1.主动与其他成员合作				
	2.善于倾听他人意见				
	3.对小组学习做出贡献				
学习能力	1.知识学习掌握程度高				
	2.学习方法得当				
创新创造	1.作品具有创新性				
	2.能解决生活中的实际问题				
展示交流	1.讲解清晰，自信大方				
	2.全组成员参与，及时与台下同学互动交流				

附表5：

3D建模软件常用快捷键

功能	快捷键	功能	快捷键
删除物体	X	旋转	R
添加物体	Shift+A	缩放	S
全选	A	复制	Shift+D
编辑/物体模式切换	Tab	粘贴	Alt+D
挤出	E	在x轴上缩放	S+X

案例35
制作奥运五环

一、项目基本信息

项目名称	制作奥运五环	执教教师	
项目学科	信息技术	适用年级	六年级
相关学科	数学、美术		
项目时间		课时数	4
教材资源	山东教育出版社 小学《信息技术》第6册第3、4课		
项目描述	1.项目目标(核心问题) (1)学会添加柱体并掌握整体缩放和沿轴缩放的方法。 (2)学会给物体添加颜色。 (3)通过制作奥运五环中的圆环,掌握复制形状的方法。 (4)知道布尔修改器中三种布尔运算方法,能够利用布尔修改器设计出奥运五环,初步培养逻辑思维能力。 (5)在小组活动中培养合作能力,在制作中培养对3D设计的兴趣。 (6)能利用3D设计表达个人创意,提高独立设计与构图的能力。 2.项目背景及实施策略 学生在六年级初步了解了Blender的基本界面,在组装形状的过程中有了构图的意识,对形状的位置关系有了基本了解,本项目将继续提高学生设计与构图的能力。布尔运算在二维和三维设计中的应用十分广泛,如榫卯结构与布尔运算就有相似之处。在生活中,Logo设计、图形创意、机器零件、创意模型等领域都有布尔运算的应用。		

项目描述	项目实施采用多课时、小组合作探究的方式，教师提供必要的材料及工具，如网络环境、圆饼橡皮、研究记录表、评价表等。
项目流程图	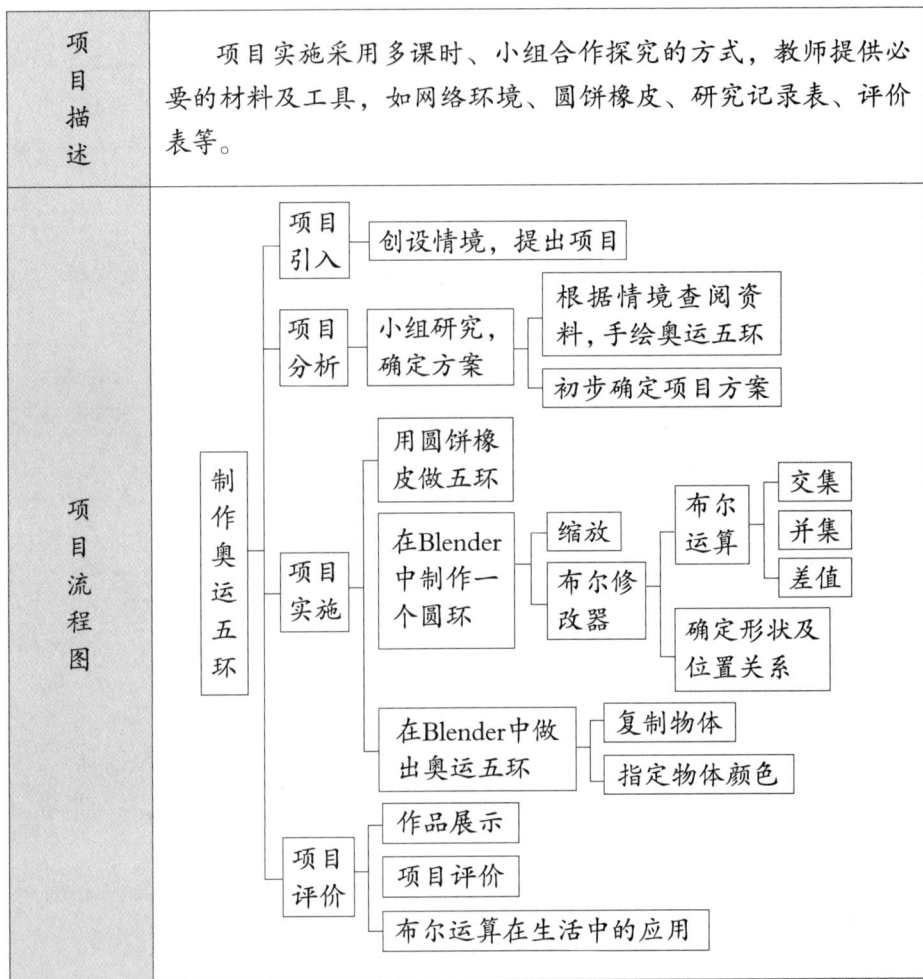

二、项目过程设计

项目实施	**一、第一课时** 1.创设情境，提出项目 　　教师播放视频："济南元素"亮相东京奥运会。颁奖台上的五环标志全部由济南的企业切割制作。 　　大家知道吗？东京奥运会和残奥会颁奖典礼使用的奥运五环全部是由我们济南的公司制作的。同学们知道奥运五环标志由哪些图形组

成吗？五环有什么象征意义吗？本学期我们学习使用的Blender软件也可以设计出奥运五环。同学们一起来试试吧！

2. 小组研究，确定方案

小组分组查阅资料，进行充分讨论，在组长的组织下画一画。

通过在纸上画出奥运五环，对五环中圆环的颜色、大小、位置形成准确认识。

3. 制订项目计划

小组讨论在3D建模软件中按奥运五环的具体操作步骤，填写人员分工、项目分解步骤，形成项目方案，填写项目制作方案表（见附表1）。

二、第二课时

1. 动动手试一试，圆饼橡皮变圆环

每个小组利用手中的圆饼橡皮做出一个圆环，在制作过程中体会布尔运算的内容。

2. 小组讨论如何利用Blender制作圆环

小组展开深入讨论，通过观看微课、学课本、实践操作等方法，在Blender中制作出一个圆环，可参考项目过程记录表（见附表2）。

三、第三课时

1. 圆环变变变——复制圆环、指定圆环颜色

学生通过自学课本第16页与18页的内容，找到复制圆环的方法，得到五个圆环，并为五个圆环添加颜色，组成奥运五环。

2. 创意设计

经过努力，大家都做出了属于自己的奥运五环。其实生活中使用布尔运算的例子有很多，教师通过出示生活中应用布尔运算的实例，请学生说出作品的制作思路，加深学生对形状及形状间关系的理解。

你们还想设计哪些创意作品？准备怎样实现？

小组讨论，试着画出平面结构图，在3D建模软件中进行设计。

四、第四课时

1. 各组作品展示，汇报研究过程

小组展示作品，根据过程记录表汇报本项目的实施过程。

项目实施

项目实施	全班投票评选出最佳小组作品。师生共同总结制作奥运五环的操作技巧，逐项落实项目目标。 2.布尔运算在生活中应用 小组展示创意作品，将所学知识应用到生活中。 3.项目评价 结合自评与组长评分进行总结与反思：通过本项目，你们还有什么想法和创意吗？你们对自己的作品满意吗？制作过程中印象最深刻的是什么？在本项目完成的过程中，你们对三维图形作品的设计有什么新的认识？
成果与评价	1.成果呈现方式 奥运五环3D建模作品、打印作品和创意作品。 2.评价方式（单独评价表以附表形式呈现） 各组展示创意作品，通过全班投票评选出"最佳个人创意作品"与"最佳小组作品"。

附表1：

"制作奥运五环"项目制作方案表

组名			
组长		成员	
"制作奥运五环"项目方案与分解步骤			

附表2：

"制作奥运五环"过程记录表

小组研究内容	研究方法	讨论内容
画：画出五环平面图	1.上网查找资料 2.小组讨论	1.奥运五环由哪些形状组成？都有哪些颜色？ 2.五环有什么象征意义吗？ 3.画五环平面图时应该注意些什么？
试：用圆饼橡皮做圆环	1.利用圆饼橡皮进行实践操作 2.小组讨论	怎样把圆饼橡皮做成圆环？
思：利用Blender制作圆环	1.自学课本第11页与14页的内容 2.小组讨论 3.观看微课《布尔运算》。	1.找一找3D建模软件网格中有我们需要的圆环吗？有圆饼形状吗？ 2.根据用圆饼橡皮做圆环的经验，思考在Blender中应该怎样做呢？
做：利用Blender做出奥运五环	1.观看微课《布尔运算》 2.小组讨论	制作五环的过程中遇到了什么问题？是怎么解决的？

附表3：

"制作奥运五环"过程性评价表

评价项目	评价内容	评价分值			
		6分	4~5分	3分	1~2分
小组分工	1.分配任务合理				
	2.主动接受任务				
学习态度	1.积极参与				
	2.主动提出想法				
	3.积极克服困难				
合作交流	1.主动与其他成员合作				
	2.善于倾听他人意见				
	3.对小组学习做出贡献				
学习能力	1.知识学习掌握程度高				
	2.学习方法得当				
数据记录	1.及时完成记录				
	2.数据分析完整、严谨				

■第十章
开源硬件创意设计
相关案例

　　随着"创客"及人工智能教育的不断深入，以开源硬件Arduino为代表的系列创意课程进入到了信息技术课程教学中，这是对信息技术课程的积极补充。众所周知，传统的信息技术课程基本以软件学习为主，几乎没有涉及硬件，开源硬件创意课程很好地弥补了课程的缺陷，做到了真正与时代接轨。

案例36
光控路灯创意设计

一、项目基本信息

项目名称	光控路灯创意设计	执教教师	
项目学科	信息技术	适用年级	九年级
相关学科	物理、数学		
项目时间		课时数	4
教材资源	山东教育出版社 初中《信息技术》第5册第二单元		
项目描述	1. 项目目标（核心问题） （1）了解光敏传感器的工作原理。 （2）利用Scraino软件编程并使用开源硬件搭建路灯创意模型，进行光控灯的制作。 （3）通过探究光敏传感器的原理，让学生体会科学研究的过程，了解工程设计的方法。 2. 项目背景及实施策略 路灯是日常生活中常见的基础设施，现实生活中的路灯多是定时开关，即在固定时间点亮或熄灭，而不是根据外界光线强度来自动控制的，这在一定程度上不利于人们的出行安全，而且会造成资源的浪费。 本项目是在学生对Linkboy和Scraino图形化编程的基础知识有一定了解的前提下开展的，教师引导学生认识并使用传感器，了解其工作原理，能够根据功能描述绘制流程图，并在软件中进行编程，在实物连接的基础上进行创意搭建和作品展示。本项目将采用多课时、小组合作探究的方式进行，教师提供设计表、评价表及探究实验装置等辅助材料。		

项目流程图	**光控路灯创意设计**	**项目引入**	创设情境，提出项目	由现实问题引发学生思考路灯的工作原理及改进措施
		项目分析	功能分析	关键元器件：光敏传感器 功能：白天熄灭，夜间亮起
			电路设计	在Linkboy中设计电路连接图
			流程图绘制	由教师引导，小组合作完成流程图绘制
			光控路灯创意设计图	结合生活经验及对本项目的理解，完成创意图绘制
		项目实施	实物连接程序下载	根据电路设计图完成实物连接并下载程序进行测试
			探究实验	探究最符合傍晚或黎明时刻光线强度的值
		项目总结	创意搭建	根据创意设计图完成创意搭建
			作品展示	小组展示，交流评价

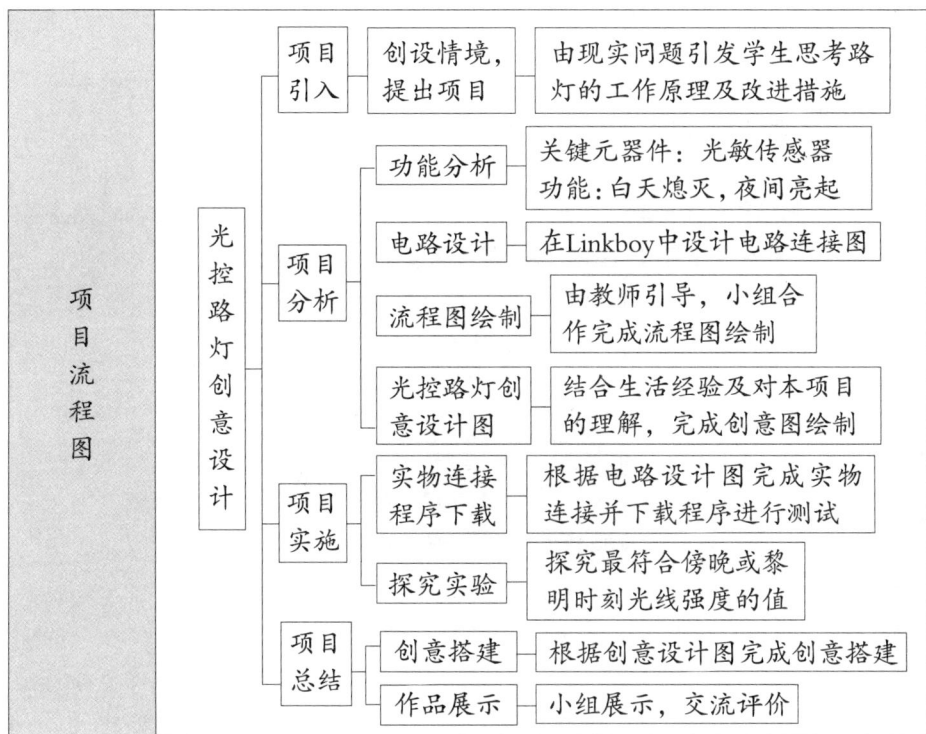

二、项目过程设计

项目实施

一、第一课时

1. 创设情境，提出项目

当夜幕降临时，我们总期盼有一盏灯能为我们照亮前方的路。你们观察过路灯是何时亮起和熄灭的呢？学生通过讨论，发现现实生活中的路灯多采用定时控制的方式，并不能根据外界的光线强度自动开关。由此提出项目主题——设计一款光控路灯。

2. 任务分析，明确目标

教师播放一段视频，展示利用光敏传感器控制的灯。

光敏传感器是控制灯亮灭的关键元器件，是利用半导体的光电效应制成的一种电阻值随入射光的强弱而改变的传感器。

教师提出具体的任务目标：使用光敏传感器来制作光控路灯。光线强度小于某个值时，路灯亮起；光线强度大于这个值时，路灯熄灭。

3.分步实施，任务探究

（1）电路设计。在明确目标的基础上，使用Linkboy进行模拟电路的设计和搭建，培养模拟实验思维。

从功能出发，分析所需元器件为Arduino主板、光敏传感器、LED灯等。学生根据所需的元器件，在Linkboy中尝试完成路灯的电路连接，并讨论光敏传感器控制路灯亮灭的工作过程（小组合作讨论完成）。学生展示小组电路连接图及讨论结果，示意图如图10-1所示。

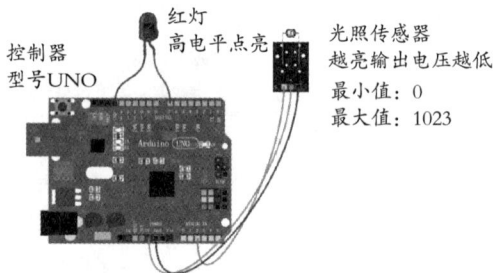

图10-1 电路连接示意图

（2）绘制流程图。教师根据学生完成的电路设计图引导学生分析流程图的绘制步骤，帮助学生理顺程序编写思维，如图10-2所示。

在电路连接图中，光敏传感器SGN接A2端口，VCC接5V端口，GND接地，LED灯正极接7号端口，负极接地。通过读取A2端口的模拟量值来进行判定，若模拟量小于20，则7号端口设置为高，并等待3秒，否则将7号端口设置为低。（其中20这一数值是为程序完整性而任意设定的，符合现实情况的数值将在第二课时中做重点探究。）

学生以小组为单位（3人/组），在方案设计表（见附表1）中绘制流程图。

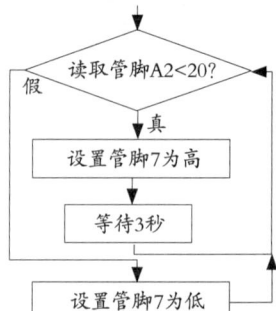

图10-2 电路连接流程图

（3）编写程序。根据流程图，在Scraino图形化编程软件中完成程序编写与调试，如图10-3所示。

图10-3 电路连接程序模块

（4）绘制光控路灯创意设计图。以小组为单位，在创意设计表上完成创意设计，结合自己的生活经验及对本项目的理解，从传感器的放置位置、路灯的外形设计及实用性等方面来进行设计并上交作品。

二、第二课时

1. 实物连接，测试程序

根据上节课中的电路连接图完成实物连接，并下载程序进行测试，如图10-4所示。

图10-4 电路实物连接

2. 模拟实际，探究问题

由实物连接后每组的测试结果，引发学生思考程序中数值20的意义，同时提出探究任务：找到最符合傍晚或黎明时刻光线强度的值，如图10-5所示。

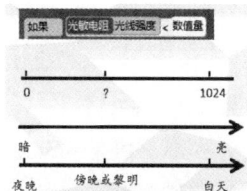

图10-5 找到适合特定时刻光线强度的值

（项目实施）

探究可调节亮度的黑箱的使用方法，教师演示，如图10-6所示。移动滑动变阻器的滑片调节灯泡的亮度，模拟白天至黑夜或黑夜至白天的过程，分段判定最符合傍晚或黎明时刻光线强度的值。学生分组进行探究实验，并填写光敏传感器探究表（见附表2），记录相关数据。

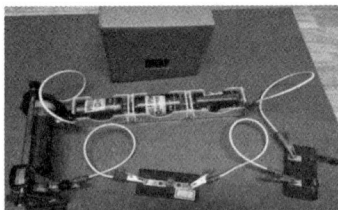

图10-6 可调节亮度的黑箱

项目实施

通过各组数值的不同引出第二个探究问题：影响光敏传感器检测光照的因素有哪些？学生根据自身实验情况进行分析表达，教师总结评价。

三、第三课时

根据创意设计图进行创意搭建。

搭建时可使用各种器材或木棒等工具，并制作项目汇报PPT，主要包含设计理念、创意点及功能特点。

四、第四课时

小组展示，交流评价。

以小组为单位演示讲解作品，小组间可交流经验。教师使用评价表对各小组进行总体评价。

根据光控灯的原理，尝试设计一款声光控灯，以小组为单位绘制流程图并编写程序，将程序下载到连接好的硬件中，观察效果并展示。

教师鼓励学生认真观察生活，并根据所学知识进行原理探究，理解探究问题的方法。

成果与评价

1. 成果呈现方式

光控路灯的设计模型，PPT演示文稿。

2. 评价方式（单独评价表以附件形式呈现）

使用评价表对各小组进行评价，填写评价表（见附表3）。

附表1：

"光控路灯创意设计"方案设计表

作品名称	
成员姓名	
核心功能	
附加功能	

路灯造型创意设计图	流程图

附表2：

"光控路灯创意设计"光敏传感器探究表

组名			
成员			
探究目的	1.探究路灯点亮时刻光敏传感器检测到的光线强度临界 2.影响光敏传感器检测的因素有哪些		
光线强度区间	0～300 lx		
	300～600 lx		
	600 lx以上		

（续表）

结论	

附表3：

"光控路灯创意设计"项目评价表

评价项目	评价内容	评价分值			
		5分	3~4分	2分	1分
小组分工	1.分配任务合理				
	2.主动接受任务				
合作交流	1.主动与其他成员合作				
	2.善于倾听他人意见				
	3.对小组学习做出贡献				
学习操作能力	1.流程图绘制				
	2.程序编写				
	3.草图绘制				
	4.实物连接				
	5.创意搭建				
数据记录	1.及时完成记录				
	2.数据分析完整、严谨				

案例37
制作音乐盒

一、项目基本信息

项目名称	制作音乐盒	执教教师	
项目学科	信息技术	适用年级	八年级
相关学科	物理		
项目时间		课时数	4
教材资源	山东教育出版社 初中《信息技术》第5册第二单元		
项目描述	1. 项目目标（核心问题） （1）通过声音的产生和传播的原理及声音的特性，探究音乐盒的原理。 （2）使用蜂鸣器连接芯片板，并通过可视化编程软件使蜂鸣器演奏音乐。 （3）小组合作，动手制作音乐盒，并探究怎样使音乐盒变得更美观、更有创意。 2. 项目背景及实施策略 八年级学生已经有一定的物理知识积累，对声音的产生和传播的原理及特性也有相应的认识，但是缺乏系统的了解。同时，他们对身边的事物如音乐盒也有很大的兴趣，想要探究其原理和构造。通过前期对Arduino的学习，学生也对编程知识有了一定的认识，具备一定的能力制作一个属于自己的音乐盒。项目实施采用多课时、小组合作探究的方式，教师提供必要的材料及工具，如文具、评价表等。		

项目流程图

制作音乐盒

项目引入 —— 创设情境，提出问题
- 展示音乐盒，思考音乐盒是怎么发声的
- 探究音乐盒的内部结构，得出发声的原理

项目分析 —— 小组讨论，确定方案
- 根据课本知识思考，可以使用什么代替发声的簧片
- 画出思维导图，设计制作方案

项目实施 —— 活动1：科学探究，解决问题
- 芯片板与蜂鸣器
- 选择乐谱，调整参数
- 讨论修改

活动2：作品制作，创意展示
- 创意与造型
- 合作制作
- 作品评价

项目总结 —— 项目总结，拓展评价
- 还能在哪些方面进行提高

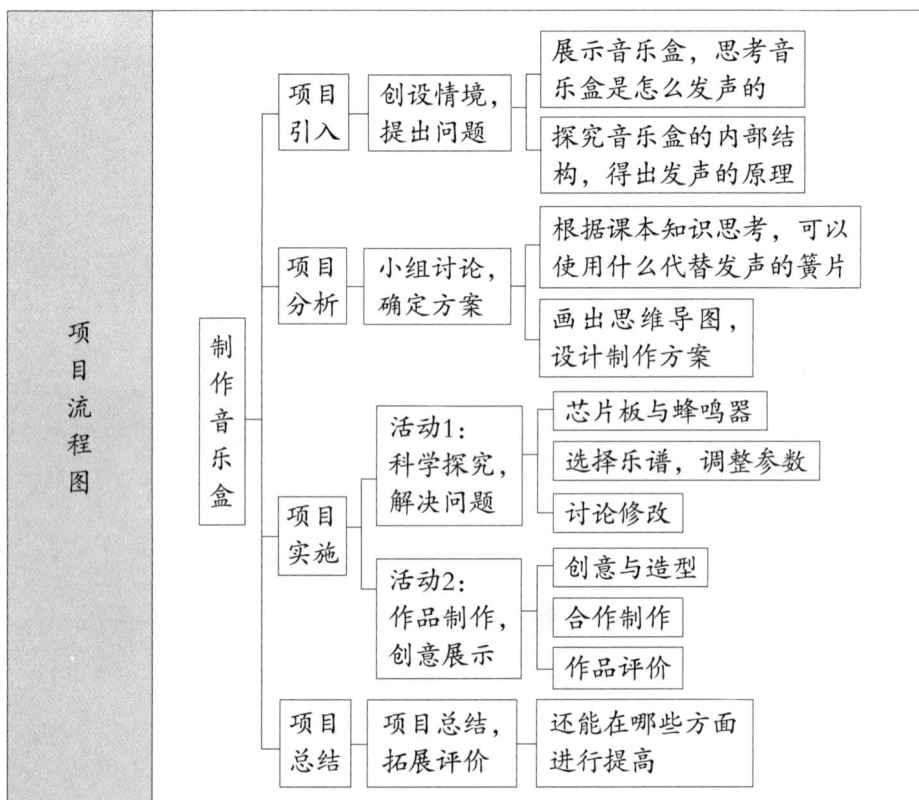

二、项目过程设计

项目实施

一、第一课时

1.创设情境，提出项目

同学们，你们肯定都见过或者拥有音乐盒吧？你们知道音乐盒是怎样发出美妙的音乐吗？它的内部结构是什么样子？声音从哪里产生，又是怎样传播出来的呢？这次让我们亲手制作一个美妙的音乐盒吧。

制作一个精美的音乐盒需要对下列问题进行探究：

（1）了解音乐盒的发展历史。

（2）了解音乐盒的结构。

（3）了解音乐盒的发声原理。

（4）列出制作音乐盒需要用到的材料。

（5）选择曲目，设计程序。

2.小组讨论，确定方案

学生自行分组，确定小组成员，并填写小组分工情况及评价表中（见附表2）。小组合作探究音乐盒的结构及发声原理，有条件的可以拆开音乐盒看一看，也可以通过网络搜索。

（1）了解音乐盒的发展历史。

音乐盒又称八音盒，1796年由瑞士钟表匠安托·法布尔发明，转动盒内的链环可自动演奏音乐。

（2）了解音乐盒的内部结构及发声原理。

学生观察后得出，音乐盒由音筒、音板、齿轮、发条、阻尼等部件组成，音筒上的凸点挑起音板后使音板振动，并按设计振动频率发出声音。簧片的长短决定了振动的频率，进而决定了音阶的高低。

（3）确定自制音乐盒需要用到的材料。

学生各抒己见，最后确定使用Arduino控制板和蜂鸣器代替滚筒和簧片，通过调整蜂鸣器频率来调整音阶，使用木板、彩纸、PVC材料，甚至3D打印来制作音乐盒的外壳。

（4）选择曲目。

在网络或者音乐书中搜索简单的乐谱，并记录下来。

（5）实际操作。

自主学习课本知识，为实际操作做准备。

教师引导学生画出思维导图，如图10-7所示。

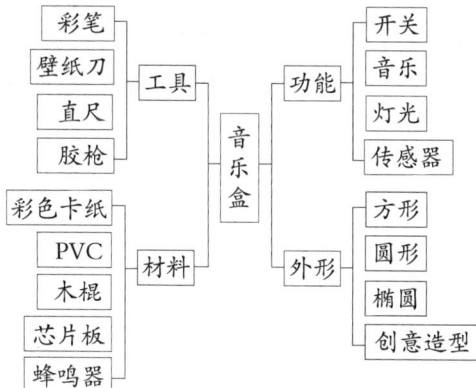

图10-7 "制作音乐盒"思维导图

（左侧竖排）项目实施

二、第二课时

活动1：科学探究，解决问题

1.连接控制板和蜂鸣器

教师提供Arduino控制板和蜂鸣器，学生依据课本自主探究学习怎样连接控制板和蜂鸣器。学生分小组合作学习，并填写过程性评价量表（见附表3）。成品如图10-8所示。

图10-8 连接控制板和蜂鸣器成品图

2.合作探究

（1）音调控制。决定音调高低的是震动频率，学生首先编写程序，尝试让蜂鸣器发出声音，经过不断调整频率高低，即可完成对音调的控制。

（2）节奏控制。调整语句执行时间，可以控制乐曲的节奏。

3.乐谱校准

反复调整语句参数，尝试探究语句中蜂鸣器频率、时间等参数设置对蜂鸣器音调的影响。对乐曲音准、节奏进行反复调整。程序模块如图10-9所示。

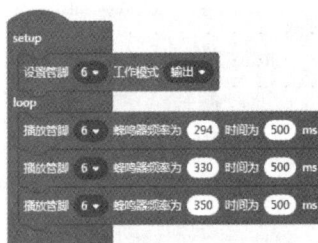

图10-9 节奏控制程序模块

通过多次尝试在程序上演奏乐曲，写出七个音符对应的频率，如表10-1所示。通过控制蜂鸣器频率来调整音阶，通过调整时间参数来控制蜂鸣器节奏，对照乐谱谱出乐曲。

表10-1 七个音符对应的频率

	do	re	mi	fa	so	la	si
低音	147	165	175	196	221	248	278
中音	295	330	350	393	441	495	556
高音	589	661	700	786	782	990	1112

项目实施

在探究过程中集思广益，主动学习知识并内化为自己的知识储备，培养学生细心观察、勇于探索、相互合作的精神和严谨的治学态度。

三、第三课时

活动2：作品制作，创意展现

1.绘制设计图

请同学们绘制设计图，由教师提供卡纸、彩纸等材料。请小组成员展开想象，考虑要设计一个什么形状的音乐盒？可以参考网上已有的音乐盒外观，也可以突显个性，自行设计。先在纸上画出雏形，制订方案；然后小组集体讨论创意与造型，进行修改，最终确定方案，并设计一个Logo，完成创作。

2.制作音乐盒

小组成员合作制作，推选出有美术功底的同学做"总监"，其他同学各显其能、各司其职，一起制作音乐盒。把提前制作好的蜂鸣器和控制板放入其中，留好出声孔，一个美丽而富有创意的音乐盒就制作好了。

四、第四课时

每个小组推选一名成员展示作品，就创作理念和制作过程展开阐述，小组间就音乐盒外形、创意、音乐表现力等展开评选并填写作品评价表（见附表1）；评选最佳创意奖、最佳音乐奖和最佳团队奖；小组内评价各个成员的表现，并填写过程性评价量表（见附表3）。

教师总结：美丽的音乐盒已经制作完成，我们还可以给它增加哪些装饰？大家在街上看到闪烁的霓虹灯是不是特别吸引人？我们也可以考虑给音乐盒增加LED灯光效果，有兴趣的同学可以在课后一起探究。

1.成果呈现方式

各小组制作的音乐盒作品。

2..评价方式（单独评价表以附件形式呈现）

填写过程性评价量表（见附表3）。

附表1：

"制作音乐盒"作品评价表

音乐盒作品打分表		
评价内容	评价分值		
	0~4分	5~8分	9~10分
作品创意			
外观设计			
音乐表现			
程序设计			

附表2：

"制作音乐盒"小组分工情况及评价表

组名					
组长		分工		评价	
成员1		分工		评价	
成员2		分工		评价	
成员3		分工		评价	

附表3：

"制作音乐盒"过程性评价量表

评价项目	评价内容	评价分值			
		6分	4~5分	3分	1~2分
小组分工	1.分配任务合理				
	2.主动接受任务				
学习态度	1.积极参与				
	2.主动提出想法				
	3.积极克服困难				
合作交流	1.主动与其他成员合作				
	2.善于倾听他人意见				
	3.对小组学习做出贡献				
学习能力	1.知识学习掌握程度高				
	2.学习方法得当				

案例38
智慧城市之光——智能路灯

一、项目基本信息

项目名称	智慧城市之光——智能路灯	执教教师	
项目学科	信息技术	适用年级	八年级
相关学科	物理		
项目时间		课时数	4
教材资源	山东教育出版社　初中《信息技术》第5册第3、4、9课		
项目描述	1.项目目标（核心问题） （1）学会设计路灯的样式，并利用3D建模软件建模；以Arduino控制板为载体，以Scraino为编程平台，实现光控、声控功能。 （2）通过小组合作探究的方式，满足学生自主学习的需要，达到让学生学会、会学、乐学的教学目标。 （3）通过具体的项目学习，学生能在教师的引导下主动发现问题，学会具体问题具体分析，寻找解决问题的办法，进一步关注社会热点和民生问题。 2.项目背景及实施策略 随着信息技术的不断发展，城市信息化水平不断提升，智慧城市建设应运而生，智能路灯是智慧城市中一个关键的基础设施。本项目以智能路灯为具体对象，综合了3D建模软件、Arduino、Scraino技术，具有较强的操作性，易激发学生的学习兴趣。在项目的实施过程中，由学生自己动手设计路灯的样式，然后在3D建模软件中进行建模，使学生获得		

项目描述	成就感；再利用Arduino控制板搭建实验环境，以Scraino为编程平台实现光控、声控功能，增强学生发现问题、分析问题、解决问题的能力。 本项目实施采用多课时，自我探究、小组合作探究、活动驱动等教学方式实施，教师提供软硬件支持及必要的材料，如调查表、评价表等。
项目流程图	智慧城市之光——智能路灯 **项目引入** 创设情境，提出项目 —— 以智慧城市中智能路灯为引入，激发学生的学习兴趣 **项目分析** 小组讨论，确定方案 制订项目计划 —— 小组讨论确定项目方案，制订项目计划 **项目实施** 设计路灯 —— 以小组为单位设计路灯，并使用3D建模软件进行建模 软硬件设计 —— 用Arduino UNO板搭建环境，利用Scraino编程 **项目总结** 项目总结，拓展评价 —— 师评与互评相结合 全程评价

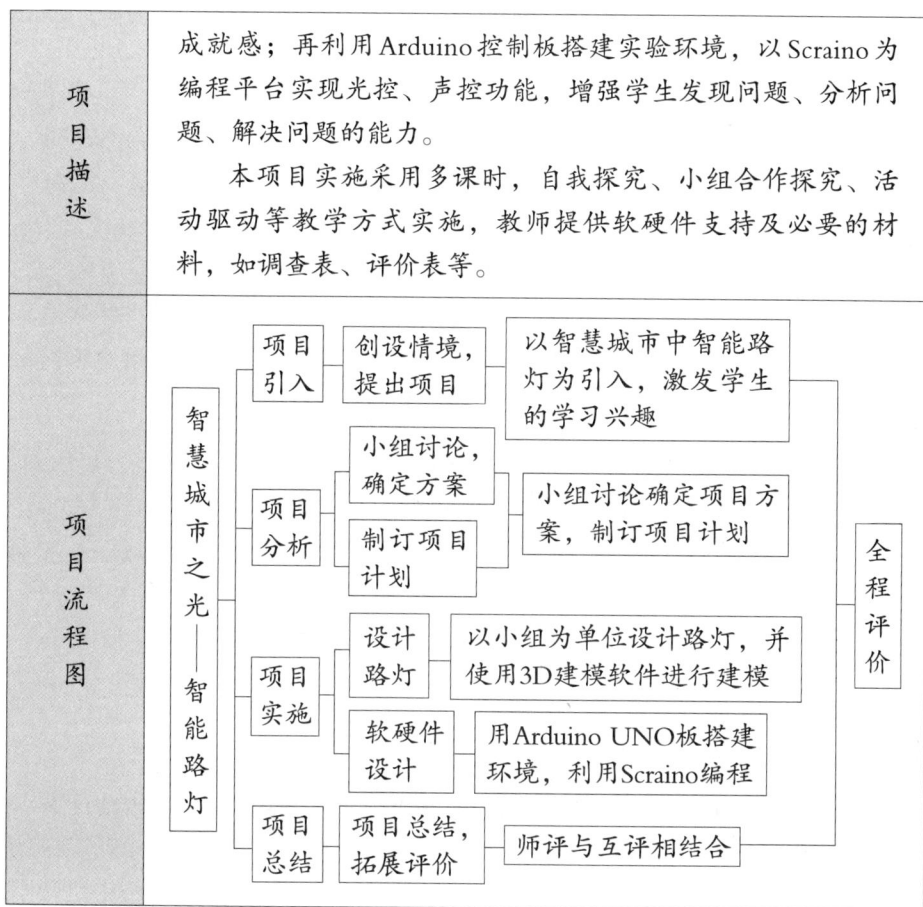

二、项目过程设计

项目实施	**一、第一课时** 1. 创设情境，提出项目 教师播放以"智慧城市"为主题的视频，引导学生思考"什么是智慧城市？""智慧城市有哪些先进之处？"让学生谈一谈他们所理解的智慧城市。 现阶段，智慧城市早已变成全世界诸多大城市整体规划和设计的优选方案，该模式致力于改善城镇居民的工作和生活条件。智能路灯是智慧城市中一个关键的基础设施，是人们日常生活中重要的公共设施。

请你们想一想：传统路灯存在哪些弊端？你们打算怎么解决？

2. 小组讨论，确定方案

每5人一组，分组讨论传统照明路灯存在的问题，针对每个问题设计解决方案。请组长为成员分配任务，完成小组调查情况表（见附表1）。

传统照明路灯大多采用手动、时控等开关方式，受季节、天气和人为因素影响很大，还会导致不必要的能源浪费。我们对普通路灯进行智能改造后，不仅能够提升城市街道的安全系数，还可大幅度降低路灯的电耗，有效提高节能率。

3. 制订项目计划

根据本项目的课程设计，制订如下项目计划：

（1）利用3D建模软件进行路灯建模。

（2）利用Arduino控制板搭建实验环境。

（3）利用Scraino编程平台，用代码实现光控、声控功能。

（4）项目总结，拓展评价。

二、第二课时

1. 设计路灯

日常生活中，你们所见过的路灯是什么样子的？为什么这么设计？

如果你们是路灯设计师，会把路灯设计成什么样子？请分小组讨论，并完成设计草图（见附表2）。

2. 制作初版路灯设计图

根据本小组的路灯设计图（或选择最简单的路灯模型），使用3D建模软件制作本小组所设计的路灯（即初版路灯），并进行制作方法的技术写作（见附表3）。

3. 制作终版路灯设计图

参考本小组内所有同学的技术写作记录表，整理出更准确完善的制作方法。根据初版路灯的制作情况，推举一位同学按照新的路灯制作方法制作终版路灯设计图。

項目實施

4. 打印模型

将每组的终版路灯设计模型设置好打印尺寸（设计的尺寸要考虑到主板的大小，要足以容纳主板和其他器材），使用3D打印机进行打印。

三、第三课时

1. 创意搭建，硬件设计

使用Arduino控制板、光敏传感器、声音传感器、LED灯来制作智能路灯的核心功能系统，用光和声同时对LED灯进行控制。

学生以小组为单位讨论，确定项目搭建方案并实施搭建。

硬件搭建时将声音传感器接A1端口，光线传感器接A2端口，LED灯接3号端口。参考接线如图10-10所示。

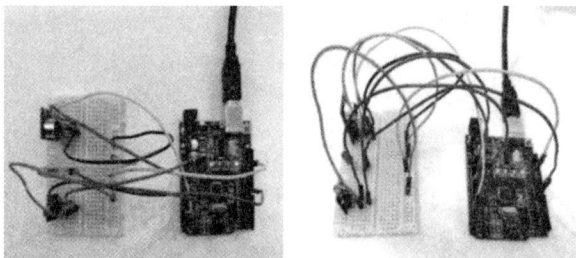

图10-10 硬件接线示例

2. 创意编程，软件设计

使用Scraino软件对开源硬件进行程序设计，LED灯亮必须满足两个条件：光线比较暗并且有声音。

学生以小组为单位进行讨论，确定程序设计方案并进行编程。

参考判定条件为"读取管脚A1模拟量>150"，并且"读取管脚A2的模拟量<20"。参考流程图如10-11所示。

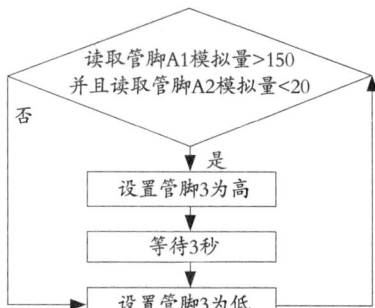

图10-11 声光控灯设计流程图

将流程图转换成Scraino程序，如图10-12所示。

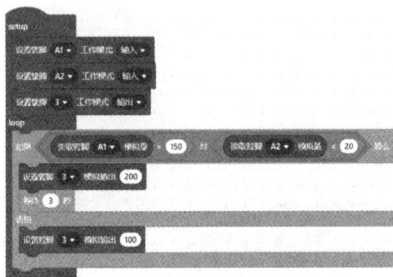

图10-12 声光控灯程序模块

四、第四课时

1. 拓展提升

请各小组同学结合本项目所学知识，充分发挥想象力与创造力，探究智能路灯还可能会有什么样的功能。鼓励学生设计具有自己风格的智能路灯，并完成创新点记录表（见附表4）。

2. 项目展示及汇报

每组根据本组的智能路灯设计进行总结，推举一位同学演示讲解，并解答同学们的疑惑。在此过程中，进行自评、组内互评和班级内互评，教师负责引导和全程评价。

3. 项目总结

目前，我国在智能路灯研发领域处于国际领先水平，在国内有大量的实施案例。智能路灯顺应了智慧城市的建设构想，在提升照明人性化的同时，兼顾了民生、安防、交通等多方面考虑。智能路灯可以有效控制能源消耗，大幅节省电力资源，提升公共照明管理水平，降低维护和管理成本等优势。

1. 成果呈现方式

智能路灯作品。

2. 评价方式（单独评价表以附件形式呈现）

本项目进行过程中，教师进行全程引导及评价。同时将个人自评、小组内互评和班级内互评相结合。具体评价要素及标准参考过程性评价表（见附件5）。

附表1：

"智慧城市之光——智能路灯"小组调查情况表

小组	发现问题	拟解决方法	备注
第一组			
第二组			

附表2：

"智慧城市之光——智能路灯"设计草图

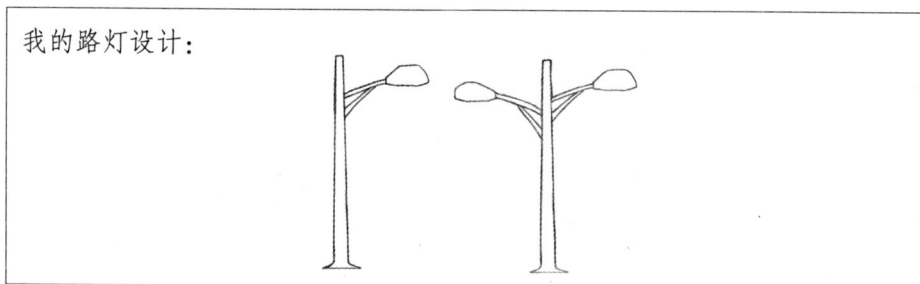

我的路灯设计：

附表3：

"智慧城市之光——智能路灯"技术写作记录表

路灯的制作方法：

（1）接地板、灯杆：新建柱体—调整柱体高度—选中上表面不断挤出、缩放

（2）灯臂：新建柱体—打开区域影响，选择线性，调整成弯曲—删除与灯具连接的面

（3）灯具：新建经纬球—调整成椭圆球—删除一半—删除与灯臂连接的部分面

附表4：

"智慧城市之光——智能路灯"创新点记录表

小组	创新点	拟实施方案	备注
	主动报警	路灯可以主动报警，自动将路灯故障原因上报管理部门	
	视频监控	配有高清监控摄像头，方便交通管理部门管理车流、人流	
	新闻广播	具有联网广播功能模块，当有突发情况时，可以及时向特定区域的人进行广播	

附表5：

"智慧城市之光——智能路灯"过程性评价表

评价项目	评价内容	评价分值			
		6分	4~5分	3分	1~2分
学习态度	1.主动接受任务				
	2.积极参与并提出想法				
	3.积极克服困难				
团队意识	1.完成分配的任务				
	2.善于倾听他人意见				
	3.主动与同学互助				
学习成效	1.设计并制作路灯模型				
	2.软硬件搭建				
	3.项目总结				

案例39
点亮生活

一、项目基本信息

项目名称	点亮生活	执教教师	
项目学科	信息技术	适用年级	七年级
相关学科	物理、美术		
项目时间		课时数	4
教材资源	山东教育出版社 初中《信息技术》第5册第二单元第8、9课		
项目描述	1. 项目目标（核心问题） （1）了解电的概念，掌握电路的基本构成。 （2）掌握LED灯正负极的区分，熟练使用LED灯。 （3）掌握Mixly（米思齐）图形软件中程序模板的使用方法，并熟练掌握程序的编译及上传。 2. 项目背景及实施策略 　　该项目首先让学生了解电的概念，体验电的存在，并认识LED灯的结构，能够用LED灯形成简单的电路。在基于Arduino单片机的图形化编程软件Mixly与发光二极管相结合应用的实例中，让学生简单了解Mixly的应用，以及单片机与发光二极管的使用，最终实现个人灯光效果创意及灯罩创意。 　　项目实施采用多课时、小组合作探究的方式，教师提供必要的实验器材。		

			项目引入	创设情境，提出项目
项目流程图	点亮生活	项目分析	小组讨论，确定方案	
		项目实施	活动1：实验探究，认识电路	绘制电路图，完成实验电路
			活动2：设计特色灯效	利用单片机与Mixly软件让LED灯亮起来
			活动3：制作创意灯罩	提升创新能力
		项目总结	产品展示，项目汇报等	

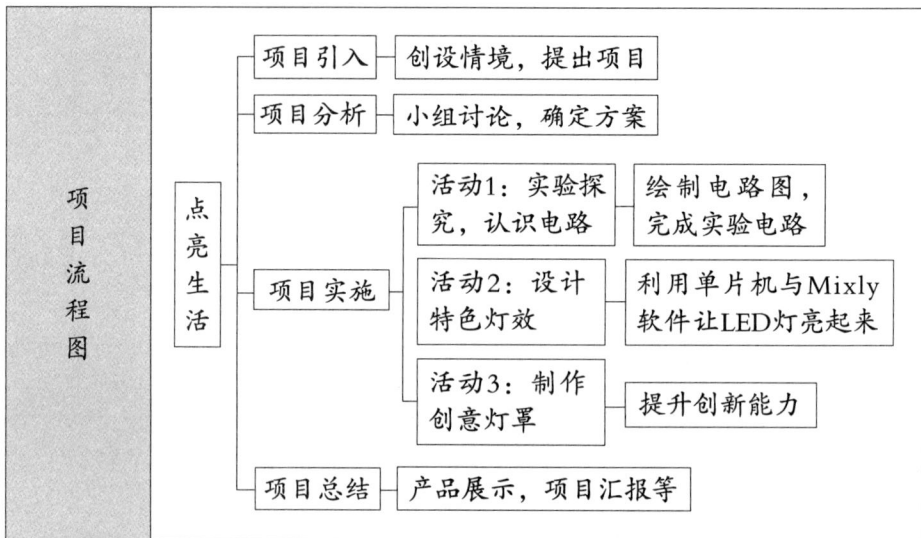

二、项目过程设计

一、第一课时

1. 创设情境，提出项目

大家平时所使用的台灯是什么样子的？在我们的日常生活中发挥了什么作用？让我们用自己制作的个人专属台灯，来装点生活、点亮生活吧。

2. 小组讨论，确定方案

个人专属台灯要具备什么样的灯光效果？如何选择灯罩的材质及样式呢？小组进行讨论并填写过程记录表（见附表1）。

活动1：实验探究，认识电路

（1）实验要求：实验桌上有干电池、LED灯和几根导线，试着把它们连接起来，让LED灯发光。

（2）实验设备：包含2节1.5V的AA电池的电池盒、杜邦线、3个LED灯。

（3）实验步骤：首先让学生分组尝试不同的电路结构，给学生提供足够的时间进行实验，让他们采用各种方式来排布实验设备，直到成功点亮至少一个LED灯。

4. 过程评价

绘制简易的器材连接图。

学生讨论：为什么正确形成了电路，但是LED灯不亮？

二、第二、三课时

活动2：设计特色灯效

1. 工具介绍

（1）硬件设备：单片机、面包板、导线、发光二极管、开关等。

（2）软件支持：图形化编程软件Mixly。

教师介绍Mixly的界面：左侧区域为Blocks分类区；中部为编程区域；最右侧图标分别对应程序居中、程序块放大、缩小显示及删除；底部灰色工具栏为功能菜单；最下方为信息显示区域，如图10-13所示。

Mixly是目前功能最丰富，操作最流畅的Arduino图形化编程软件。

图10-13 Mixly应用界面

2. 分组制作

各小组根据定制台灯的设计方案，绘制简单的流程图，如图10-14所示，再使用基于Arduino单片机的图形化编程软件Mixly和Arduino单片机、面包板、发光二极管等，完成定制台灯的灯光效果。

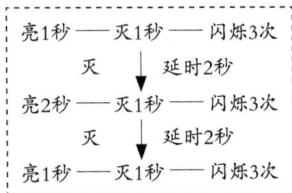

图10-14 SOS闪烁灯的流程图

3. 过程评价

绘制简单的流程图。

项目实施

项目实施	**三、第四课时** 活动3：制作创意灯罩。 1. 工具准备 生活中的废旧物品、3D打印设备等。 2. 分组设计制作 小组根据定制台灯的设计方案，运用符合设计方案的材质制作个性灯罩。 活动过程中，如发现方案的不合理之处，可不断修改、完善，直至最终完成灯罩的制作。 3. 过程评价 记录创意灯罩的材质、造型及最终效果，填写过程记录表（见附件1）。
	1. 成果呈现方式 创意台灯作品。 2. 评价方式（单独评价表以附件形式呈现） 填写评价单与过程性评价表（见附表2、附表3）。

附表1：

"点亮生活"项目式研究过程记录表

第一课时：个人定制台灯
讨论：请从台灯的灯光效果、灯罩材质及样式等方面进行设计
活动1：实验探究，认识电路
A.简单电路图
活动2：设计特色灯效
B.程序流程图
活动3：制作创意灯罩

（续表）

A.材质：
B.造型：
C.效果：

附表2：

"点亮生活"项目式研究评价单

一、收获经验
我学会了：
我收获了：
二、自我评价
A：我了解了基本的电路知识，我很高兴！ B：我点亮了个性台灯的灯效，我很优秀！ C：我完成了个性台灯的灯罩，我很满足！

附表3：

"点亮生活"项目式研究过程性评价表

评价项目	评价内容	评价分值			
		6分	4～5分	3分	1～2分
小组分工	1.分配任务合理				
	2.主动接受任务				
学习态度	1.积极参与				
	2.主动提出想法				
	3.积极克服困难				

（续表）

评价项目	评价内容	评价分值			
		6分	4～5分	3分	1～2分
合作交流	1.主动与其他成员合作				
	2.善于倾听他人意见				
	3.对小组学习做出贡献				
学习能力	1.知识学习掌握程度高				
	2.学习方法得当				
数据记录	1.及时完成记录				
	2.数据分析完整，严谨				

案例40
智能台灯

一、项目基本信息

项目名称	智能台灯	执教教师	
项目学科	信息技术	适用年级	五年级
相关学科	数学		
项目时间		课时数	4
教材资源	山东教育出版社 小学 《信息技术》 第6册第11、12课		
项目描述	1. 项目目标（核心问题） （1）学生能自主表述项目创意点的来源及对创意的理解。 （2）掌握循环结构和条件判断语句的使用，熟悉模拟电路与实物搭建的过程。 （3）通过项目式学习激发学生的学习兴趣，在学习的过程中让学生去体验知识、技能获取再运用的过程。 （4）学会探究和对已有知识的建构和迁移，不断提高自身的综合运用能力和信息素养，培养学生的创新精神和实践操作能力。 2. 项目背景及实施 随着社会的进步和科技的发展，电子产品的科技含量不断增加，生活中的家用电器也越来越趋向智能化，这使得普通家用电器在功能上更强大，使用上更方便，也更安全可靠，最重要的是更加节能。本项目在学习的过程中，要注意引导学生寻找创意点，激发学生的创意理念，加强他们对创意的理解，并能够结合创意点形成自己的智能创意作品。 项目实施采用多课时、小组合作探究方式，教师提供必要的材料及工具，如元器件、评价表等。		

| 项目流程图 | 智能台灯 | 项目引入 | 创设情境,提出项目 | 结合生活实际,提出需求,确定研究目标 | | | 信息意识 | 全程评价 |

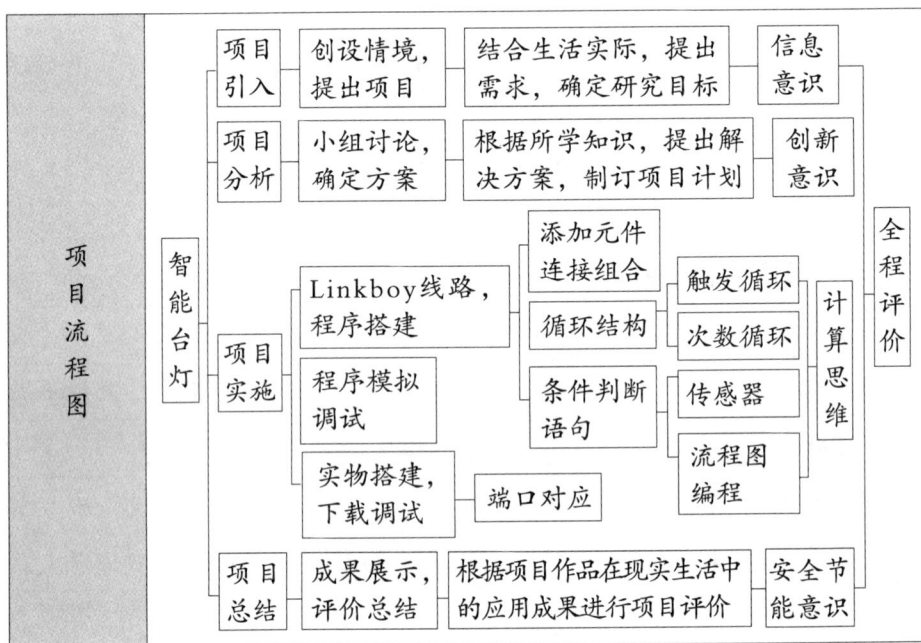

二、项目过程设计

一、第一课时

1.创设情境,提出项目

让学生观看几款创意作品,如创意插排、创意机器人小车、创意轮椅自行车、创意智能机械臂等智能创意的视频。

(1)提出问题:视频中的插排、机器人小车、轮椅自行车、智能机械臂和我们生活中常见的类似物品相比,创意点在哪?教师在这个过程中要注意激发学生的创意理念,引导学生在学习和生活中寻找创意点。

(2)根据上面的例子,谈谈自己对创意的理解。从生活中选择一件物品,谈一谈如何进行创意?

2.小组讨论,确定方案

首先,小组合作完成智能台灯创意探究单,如表10-2所示。讨论以下三个问题:①对于智能台灯,你有哪些创意点?②你的创意目的和意义是什么?③如何实现这些创意点?

项目实施

表10-2 智能台灯创意探究单

小组名称：		成员：
创意点	目的和意义	如何实现

其次，小组讨论设计作品外观，并绘制设计图。

二、第二课时

1.情境导入，引出问题

（1）教师播放视频：十字路口的车辆有序行驶，引出红绿灯的设计，如图10-15所示。

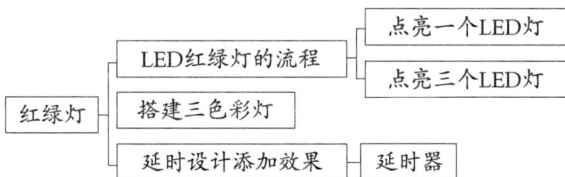

图10-15 红绿灯设计流程图

（2）总结规律

学生观察红绿灯的亮灭规律并进行总结。

2.元件准备和连接模拟电路。

（1）小组讨论所需的元件，并在Linkboy中连接线路。

（2）小组展示，全班交流（注意限流电阻的作用及使用）。

3.编程

（1）红绿灯的亮灭规律：红灯点亮3秒后熄灭，黄灯闪烁3次后熄灭，绿灯点亮3秒后熄灭，如此反复，如图10-16所示。

（2）小组讨论指令写法，完成探究单，如表10-3所示。

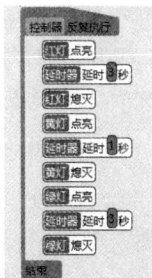

图10-16 红绿灯亮灭程序编写

表10-3 红绿灯闪烁效果指令探究单

小组名称：	成员：		
闪烁效果	指令设计	实验结果	二次修改指令
红灯亮3秒熄灭		是否与预期效果相符：A.是 B.否 分析与预期效果不相符的原因	
黄灯闪烁3次熄灭			
绿灯亮3秒熄灭			

（3）小组展示，全班讨论。重点讨论延时器和次数指令的使用。

（4）完善指令，实物搭建。教师重点强调端口保持一致。

（5）作品展示，点评。

4.生活中的LED灯

引导学生留心观察生活中的LED灯。

三、第三课时

小组合作，制作一款智能台灯，流程如图10-17所示。

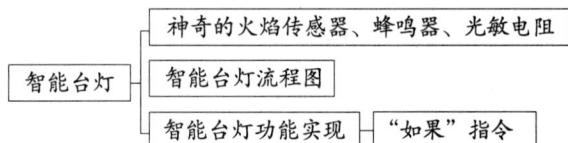

图10-17 智能台灯制作流程图

（1）根据智能台灯创意探究单，选择智能台灯的可行性创意点。确定创意功能：①亮度调节；②报警。

（2）制订项目计划，确定人员分工与项目分解，填写小组分工情况表（见附表1）。

（3）小组合作探究，了解、认识智能台灯所需元件。

（4）小组讨论如何把传感器和报警器添加到台灯中，设计流程图，如图10-18所示。

（5）小组展示，全班交流。修改方案，总结经验。

项目实施

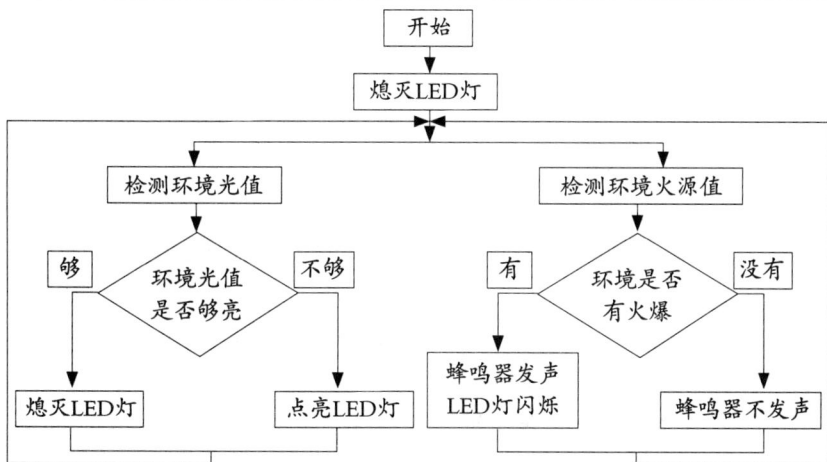

图10-18 智能台灯控制方案图

（6）搭建模拟电路，如图10-19所示。

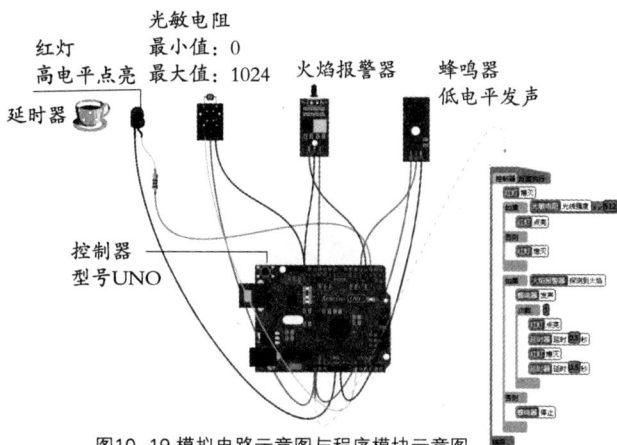

图10-19 模拟电路示意图与程序模块示意图

（7）小组展示，教师与其他小组提出意见，各小组修改方案，进行实物搭建与系统调试，记录数据对比情况，如表10-4所示。

表10-4 传感器位置效果数据对比

	台灯顶部	台灯中部	台灯底部
光敏电阻			
火焰传感器			
蜂鸣器			

项目实施

项目实施	四、第四课时 项目总结，整体评价，拓展提升。 以小组为单位进行讲解和展示，其他小组进行点评打分，填写作品评价打分表（见附表4）。
成果与评价	1.成果呈现方式 智能台灯作品。 2.评价方式（单独评价表以附件形式呈现） 课程设计和制作的过程需要教师进行全方位指导和评价，学生评价采取组内自评和小组互评相结合的方式进行。具体评价要点和标准见附表3。

附表1：

"智能台灯"项目式研究小组分工情况表

组名			
组长		分工	
成员1		分工	
成员2		分工	
成员3		分工	

附表2:

"智能台灯"光敏传感器学习探究单

小组名称:			成员:	
传感器名称	图例	功能	Linkboy中模块的位置	端口连接

附表3:

"智能台灯"过程性评价表

评价项目	评价内容	评价分值			
		6分	4~5分	3分	1~2分
小组分工	1.分配任务的合理性				
	2.是否能够主动接受任务				
学习态度	3.主动提出自己的想法				
	4.能够积极参与到合作探究当中				
学习能力	5.能通过多种渠道获取信息				
	6.能运用已学知识解决问题				
实践创新能力	7.能主动提出作品的创意性构思				
	8.能独立思考、主动学习、发现问题				
	9.能解决实际生活中的问题				

（续表）

评价项目	评价内容	评价分值			
		6分	4~5分	3分	1~2分
动手操作能力	10.操作准确，力度适中				
	11.实物搭建效率				
	12.搭建过程中遇到问题的应变能力				
综合评价	13.自我评价等级：☆ ☆ ☆ ☆ ☆	小组评价等级：☆ ☆ ☆ ☆ ☆			
教师评价		签名： 年　月　日			

附表4：

"智能台灯"作品评价打分表

作品名称：		作者：				
	主题突出、作品造型生动、美观、色彩鲜艳（3分）	作品能够体现废物利用的理念（3分）	构思新颖、巧妙，富有创意（3分）	作品介绍明确、完整（1分）	总分	评委签字确认
评委1						
评委2						
评委3						
评委4						
评委5						
评委意见：						

案例41
有趣的智能台灯

一、项目基本信息

项目名称	有趣的智能台灯	执教教师	
项目学科	信息技术	适用年级	五、六年级
相关学科	科学、数学		
项目时间		课时数	4
教材资源	山东教育出版社 小学《信息技术》第6册第12课		
项目描述	1. 项目目标（核心问题） （1）掌握几种传感器（光敏、压力、红外传感器等）的工作原理。 （2）正确连接传感器和Arduino控制器并编写程序。 （3）创造性地解决生活中的问题。 2. 项目背景及实施策略 　　台灯是学生非常熟悉的生活用品，也是学生的学习"好帮手"。教师引导学生总结在使用台灯的过程中，有哪些不方便的地方，可以从哪些方面加以改进。例如，出门忘记关灯的问题、夜间上厕所灯自动亮灭的问题等，基于这些问题开展本项目的学习研究。 　　实施策略：教师提供学习工具，学生开展小组合作、探究与资料查找，借助记录表、设计表、评价表等开展教学。		

项目流程图	有趣的智能台灯	智能台灯我设计	创设情境，提出项目
			提出问题，改进提升
			小组合作，设计方案
		神奇台灯亮起来	展示设计方案
			小组合作，实验探究
			总结经验，改进提升
		小组搭建显身手	小组合作，动手制作
			小组展示，介绍作品
		作品展示我最棒	产品推介
			评选最佳作品

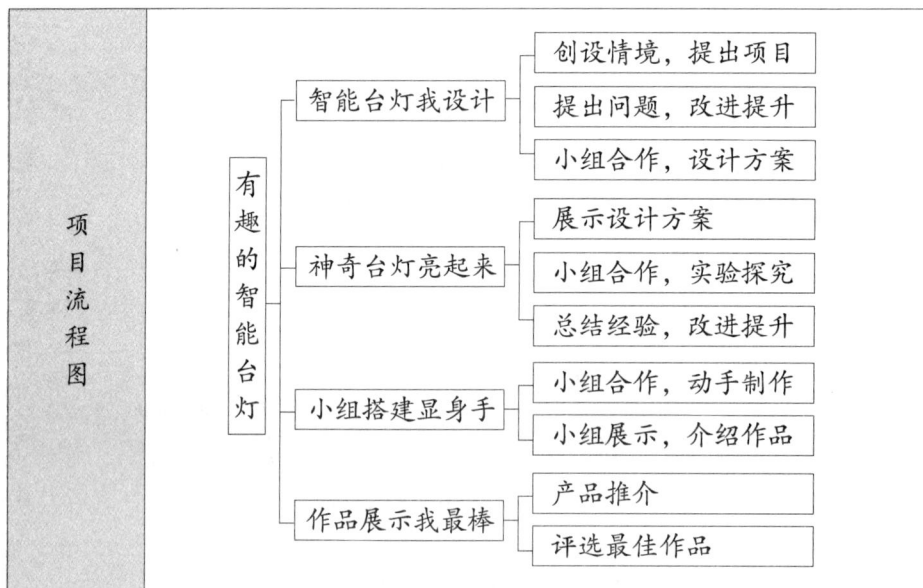

二、项目过程设计

项目实施	一、第一课时

一、第一课时

1.创设情境，提出项目

台灯是常见的生活用品，样式也是多种多样，你们都见过什么样子的台灯？请大家说一说、想一想，台灯由哪些部分组成，每一部分又有什么功能。

学生进行小组讨论，并把讨论结果记录下来，填写台灯的部件及功能记录表（见附表1）。

2.提出问题，设计提升

随着生活水平的提高，人们已经不仅仅满足于使用台灯的照明功能，还需要更多个性化的、贴心的功能。在这种背景下，具备更多功能的智能台灯应运而生。智能台灯的构造并不复杂，就是在普通台灯的基础上增加了智能控制的功能，既便于使用，又提升了生活品质。

3.小组合作，设计方案

相信经过刚才的讨论，大家都有了很好的构思，设计出了心目中的智能台灯，下面就请同学们进行小组合作，把你们心中智能台灯的设计草图绘制在设计方案表中（见附表2）。

二、第二课时

1. 展示设计方案

上节课，同学对设计方案提出了许多非常好的建议；课下，同学们也对设计方案做了许多调整。下面，我们就一起来欣赏一下同学们的设计方案。

2. 小组合作，实验探究

大家都展示了自己小组的设计方案，想一想，要想实现这些效果，需要用到哪些方法？可以通过哪些传感器帮助我们实现这些功能？完成设计方案实现方式分析表（见附表3）。

通过刚才的总结归纳，我们知道这些传感器可以控制灯光。想一想，哪些因素会影响传感器的控制效果？请同学们小组合作，一起研究讨论，并完成测试记录表（见附表4）。

3. 总结经验，改进提升

经过测试，我们知道在利用某一种传感器的时候，要充分考虑其位置、光源、声音大小、距离远近等多种因素。

三、第三课时

1. 小组合作，动手制作

这节课，请同学们根据前期的设计，小组合作制作作品，并完成实验报告单（见附表5）。搭建时要注意把电子元件巧妙地隐藏到主体中，还要注意传感器的探头前面不能有异物遮挡。

2. 小组展示，介绍作品

同学们已经制作好了智能台灯，请各小组展示一下自己的作品。

3. 分享提高

组间交流，自己的作品还有哪些优点和不足，应该如何改进？

四、第四课时

1. 产品推介

同学们都已经做好了智能台灯，假设你们是某公司的销售人员，想把你们的产品推销出去，该如何推荐呢？

想一想，小组内如何分工，怎样推销更容易打动客户？

项目实施	2. 评选最佳作品 根据推介会的展示情况,每个小组为其他小组打分,评选出最佳作品(见附表6)。 3. 想一想 制作智能台灯的过程中,你们有哪些收获和不足?
成果与评价	1. 成果呈现方式 制作实物作品,通过产品推介会的形式展示作品。 2. 评价方式(单独评价表以附件形式呈现) 各小组在产品推介会上展示作品,其他小组从产品性能、产品外观、创新创意、展示形式等四个方面打分,评选出最佳作品。

附表1:

"有趣的智能台灯"部件及功能记录表

台灯的组成部件	功能

附表2:

"有趣的智能台灯"设计方案表

	方案1	方案2	方案3	方案4	方案5
传感器	光敏	声音	红外	遥控	震动
器材					

（续表）

设计草图	

附表3：

"有趣的智能台灯"设计方案实现方式分析表

设计方案	
作品名称	
成员姓名	
功能	
设计草图	

附表4:

"有趣的智能台灯"测试记录表

台灯位置	第1次测试	第2次测试	第3次测试	结论

附表5:

"有趣的智能台灯"实验报告单

小组名称		
作品名称		
组长		
小组成员		
测试时间	测试位置	能否点亮

附表6：

"有趣的智能台灯"作品打分表

	1号作品	2号作品	3号作品	4号作品	5号作品
产品性能（20分）					
产品外观（30分）					
创新创意（30分）					
展示形式（20分）					
总分					

案例42

智能化太阳能板

一、项目基本信息

项目名称	智能化太阳能板	执教教师	
项目学科	信息技术	适用年级	六年级
相关学科	物理、数学		
项目时间		课时数	4
教材资源	济南出版社　中小学信息技术创客教育系列教材		
项目描述	1. 项目目标（核心问题） （1）通过设计可自动移动的太阳能板这一过程，让学生学会控制舵机移动物体的方法。 （2）提高学生在生活中发现问题、提出问题、分析问题、解决问题的能力；培养学生严谨、科学的学习态度和解决问题的能力。 （3）通过项目制作让学生学会将各学科知识融汇贯通、学以致用，提高学生的创新学习能力和自主探究能力。 2. 项目背景及实施策略 "十四五"能源发展规划将继续加强清洁能源的发展。到2050年，可再生能源将满足每年全球能源需求的77%，并能减少总量为2200~5600吨的二氧化碳排放量。太阳能是清洁能源之一，生活中处处可见太阳能发电的装置，如太阳能路灯等。以太阳能发电装置为切入点，让学生通过实验探究出光线直射与斜射的不同，最大程度地利用太阳能。 以小组合作、自主探究、任务驱动的方式让学生发现问题、分析问题、提出解决方案、制作计划书，小组分工合作。以小组为单位进行综合评价。		

项目流程图

智能化太阳能板

项目引入
- 演示实验 — 学生观察
- 自主实验 — 小组自主探究

项目分析
- 引入项目主题
  - 组内讨论，设计方案
  - 完成项目计划书

项目实施
- 项目设计
  - 传感器原理
    - 教师讲授
    - 自主实验
  - 构建草图
  - 算法流程图
- 项目制作
  - 搭建构件
  - 程序设计
  - 调试参数

项目总结
- 作品展示
  - 以组为单位评价
  - 小组之间评价
- 作品评价
  - 组内评价
  - 自我评价
  - 教师评价
- 作品完善
- 总结与反思

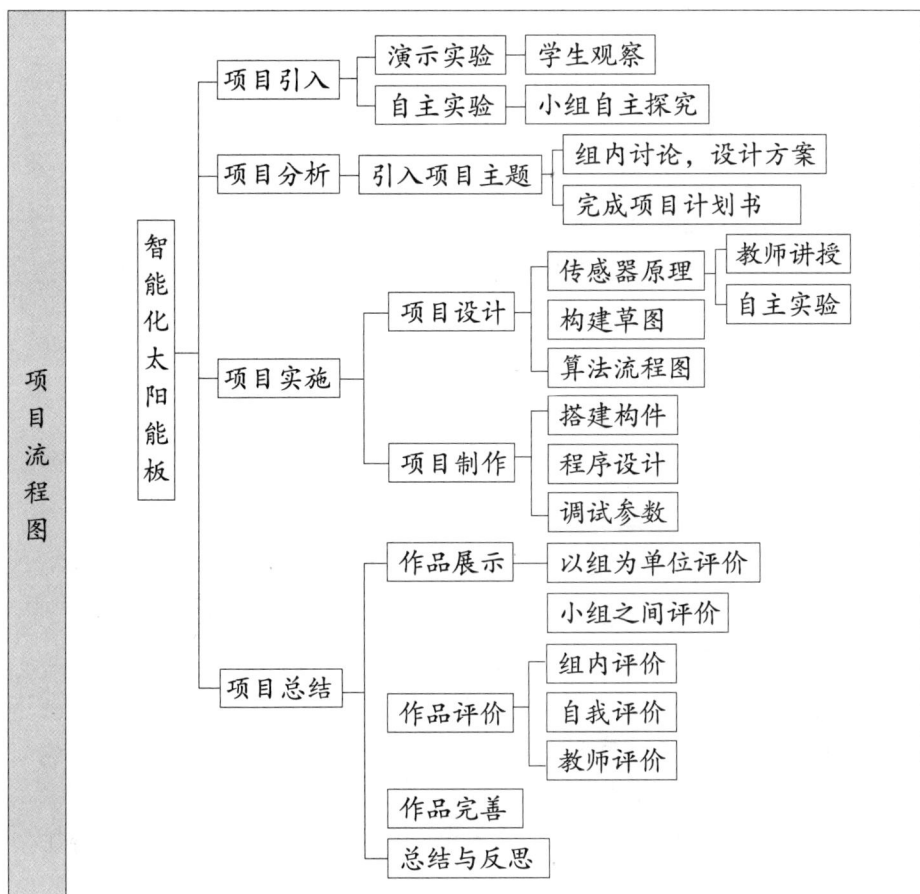

二、项目过程设计

项目实施

一、第一课时

1.创设情境，提出项目

　　教师制作一个太阳能路灯的模型，电路图如图10-20所示，用手电模拟太阳一天的轨迹，让学生仔细观察并回答问题。

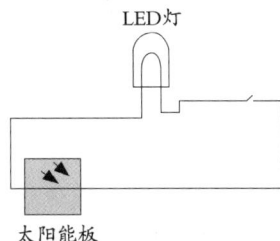

LED灯

太阳能板

图10-20 太阳能路灯模型电路图

（1）什么情况下LED灯的亮度最强？什么情况下最弱？

（2）是什么原因造成了LED灯亮度的变化呢？

带着问题（2），各小组以自主探究的方式连接电路图，如图10-21所示，进行实验并将观察到的数据记录下来，通过实验数据分析出LED灯亮度变化的原因和结论。

通过分析可知，光源光线与太阳能板处于垂直状态时，电压最大，光能转换成电能的效率最高，LED灯最亮；光线与太阳能板倾斜角度越大，LED灯的亮度越弱。

图10-21 探究电压变化的电路图

2.小组讨论，确定方案

如何让太阳能板随时都处于垂直照射状态呢？太阳除了从东方升起、西方落下，还有其他方向的变化吗？学生自主查阅资料，学习太阳、地球的运动方向及相关知识。

（1）根据问题，小组内分工合作、探究学习，画出太阳的运动轨迹并讨论如何使太阳能板随时与运动的光源处于垂直状态，实现光能与电能的最大化转换。

（2）以小组为单位展示自主学习的成果，各小组在教师的指导下完成项目计划书（见附表3）。

二、第二课时

1.知识讲解

（1）教师讲解所用到的传感器的工作原理及使用方法。对个别小组使用的特殊传感器可进行单独讲解，学生也可以用Linkboy软件中的传感器说明进行自主学习。

（2）记录光敏传感器的参数。同种类别的光敏传感器在同一光源环境下，其物理参数也是不同的，教师引导学生通过实验，测出所用到的各个光敏传感器的具体参数，让学生思考为何需要测出所用光敏传感器的具体参数值。

光敏传感器有2种不同的分类，一种为返回数值越大、LED灯越亮；另一种为返回数值越大、LED灯越暗。使用时应注意区分。

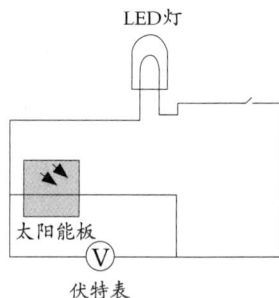

项目实施

学生可依据所学，在Linkboy软件中将各个光敏传感器分别与字符液晶屏、控制主板连接起来，以测试各个光敏传感器的返回数值并记录到表10-5中，多次测试求其平均值。

表10-5 光敏传感器参数调试数据

	一次	两次	三次	平均值
传感器1				
传感器2				
传感器3				
传感器4				

必须是在相同的光源环境下进行测试。这样才能得到各个光敏传感器的准确返回数值的差别，以便在后面程序调用时使太阳能面板的运动更合理。电路连接图与程序模块设计如图10-22所示。

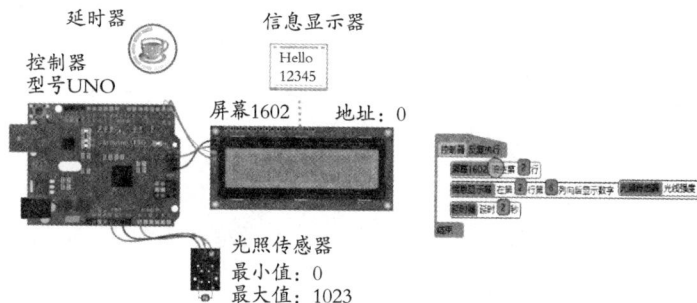

图10-22 电路连接图与程序模块设计

2. 项目设计

项目中需要多少光敏传感器？多少运动单元（舵机）？各个传感器如何摆放？小组讨论后画出模型草图，同时列出所需要的器材。小组讨论时教师巡视指导。

小组合作探究不同方向上的光敏传感器与运动单元（舵机）之间的逻辑关系是什么，并完成本项目的程序算法，画出流程图。

完成以上任务后，各小组对模型草图、程序算法进行展示。教师对学生的展示进行点评，学生对展示模型草图、程序算法进行完善修改。

项目实施

三、第三课时

依据模型草图、程序算法进行项目制作搭建。

（1）明确小组分工，填写小组分工情况表（见附表1）。

（2）进行项目制作搭建，对传感器进行参数调试，根据不同方向的光敏传感器返回数值之间的逻辑关系来确定舵机运动方向及运动速度。

当4个不同方向的光敏传感器返回值相同时，光源对太阳能板处于垂直照射状态。因光敏传感器的物理属性不同，返回数值也会有所不同，可将其中一个光敏传感器的数值作为基础数值，依据表10-6中的数据进行数值补偿。学生自主探究，将光敏传感器调整到最佳状态。

表10-6 光线直射、斜射数据记录表

	方位角1	方位角2	方位角3
(垂直照射)			
直射电压			
斜射电压			

（3）调试过程中出现问题时，以组内探究方式为主，教师指导为辅。培养学生遇到问题后分析、解决问题的能力。

四、第四课时

以小组为单位进行展示讲解，小组之间互相评价与小组内互评相结合，并填写过程性评价表（见附表2）。

评价完成后，学生对作品进行修改优化。引导学生完成总结与反思，鼓励学生制作出更多有创意的作品。

成果与评价

1. 成果呈现方式

"智能化太阳能板"设计模型。

2. 评价方式（单独评价表以附件形式呈现）

小组之间互评、小组内互评、学生自评与教师总体评价相结合。

附表1：

"智能化太阳能板"小组分工情况表

组名			
组长	学生	分工	
成员1	学生1	分工	
成员2	学生2	分工	
成员3	学生3	分工	

附表2：

"智能化太阳能板"过程性评价表

评价项目	评价内容	评价分值			
		5分	3~4分	2分	1分
小组分工	1.小组分工合理				
	2.接受任务完成情况				
学习态度	1.自主探究学习情况				
	2.发现问题提出问题				
	3.积极克服困难解决问题				
	4.解决问题创新性				
合作交流	1.小组团结协作				
	2.善于倾听他人意见评价				
项目学习能力	1.熟练掌握项目制作过程				
	2.多学科融合学习				

附表3：

"智能化太阳能板"项目计划书

一、项目背景
二、项目目的
三、项目方案的制订与实施 1.小组分工合作情况 2.模型构件材料的选择 3.传感器及软件的选择及所用材料清单 4.项目制作的步骤
四、项目完成预期效果

案例43
防盗报警器

一、项目基本信息

项目名称	防盗报警器	执教教师	
项目学科	信息技术	适用年级	五、六年级
相关学科	信息技术		
项目时间		课时数	3
教材资源	山东教育出版社 小学《信息技术》第6册第13课		
项目描述	1. 项目目标（核心问题） （1）自主探究传感器（本项目中为避障传感器）的工作原理及使用方法。 （2）利用避障传感器设计防盗报警器，掌握创新设计的一般流程。 （3）培养学生的信息意识和数字化学习习惯，学会与他人合作。 （4）能够透过实际问题或现象发现事物的本质。拓展思维，将生活中的问题通过创新思维进行解决。 2. 项目背景及实施策略 本项目是在学生学习了防火报警器项目后，对传感器的进一步学习和应用。 生活中使用传感器的地方很多，比如楼道亮灯、汽车后备厢感应自动开启，这些都是传感器的应用。通过对传感器的研究和利用，让学生知道常用的传感器类型，对生活中的科技应用有深入的了解，帮助学生发现事物的本质。		

项目描述	项目实施采用多课时、小组合作探究的方式，教师提供必要的学习材料及工具，如重难点知识讲解图片、设备、学习用表、评价表等。
项目流程图	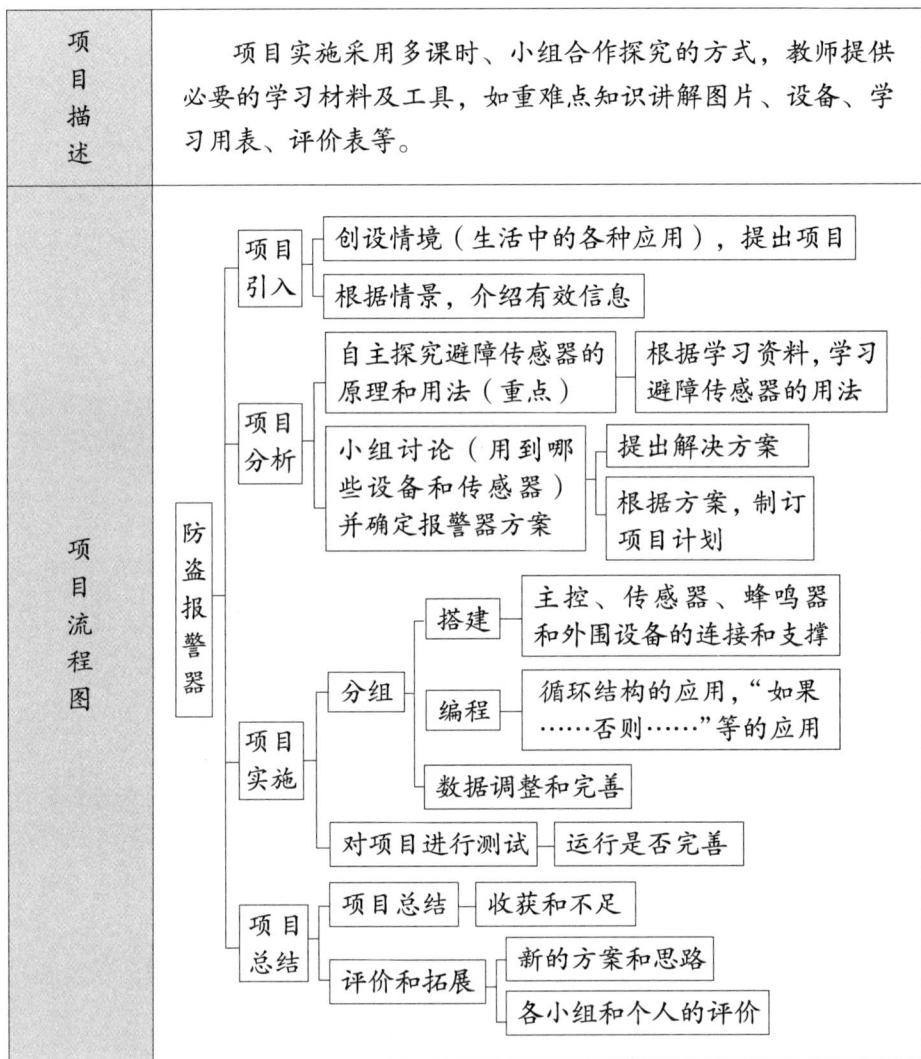

二、项目过程设计

项目实施	**一、第一课时** 1.创设情境，提出项目 　　教师给学生播放视频，视频内容是大厦的自动门感应到人自动开启，感应水龙头感应到手自动出水。

项目实施

让学生说一说他们的发现。总结出当设备探测到障碍（物体）时自动做出反应、没有障碍保持原状的原理。展示名画《蒙娜丽莎》被偷走的场景，让学生想象一下，如果人工智能早点普及，装上一种探测到有人偷画能够及时报警的设备，那它是不是就不会被偷走了。

我们利用火焰传感器设计了可以检测火焰的防火报警器，现在还可以设计什么呢？教师引出本次项目要设计的防盗报警器。

2. 探究避障传感器的应用

学生已经知道刚才的仪器能够探测障碍，而这需要一种电子元件来实现，那么这种元件是什么呢？这就是本次项目中要用到的红外避障传感器。

学生根据自助学习单（内容为红外避障传感器原理说明），结合硬件盒子里的避障传感器，探究避障传感器的工作原理和主控板的连接方式等。

让学生说一下避障传感器的工作原理。教师根据学生学习探究的结果进行评价并及时指正说明。

（1）指导学习。观察传感器上的符号G、V、AO和DO，让学生说一说AO和DO分别代表什么，如何连接控制板。教师讲授AO和DO分别表示模拟输出和数字输出，分别连接到主控板的模拟针脚和数字针脚，用来传输模拟信息和数字信息。

（2）重点引导。检测到有障碍时，DO输出的数据是高电平还是低电平（1还是0）？如果学生不确定，可以让学生搭建即时交互程序进行验证。即时交互程序的缩写可参考图10-23（以Scraino为例）。

实时检测障碍程序（运行前要在"编辑"菜单中安装交互固件），这样既可以通过程序运行情况检查传感器与主控板的连接是否正确，又可以判断有障碍时输出的是高电平还是低电平。

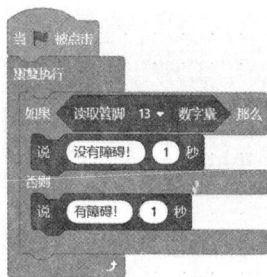

图10-23 即时交互程序编写示例

通过验证，让学生明确选取的传感器是由低电平触发，这对编程时的设置尤为重要。了解了障碍探测原理，就可以开始利用避障传感器作为主要元件设计防盗报警器了。

二、第二课时

1. 小组讨论，确定方案

各小组充分讨论，初步制订出解决方案。让学生思考他们心目中的防盗报警器是什么样子的，如何报警。学生进行小组讨论，在学生用表（见附表2）中填写规划报警方式、画出报警器草图和简单的流程图。如果绘制流程图有困难，可以参考教师给出的流程图。

学生展示设计图，说一说他们所设计的报警方式、用到的电子元件等。教师提示学生基本元件包括避障传感器、蜂鸣器、LED灯等。

让学生列出防盗报警器的硬件清单（基本元件）：Arduino主控板、红外避障传感器和四针线、蜂鸣器、红色LED灯。

各小组把要用的硬件设备填写到学生用表（见附表2）中，并检查工具箱中的各项硬件。

2. 制订项目计划

（1）连接硬件搭建防盗报警器，把LED灯和蜂鸣器、传感器等正确连接到主控板上。

（2）根据流程图搭建用灯光、声音报警的程序，如图10-24所示。

（3）对硬件连接和程序搭建进行测试调整。以上功能用Scraino和Linkboy都可以实现，学生可自行选择。

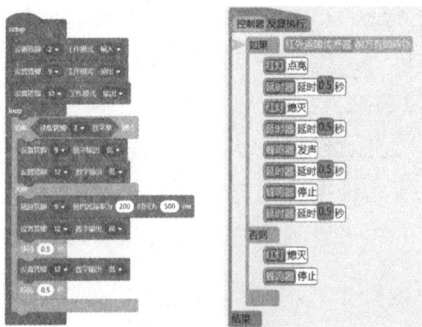

图10-24 程序搭建示例

项 目 实 施	项目搭建过程中，教师可以给予以下提示： （1）合理运用"如果……否则……"积木。 （2）注意有障碍时输出低电平，没有障碍输出高电平。 项目搭建过程中，遇到问题后随时讨论解决或咨询教师。项目搭建完成后进行测试，看看是否达到了预期的效果。 **三、第三课时** 对项目进行总结，对学生进行小组整体评价和个人评价，对项目学习结果进行拓展提升。 1.举行项目产品展示会 每个小组进行成果展示。让学生展示报警器的运行情况，并对设备报警的方式和硬件搭建情况进行说明。教师对存在问题的程序和硬件连接等不妥之处进行修改指正，对项目进行评价。 2.项目拓展 让学生说一说防盗报警器还可以进行哪些改进。例如，灯的闪烁方式和声音的改进、多角度添加避障传感器、报警信号的发送方式、供电方式等。可以让学生观察一些真实的报警器产品（用图片展示），让学生从一个产品设计师的角度深入思考报警器的设计。 3.反思 让学生思考项目搭建过程中遇到的问题及得到的启示，讨论还能将传感器添加到生活中的哪些设备上。 4.思维拓展 教师展示几例常见的设计：智能门铃、智能闸机、招财猫（零售超市中的进人提醒）、红外测距仪等。告诉学生生活中处处有智能应用的案例，鼓励学生在智能探索的路上继续前进。
成 果 与 评 价	1.成果呈现方式 防盗报警器作品。 2.评价方式（单独评价表以附件形式呈现） 小组整体评价（见附表1）和个人单独评价（见附表3）。

附表1：

"防盗报警器"项目式研究小组评价表

	项目搭建	程序构造	运行效果	总分
自我评价				
同学评价				
教师评价				
备注：单项每项满分10分，总分90分。				

附表2：

"防盗报警器"项目式研究学生用表

一、防盗报警器的报警方式（通过什么方式报警）		
报警方式	报警器草图	简单流程图
二、本项目要用到的硬件设备		
三、项目分工		
成员		项目分工

四、本项目的收获	
项目完成情况	
收获或不足	
我的新思路、新设计	

附表3：

"防盗报警器"项目式研究个人评价记录表

学号	姓名	项目表现			
		知识探究	动手操作	小组合作	项目完成情况
1					
2					
3					

案例44
神奇的光控灯

一、项目基本信息

项目名称	神奇的光控灯		执教教师	
项目学科	信息技术		适用年级	六年级
相关学科	科学			
项目时间			课时数	4
教材资源	山东教育出版社 小学《信息技术》 第6册第12课			
项目描述	1. 项目目标（核心问题） （1）掌握光照传感器的特性、光照强度的意义与光控灯的原理；培养学生建立计算思维，合理选择不同环境中光照强度的阈值。 （2）借助 Linkboy 平台，掌握光照传感器的编程方法，根据当光照强度发生变化时触发某事件，设计出光控灯的方案。 （3）体验作品设计制作的过程，以及新兴科技给人类生活带来的改变。 2. 项目背景及实施策略 照明灯是我们日常生活中常见的小家电，是我们每个家庭必不可少的生活用品，但是在使用时经常会由于各种原因而忘记关灯，这样就会浪费很多电能；晚上想使用时，又得摸黑去开灯，十分麻烦。本次设计的光控灯和传统的台灯不同，它通过传感器来感应环境光进而控制台灯的亮灭。环境光线强度较弱时，自动感应功能将台灯点亮；环境光线强度较高时，灯自动关闭，基于此设计本项目。 项目实施采用多课时、小组合作探究的方式，教师提供必要的材料及工具，如 Arduino 系列开源硬件套件、评价表等。			

项目流程图	神奇的光控灯	项目引入	创设情境，提出项目	进行项目必要性及可行性分析
		项目分析	小组讨论，确定方案	将实际问题抽象为数学问题，提出方案
				根据方案制订计划
		项目实施	认识光敏传感器	查阅资料，熟悉原理
			Linkboy程序编写	触发变量，添加指令
			实物搭建程序下载	一一对应，连接实物
		项目总结	项目总结拓展评价	作品展示，生生互评

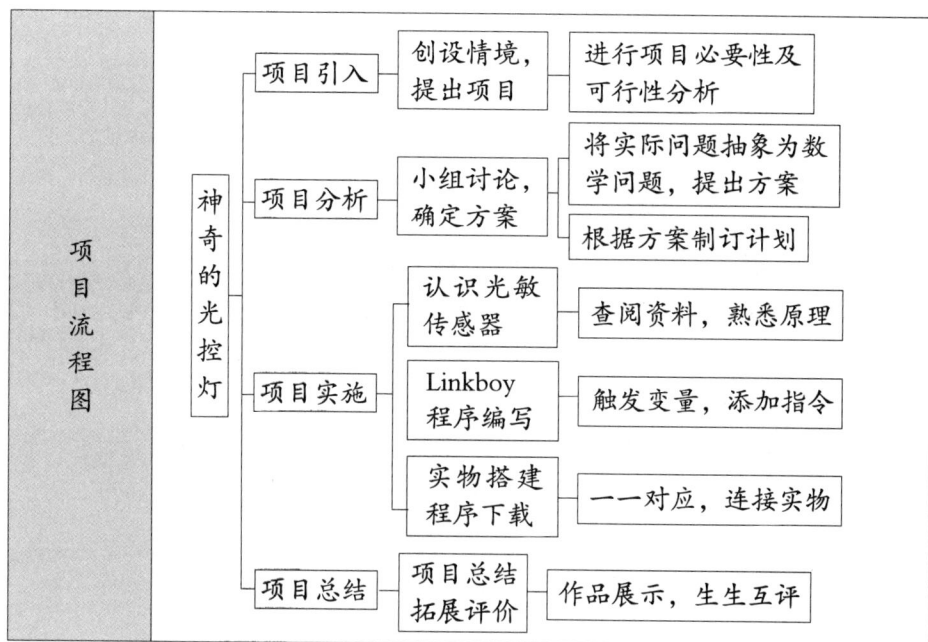

二、项目过程设计

一、第一课时

1.创设情境，提出项目

上课前教师先将教室内的灯光关闭，创设光线过暗的环境。学生发现问题，教师走到门口开灯。

2.小组讨论，确定方案

学生就开灯一事以小组为单位进行多角度思考，并分析日常使用灯光时的不便之处，填写照明灯改进意见表，如表10-7所示。

表10-7 照明灯改进意见表

发现的问题	改进方案

3.确定项目方案

学生以小组为单位汇报改进意见,确定项目主题——设计智能光控灯。生活中大多数灯都是由机械开关控制,使用起来很不方便,可以设计随环境自光线自动亮灭的智能灯。

4.设计造型方案

教师出示市面上常见的智能灯,供学生参考借鉴。

学生根据课件所见及日常经验,发挥主观能动性及创造性,以小组为单位进行台灯外观创意设计。教师巡视指导。

二、第二课时

1.认识亮度传感器

教师展示上节课制作完成的创意智能灯草图,肯定学生的想象力和创造力。

教师向学生展示亮度传感器,学生明确本次设计的核心元件,如图10-25所示。

图10-25 亮度传感器示意图

教师引导学生思考:当外界光照强度发生变化时,光照传感器会发生何种改变?

学生带着问题上网查阅资料,掌握亮度传感器的特性。亮度传感器是由半导体材料制成的,其中的光敏电阻能将外界光照强度的变化转化为阻值的变化。外界光照强度越强,光敏电阻的阻值越小,反之亦然。

2.Linkboy 程序编写

教师出示未完成的程序流程图,引导学生完善流程图,让学生讨论并解释程序核心语句,学生讨论后得到结论,当发生某事件时,LED 灯被点亮。

教师提出问题:有了流程图,光控灯的程序应该如何编写,需要添加什么指令?

教师组织学生讨论程序编写方案。

小组讨论后，认为可将光照检测器接入控制板，将"光照"作为变量，当光照强度发生变化时，LED灯将被点亮。

学生借助Linkboy平台编写程序。例如，可对光照传感器添加指令，当外界光照强度变弱时，LED灯被点亮；当外界光照强度变弱时，LED灯熄灭，如图10-26所示。

图10-26 程序编写示例光控灯

3.搭建实物，下载程序

学生首先在Linkboy软件中使用"模拟仿真"功能运行程序，检测其是否能够达到用光照作为变量，触发LED灯亮灭的效果。确定程序正常运行后，再进行实物搭建。教师进行知识讲解，如LED灯是二极管材质，具有单向导电性，因而不得出现反接情况。

实物搭建完毕后，将程序通过USB接口下载到实物端，学生用手遮住亮度传感器，模拟外界光照强度的改变，测试作品。教师巡视指导。

三、第三课时

1.测试作品

教师组织搭建成功的同学展示自己的光控灯，学生分享自己的设计思路，并对自己的光控灯进行讲解，交流自己在设计中遇到的问题及解决问题的方法。

教师组织同学生对没有成功的作品进行分析。例如，在软件端进行测试时是没有问题的，当外界光照强度改变时，实物端并没有触发LED灯点亮或者熄灭的情况。教师引导学生发现失败原因在于实物端，逐一排查元件。

确定失败原因及解决方法后，学生进行数据采集，进行光控灯的设计与修改，直至作品完善。

项目实施

2.发散思维，激发创意

"酒香也怕巷子深"，一个优秀的作品离不开精美的外表。教师组织学生发挥创意，设计台灯外形，并填写台灯外形创意方案表，如表10-8所示。

表10-8 台灯外形创意方案表

方案序号	材料	可行性	美观度
方案一	废旧材料		
方案二	彩泥		
方案三	3D打印		

学生根据本小组实际情况，设计方案并确定小组分工。

四、第四课时

1.外观设计

学生根据上节课确定的小组分工，进行外观创意设计与制作。教师巡视指导，适时提出合理建议。

2.作品展示

学生分小组展示并介绍本小组的作品，学生从科学、技术、工程、创新设计、问题解决等几方面考量，推选出"最具实用性智能灯""最具创意智能灯"等奖项。

成果与评价

1.成果呈现方式

神奇的光控灯作品。

2.评价方式（单独评价表以附件形式呈现）

填写学生自评表和项目反思表（见附表1、附表2）。

附表1：

"神奇的光控灯"学生自评表

主题名称：		小组成员：		组号：

维度	科学	技术	工程	创新设计	问题解决
含义	我能够掌握所用元件的功能，我能解释作品原理	我能够用Linkboy平台等工具编写程序，完成作品制作	我们小组通过统筹规划、硬件搭配、整合知识设计出作品方案	我们设计的作品形成新颖，功能多样，能迁移应用到生活各个方面	能理解问题的内涵，应用各种知识技能提出问题解决的方案
评价					

反思：

附表2:

"神奇的光控灯"项目反思表

维度	反思内容
科学	
技术	
工程	
创新设计	
问题解决	

参考文献

[1]〔美〕苏西·博斯，约翰·拉尔默.项目式教学—为学生创造沉浸式学习体验[M].北京：中国人民大学出版社，2020.

[2]〔美〕罗伯特·M.卡普拉罗，玛丽·玛格丽特·卡普拉罗，詹姆斯·R.摩根.基于项目的STEM学习——一种整合科学、技术、工程和数学的学习方式[M].王雪华，屈梅，译.上海：上海科技教育出版社，2016.

[3]郑思晨等.STEM+课程的系统解读——基于本土化实践的探索[M].上海：上海教育出版社，2018.

[4]〔美〕达西·哈兰德.STEM项目学生研究手册[M].中国科协青少年科技中心，译.北京：科学普及出版社，2013.

[5]陈如平，李佩宁.美国STEM课例设计（小学卷）[M].北京：教育科学出版社，2018.

[6]王素，李正福.STEM教育这样做[M].北京：教育科学出版社，2019.

[7]郑葳.中国STEM教育发展报告[M].北京：科学出版社，2017.